NOUVELLE COLLECTION

DES

MÉMOIRES

POUR SERVIR

A L'HISTOIRE DE FRANCE.

PREMIÈRE SÉRIE.

IV.

NOUVELLE COLLECTION

DES

MÉMOIRES

POUR SERVIR

A L'HISTOIRE DE FRANCE,

DEPUIS LE XIIIe SIÈCLE JUSQU'A LA FIN DU XVIIIe;

Précédés

DE NOTICES POUR CARACTÉRISER CHAQUE AUTEUR DES MÉMOIRES ET SON ÉPOQUE;

Suivis de l'analyse des documents historiques qui s'y rapportent;

PAR MM. MICHAUD DE L'ACADÉMIE FRANÇAISE ET POUJOULAT.

TOME QUATRIÈME.

PHILIPPE DE COMINES, JEAN DE TROYES, VILLENEUVE,
LA TRÉMOUILLE, BAYARD.

A PARIS,

CHEZ L'ÉDITEUR DU COMMENTAIRE ANALYTIQUE DU CODE CIVIL,

RUE DES PETITS-AUGUSTINS, N° 24;

IMPRIMERIE D'ÉDOUARD PROUX ET COMP^e, RUE NEUVE-DES-BONS-ENFANTS, N. 3.

1837

TRÈS-JOYEUSE,
PLAISANTE ET RÉCRÉATIVE HISTOIRE

COMPOSÉE PAR LE LOYAL SERVITEUR,

DES FAICTS, GESTES, TRIOMPHES ET PROUESSES
DU BON CHEVALIER

SANS PAOUR ET SANS REPROCHE,

GENTIL SEIGNEUR DE BAYART.

SUR L'HISTOIRE DE BAYARD.

Complétons, par quelques renseignements empruntés à divers auteurs, la curieuse et charmante histoire du *bon Chevalier sans paour et sans reproche*, qu'on va lire. Celui qui devait être un jour le héros populaire, le type le plus parfait de la chevalerie française, naquit en 1476, au château de Bayard, situé au fond de la vallée de Graisivaudan, à cinq ou six lieues de Grenoble ; son père, Aymon du Terrail, sa mère, Hélène des Allemans, appartenaient tous les deux à d'anciennes maisons. Pierre du Terrail, plus connu par la gloire sous le nom du chevalier Bayard, ne se maria point ; il eut une fille naturelle d'une belle damoiselle de la maison de Trecque, à Cantu, entre Milan et Cômes. Cette fille, qui porte le nom de Jeanne du Terrail, épousa François de Bochozel, sieur de Chastelar. Espilly, dans son Supplément à l'histoire du chevalier Bayard, a tracé d'une façon fort détaillée la généalogie et les destinées historiques de la famille du Terrail. Le 11 avril, jour de Pâques 1511, l'armée française mit en déroute, à Ravenne, les troupes du roi d'Espagne, du Pape et des Vénitiens ; Bayard fit admirer sa bravoure dans cette bataille. Lui-même raconta cette journée de Ravenne à son oncle Laurent des Allemans, dans une lettre qui nous est parvenue. Voici cette lettre, précieux morceau historique :

« Monsieur, si très-humblement que faire
» puis, à vostre bonne grâce me recommande.
» Monsieur, depuis que dernièrement vous ay
» écrit, avons eu, comme ja avez pu sçavoir, la
» bataille contre nos ennemis ; mais pour vous
» en advertir bien au long, la chose fut telle.
» C'est que nostre armée vint loger auprès de
» cette ville de Ravenne, nos ennemis y feurent
» aussi-tost que nous, afin de donner cœur à
» laditte ville ; et au moyen tant d'aucunes nou-
» velles qui courroient chacun jour de la des-
» cente des Suisses, qu'aussi la faute de vivres
» qu'avions en nostre camp, M. de Nemours se
» délibéra de donner la bataille, et dimanche
» dernier passa une petite rivière qui estoit entre
» nosdits ennemis et nous, si les vinsmes rencon-
» trer ; ils marchoient en très-bel ordre, et es-
» toient plus de dix-sept cents hommes-d'armes,
» les plus gorgias et triomphans qu'on vid ja-
» mais, et bien quatorze mil hommes de pied,
» aussi gentils galands qu'on sçauroit dire : si
» vindrent environ mille hommes-d'armes des
» leurs (comme gens désespérés de ce que nostre
» artillerie les affoloit) ruër sur nostre bataille,
» en laquelle estoit M. de Nemours en personne,
» sa compagnie, celles de M. de Lorraine, de
» M. d'Ars et autres, jusqu'au nombre de quatre
» cents hommes-d'armes ou environ, qui receu-
» rent lesdits ennemis de si grant cœur, qu'on
» ne vit jamais mieux combatre. Entre nostre
» avant-garde, qui estoit de mille hommes-d'ar-
» mes, et nous, il y avoit de grands fossés, et
» aussi elle avoit affaire ailleurs que nous pouvoir
» secourir. Si conveint à ladite bataille porter le
» fais desdits mille hommes, ou environ. En cet
» endroit, M. de Nemours rompit sa lance entre
» les deux batailles, et perça un homme-d'armes
» des leurs tout à travers et demie-brassée da-
» vantage. Si feurent lesdits mille hommes-d'ar-
» mes desfaits et mis en fuite ; et ainsi que leur
» donnions la chasse, vinsmes rencontrer leurs
» gens de pied auprès de leur artillerie, avec
» cinq ou six cents hommes d'armes qui estoient
» parquez, et au-devant d'eux avoient des char-
» rettes à deux roués, sur lesquelles il y avoit
» un grant fer à deux aisles, de la longueur de
» deux ou trois brasses, et estoient nos gens de
» pied combattus main à main ; leursdits gens de
» pied avoient tant d'arquebutes, que quand ce
» vint à l'aborder, ils tuèrent quasi tous nos ca-
» pitaines de gens de pied, en voye d'esbranler
» et tourner le dos ; mais ils feurent si bien se-
» courus des gens-d'armes, qu'après bien com-
» battu, nosdits ennemis feurent desfaits, perdi-
» rent leur artillerie, et sept ou huit cents hom-
» mes-d'armes qui leur furent tuez, et la pluspart
» de leurs capitaines, avec sept ou huit mille
» hommes de pied, et ne sçait-on point se qu'il
» soit sauvé aucuns capitaines que le Vice-Roy :
» car nous avons prisonniers le seigneur Fabrice
» Colonne, le cardinal de Médicis, légat du Pape,
» Petro Navarre, le marquis de Pesquière, le
» marquis de Padule, le fils du prince de Melfe,
» Dom Jean de Cordonne, le fils du marquis de
» Betonde qui est blessé à mort, et d'autres dont
» je ne sçais le nom. Ceux qui se sauvèrent furent
» chassés huit ou dix milles, et s'en vont par les
» montagnes écartez, encore dit-on que les vi-
» lains les ont mis en pièces.

» Monsieur, si le Roy a gaigné la bataille, je
» vous jure que les pauvres gentils-hommes l'ont
» bien perdüe : car ainsi que nous donnions la
» chasse, M. de Nemours vint trouver quelques
» gens de pied qui se ralioient, si voulut don-
» ner dedans ; mais le gentil prince se trouva si
» mal accompagné, qu'il y fut tué, dont de
» toutes les desplaisances et deüils qui furent ja-

» mais faits, ne fut pareil que celuy qu'on a dé-
» mené et qu'on démène encore en notre camp;
» car il semble que nous ayons perdu la bataille,
» bien vous promets-je, Monsieur, que c'est le
» plus grand dommage que de prince qui mourut
» cent ans a, et s'il eust vécu âge d'homme, il
» eust fait des choses que oncques prince ne fit;
» et peuvent bien dire ceux qui sont de deçà,
» qu'ils ont perdu leur père; et moi, Monsieur,
» je n'y sçaurois vivre qu'en mélancolie, car
» j'ay tant perdu que je ne le vous sçaurois
» écrire.

» Monsieur, en d'autres lieux furent tuez
» M. d'Alegre et son fils, M. du Molard, six ca-
» pitaines allemans et le capitaine Jacob, leur
» colonel, le capitaine Maugiron, le baron de
» Grand-Mont, et plus de deux cents gentils-
» hommes de nom et tous d'estime, sans plus de
» deux mille hommes de pied des nostres, et vous
» asseure que de cent ans le royaume de France
» ne recouvrera la perte qu'y avons eüe.

» Monsieur, hier matin fut amené le corps de
» feu Monsieur à Milan, avec deux cents hommes-
» d'armes, au plus grand honneur qu'on a sçeu
» adviser; car on porte devant lui dix-huit ou
» vingt enseignes, les plus triomphantes qu'on
» vid jamais, qui ont esté en cette bataille ga-
» gnées : il demeurera à Milan jusques à ce que
» le Roy aye mandé s'il veut qu'il soit porté en
» France ou non.

» Monsieur, nostre armée s'en va temporisant
» par cette Romagne, en prenant toutes les villes
» pour le concile; ils ne se font point prier d'eux
» rendre, au moyen de ce qu'ils ont peur d'estre
» pillez comme a esté ceste ville de Ravenne,
» en laquelle n'est rien demeuré, et ne bouge-
» rons de ce quartier que le Roy n'aye mandé
» qu'il veut que son armée face.

» Monsieur, touchant le frère du Poste dont
» vous m'avez écrit, incontinent que l'envoye-
» rez, il n'y aura point de faute que ne le pour-
» voye, puisque m'y est dépesché. Je crois qu'au-
» rons abstinence de guerre : toutesfois les Suisses
» font quelque bruit tousjours; mais quand ils
» sçauront cette desfaite, peut-être ils mettront
» quelque peu d'eau en leur vin. Incontinent
» que les choses seront un peu appaisées, je
» vous iray voir. Priant Dieu, Monsieur, qu'il
» vous donne très-bonne vie et longue. Escrit au
» camp de Ravenne, ce 14º jour d'avril. Vostre
» humble serviteur.

» BAYARD. »

Après la bataille de Marignan les princes et
les chefs de l'armée française durent être té-
moins d'un beau et touchant spectacle, lorsque
François Iᵉʳ voulut être armé chevalier de la
main de Bayard. « Ce sera donc de la main du
» chevalier Bayard, dit le Roi, que je seray fait
» chevalier; nul ne luy en doit porter envie,
» puisque nul n'a eu l'heur de se trouver en
» tant de batailles, assauts et rencontres, à
» pied et à cheval, et donné plus de preuves de
» sa vaillance, expérience et bonne conduite. »
Quand Bayard eut donné au roi de France l'ac-
colade de chevalier, il embrassa son épée et pro-
nonça ces paroles : « Glorieuse épée, qui au-
» jourd'huy as eu l'honneur de faire chevalier le
» plus grand Roy du monde, je ne t'employeray
» jamais plus que contre les infidèles ennemis
» du nom chrétien. » François Iᵉʳ et son conseil,
se croyant dans l'impuissance de défendre la
ville de Mézières, menacée par les forces de
Charles-Quint, étaient d'avis de brûler la place :
Bayard fit prévaloir une opinion contraire, disant « qu'il n'y avoit point de place foible là où
» il y avoit des gens de bien pour la défendre. »
Bayard se chargea de la garde de Mézières,
soutint le siège pendant six semaines contre une
nombreuse armée qui fut obligée de se retirer.
« Tous les habitans de Mézières, dit Expilly (1),
quand le sieur de Bayard en sortit, le suivoient
avec acclamations et actions de grâces, non-
seulement à luy, mais aussi aux capitaines et
soldats, baisant leurs armes et casaques, comme
à leurs défenseurs et libérateurs : j'ay appris que
cette ville, non ingrate de ses bienfaicts, garde
encore la souvenance de tant d'obligations, et
honore tous les ans la mémoire du Chevalier. »

La belle et admirable mort de Bayard est ra-
contée de la façon la plus touchante par le *loyal
serviteur*; mais le narrateur n'a point parlé de
l'entrevue avec le connétable de Bourbon. Celui-
ci, abordant le héros mourant : « Ha ! capitaine
» Bayard, lui avoit-il dit, que je suis marry et
» desplaisant de vous voir en cet estat ! Je vous
» ay tousjours aimé et honoré pour la grande
» prouesse et sagesse qui est en vous. Ha ! que
» j'ay grand pitié de vous ! — Monseigneur, lui
» répondit Bayard, je vous remercie; il n'y a
» point de pitié en moy qui meurs en homme de
» bien, servant mon Roy. Il faut avoir pitié de
» vous, qui portez les armes contre vostre prince,
» vostre patrie et vostre serment. » Bayard mourut à 48 ans, et non point à 55 ans, comme dit
Expilly.

L'histoire a recueilli des paroles de regrets et
d'admiration prononcées par François Iᵉʳ, qui
comprit tout ce qu'il perdait en perdant Bayard;
il répétait, en gémissant, « qu'il avoit perdu un
» grand capitaine, dont le nom faisoit honorer
» et craindre ses armes; que véritablement il
» méritoit de plus hautes charges et bienfaicts
» qu'il n'en avoit possédé. » Dans les jours où la
victoire avoit cessé d'être fidèle au drapeau de
la France, François Iᵉʳ disait souvent : « Ha !
» chevalier Bayard, que vous me faites grand
» faute ! » Pendant sa captivité en Espagne, le
roi de France, causant avec Marin de Monchenu, son premier maistre-d'hôtel, aimait à rap-
peler la mémoire de Bayard comme de l'homme
qui lui auroit épargné bien des mésaventures.

(1) Supplément à l'histoire du chevalier Bayard.

« Si le chevalier Bayard, qui estoit vaillant et
» expérimenté, disait-il, eust été vivant et près
» de moi, mes affaires sans doute auroient pris
» un meilleur train ; j'aurois pris et creu son
» conseil, je n'aurois séparé mon armée, et ne
» saurois sorty de mon retranchement ; et puis
» sa présence m'auroit valu cent capitaines,
» tant il avoit gaigné de créance parmy les
» miens et de crainte parmy mes ennemis. Ha !
» je ne serois pas icy ! »

Symphorien Champier, auteur d'une histoire de Bayard qu'on ne doit lire qu'avec précaution, a donné sur les funérailles de Bayard d'intéressants détails ; nous les reproduirons pour compléter ceux qui se trouvent rapportés par le *loyal serviteur* : « Quelque temps après, le corps de Bayard feut porté à Grenoble, et feut, par messieurs de la justice et les gentils-hommes du pays, et par ceux de la ville, receu en moult grand honneur et grand deuil, plainct d'un chacun ; et ne feut de vie d'homme tant regretté seigneur ne autre d'un chacun que le noble Bayard. Après que feut porté le corps à Grenoble, feut mis au couvent et monastère des Minimes, lequel avoit fondé et faict édifier monseigneur Laurent des Alemans, oncle dudict Bayard, évesque de Grenoble. Et pour ce que à son trépas le noble seigneur Bayard avoit ordonné estre sépulturé avec ses père et mère, au lieu de Grenion, feurent assemblez les parents là où il debvoit estre inhumé ; et feut dict que, pour ce qu'il avoit esté lieutenant du gouverneur du pays, et que Grenoble estoit le chef de la justice Delphinale, seroit meilleur qu'il feust enséputuré au couvent des Minimes, lequel avoit esté construict par son oncle, M. de Grenoble ; et ainsi feut faict. Et feurent les obsèques et funérailles faictes comme s'il eust été non un lieutenant ou un gouverneur, mais un prince. » Bayard n'a pour tout monument funèbre qu'un buste, au bas duquel est gravée une épitaphe latine. Henri IV, passant à Grenoble en 1601, avait donné ordre qu'on élevât à la mémoire du *Chevalier sans peur et sans reproche* un mausolée digne de lui, et les ordres du monarque ne purent recevoir leur accomplissement. En 1619, un fonds de mille livres fut voté à Grenoble pour cette noble destination : mais les deniers ayant été divertis, dit Expilly, on n'y a rien fait. Frappé de l'humble solitude qui entourait les cendres d'un grand capitaine, Expilly avait composé les vers suivants, dans l'année 1622 :

Au pied de cet autel la cendre ensevelie
Du valereux Bayard gist sans titre et sans nom ;
Nul marbre relevé, digne de son renom,
Aux passans curieux ses gestes ne publie.

O sort ! qui les loyers aux vertus ne mesures,
Pompée au bord marin sans sépulchre tu vois,
Et le vieillard Priam, tige de tant de rois,
Sans tombe et sans honneur gist parmi les masures.

Bayard qui fit trembler l'Espagne et l'Italie,
Qui de son Dauphiné fut le lustre et l'orgueil,
N'obtiendra donc jamais l'ornement d'un cercueil !
Donc ainsi passera sa mémoire abolie.

Ha ! non, Bayard ici tout entier ne s'arrête,
Ce lieu seul ne comprend Bayard et ses lauriers,
Il se trouve partout : car des vaillans guerriers
L'univers est la tombe et le ciel la retraite.

Au rapport des historiens, Bayard était grand et maigre ; sa peau était blanche et délicate ; il avait des yeux noirs et vifs, le nez aquilin, des cheveux châtains, l'expression de la figure douce ; il portait la barbe rase pour être plus libre sous les armes. A voir Bayard, on ne l'eût point pris pour un chef d'armée accoutumé aux violentes scènes du champ de bataille.

Nous ne dirons rien de l'ouvrage du *loyal serviteur*, sinon qu'il est impossible de trouver une plus attachante lecture. L'inimitable simplicité du style s'y mêle à l'intérêt des faits, intérêt toujours vif, toujours soutenu, et qui repose sur tout ce qu'il y a de bon, de noble, d'élevé dans les sentiments humains. Le nom du *loyal serviteur* nous est resté inconnu ; on présume que ce fut un fidèle secrétaire de Bayard. Nous avons reproduit l'édition de 1527, comme étant la seule complète. En lisant cette histoire du Chevalier sans peur et sans reproche, on est frappé de la ressemblance de Bayard avec Tancrède et Du Guesclin. Tancrède, Du Guesclin et Bayard forment, dans l'histoire moderne, comme la trinité de l'héroïsme.

PROLOGUE DE L'ACTEUR.

Pource qu'il est moult difficile sans la grâce de Dieu, en ce mortel estre, complaire à tout le monde, et que les hommes coustumiers d'escripre hystoires et cronicques font voulentiers leur adresse à aucun notable personnage, je, qui, sans autrement me nommer, ay empris de mettre en avant les faictz et gestes du bon Chevalier sans paour et sans reprouche, le seigneur de Bayart, et parmy ses excellentes œuvres y comprendre plusieurs autres vertueux personnages, me suis advisé, à ce qu'il ne feust murmuré cy-après contre moy n'avoir bien et justement fait mon devoir particulier en laissant l'ung pour prendre l'aultre, attribuer cest mienne rudde hystoire aux trois estatz du très-excellent, très-puissant et très-renommé royaulme de France; car, pour au vray amplifier les perfections d'ung homme, ne l'ay peu faire autrement, considéré que sans grâce infuse du Sainct-Esperit, depuis l'incarnation de nostre sauveur et rédempteur Jésuchrist, ne s'est trouvé, en cronicque ou hystoire, prince, gentil-homme, ne autre condition qu'il ait esté, qui plus furieusement entre les cruelz, plus doulcement entre les humbles, ne plus humainement entre les petis, ait vescu, que le bon Chevalier dont la présente hystoire est commencée. Et combien que de tout temps, en ceste doulce contrée de France, la grâce de Nostre Seigneur s'est si grandement espandue, que peu de deffault y survient quant aux nécessitez du corps, qui est une manne quant à ceste vie mondaine, ung aultre inconvénient à ceste occasion y survient : c'est que la grande ayse que grans, moyens et petis y soustiennent les mect en telle oysiveté, qu'ilz ne se peuvent contenir du péché d'envye. En blasmant aucunes fois à tort et sans cause les innocens, et en détenant caché les mérites, prouesses et honneurs des vertueux, si s'en trouvera-il peu qui sceussent ou ayent voulu dire chose contre l'honneur d'icelluy bon Chevalier, s'ilz ne l'ont dit à l'emblée; car en iceulx trois estatz s'est si vertueusement gouverné, qu'il en aura quant à Dieu sa grâce, et quant au monde verdoyante et immortelle couronne de laurier, pour ce que, touchant l'Eglise, ne s'en est jamais trouvé ung plus obéissant; quant à l'estat de noblesse, ung plus deffensible; et à l'estat de labour, ung plus piteux ne secourable.

TRÈS-JOYEUSE,
PLAISANTE ET RÉCRÉATIVE HISTOIRE
DU BON CHEVALIER
SANS PAOUR ET SANS REPROUCHE.

CHAPITRE PREMIER.

Comment le seigneur de Bayart, père du bon Chevalier sans paour et sans reproche, eut vouloir de sçavoir de ses enfans de quel estat ilz vouloient estre.

Ou pays de Daulphiné, que possède présentement le roy de France, et ont fait ses prédécesseurs depuis sept ou huyt vingtz ans que ung daulphin, Ymbert (1), qui fut le derrenier, leur en fist don, y a plusieurs bonnes et grosses maisons de gentilz-hommes, et dont il est sorty tant de vertueux et nobles chevaliers, que le bruyt en court par toute la chrestienté; en sorte que tout ainsi que l'escarlate passe en couleur toutes autres tainctures de drap, sans blasmer la noblesse d'autre région, les Daulphinoys sont appellez, par tous ceux qui en ont congnoissance, l'escarlate des gentilz-hommes de France; entre lesquelles maisons est celle de Bayart, de ancienne et noble extraction. Et bien l'ont ceulx qui en sont saillis monstré; car à la journée de Poictiers le terayeul du bon Chevalier sans paour et sans reprouche mourut aux piedz du roy de France Jehan; à la journée de Crécy (2), son bysayeul; à la journée de Montlehéry, demoura sur le champ son ayeul aveccques six playes mortelles, sans les autres; et à la journée de Guignegaste, fut son père si fort blessé que onneques puis ne put guères partir de sa maison, où il mourut aagé de bien quatre-vingtz ans.

Et peu de jours avant son trespas, considérant par nature, qui jà luy défailloit, ne povoir pas faire grant séjour en ce mortel estre, appella quatre enfans qu'il avoit en la présence de sa femme, dame très-dévote et toute à Dieu, laquelle estoit seur de l'évesque de Grenoble, de la maison des Alemans. Ainsi, ses enfans venuz devant luy, à l'aisné demanda, qui estoit en l'aage de dix-huit à vingt ans, qu'il vouloit devenir; lequel respondit qu'il ne vouloit jamais partir de la maison, et qu'il le vouloit servir sur la fin de ses jours. « Et bien! dist le père, » Georges, puisque tu aymes la maison, tu de- » moureras ici à combattre les ours. » Au second, qui a esté le bon Chevalier sans paour et sans reprouche, fut demandé de quel estat il vouloit estre; lequel, en l'aage de treize ans ou peu plus, esveillé comme ung esmérillon, d'ung visage riant respondit, comme s'il eust eu cinquante ans : « Monseigneur mon père, combien » que amour paternel me tiengne si grande- » ment obligé que je deusse oublier toutes » choses pour vous servir sur la fin de vostre » vie, ce néantmoins, ayant énraciné dedans » mon cueur les bons propos que chascun jour » vous récitez des nobles hommes du temps » passé, mesmement de ceulx de nostre maison, » je seray, s'il vous plaist, de l'estat dont vous » et voz prédécesseurs ont esté, qui est de suy- » vre les armes, car c'est la chose en ce monde » dont j'ay le plus grand désir, et espère, aydant » la grâce de Dieu, ne vous faire point de dés- » honneur. » Alors respondit le bon vieillart en larmoyant : « Mon enfant, Dieu t'en doint la » grâce! Jà ressembles-tu de visage et corsage » à ton grant-père, qui fut en son temps ung » des acomplis chevaliers qui feust en chres- » tienté. Si mettray peine de te bailler le train » pour parvenir à ton désir. » Au tiers demanda

---

(1) Himbert II céda le Dauphiné au Roi de France par deux traités, dont l'un conclu en 1343 et l'autre en 1349.

(2) Journée d'Azincourt.

quel moyen il vouloit tenir. Il respondit qu'il vouloit estre de l'estat de son oncle monseigneur d'Esnay, ung abbaye près Lyon. Son père le luy accorda, et l'envoya par ung sien parent à sondit oncle, qui le feit moyne; et depuis a esté, par le moyen du bon Chevalier son frère, abbé de Jozaphat, aux fauxbourgs de Chartres. Le dernier respondit de mesme sorte, et dist qu'il vouloit estre comme son oncle monseigneur de Grenoble, à qui il fut pareillement donné, et peu après le fist chanoyne de l'église de Nostre-Dame; et depuis, par le mesme moyen que son frère le moyne fut abbé, il fust évesque de Glandesve en Prouvence. Or laissons les autres trois frères là, et retournons à l'histoire du bon Chevalier sans paour et sans reproche, et comment son père entendit à son affaire.

CHAPITRE II.

Comment le père du bon Chevalier sans paour et sans reproche envoya quérir son beau-frère, l'évesque de Grenoble, pour parler à luy, parce qu'il ne povoit plus partir de la maison.

Après le propos tenu par le père du bon Chevalier à ses quatre enfans, et parce qu'il ne povoit plus chevaucher, envoya ung de ses serviteurs le lendemain à Grenoble devers l'évesque son beau-frère, à ce que son plaisir feust, pour aucunes choses qu'il avoit à luy dire, se vouloir transporter jusques à sa maison de Bayart, distant dudit Grenoble cinq ou six lieues. A quoy le bon évesque, qui oncques en sa vie ne fust las de faire plaisir à ung chascun, obtempéra de très-bon cueur. Si partit incontinent la lettre receue, et s'en vinst au giste en la maison de Bayart, où il trouva son beau-frère en une chaire auprès du feu, comme gens de son aage font voulentiers. Si se saluèrent l'ung l'autre, et firent le soir la meilleur chère qu'ilz peurent ensemble, et en leur compaignie plusieurs autres gentilz-hommes du Daulphiné, qui estoient-là assemblez. Puis quand il fut heure chascun se retira en sa chambre, où ils reposèrent à leur aise jusques à lendemain matin, qu'ilz se levèrent, ouyrent la messe, que ledit évesque de Grenoble chanta; car voulentiers disoit tous les jours messe, s'il n'estoit mal de sa personne. Et pleust à Nostre-Seigneur que les prélats de présent feussent aussi bons serviteurs de Dieu, et aussi charitables aux povres, qu'il a esté en son temps!

La messe ouye, convint laver les mains et se mettre à table, où de rechief chascu fist très-bonne chière; et y servoit le bon Chevalier tant sagement et honnestement, que tout homme en disoit bien. Sur la fin du disner, et après grâces dictes, le bon vieillart seigneur de Bayart commencea ainsi ces parolles à toute la compaignie : « Monseigneur et messeigneurs, l'occasion pour-
» quoy vous ay mandez est temps d'estre dé-
» clairée; car tous estes mes parens et amys, et
» já voyez-vous que je suis par vieillesse si op-
» pressé, qu'il est quasi impossible que sceusse
» vivre deux ans. Dieu m'a donné quatre filz,
» desquelz de chascun ay bien voulu enquérir
» quel train ilz veullent tenir. Et entre autres
» m'a dit mon filz Pierre qu'il veult suyvre les
» armes; dont il m'a fait un singulier plaisir,
» car il ressemble entièrement de toutes façons
» à mon feu seigneur de père, vostre parent; et
» si de conditions il luy veult aussi bien ressem-
» bler, il est impossible qu'il ne soit en son vi-
» vant ung grant homme de bien, dont je croy
» que ung chascun de vous, comme mes bons
» parens et amys, seriez bien aises. Il m'est
» besoing, pour son commencement, le mettre
» en la maison de quelque prince ou seigneur,
» affin qu'il appreigne à se contenir honneste-
» ment; et quand il sera ung peu plus grant,
» apprendra le train des armes. Si vous prie
» tant que je puis que chascun me conseille en
» son endroit le lieu où je le pourray mieulx
» loger. »

Alors, dist l'ung des plus anciens gentilz-hommes, il faut qu'il soit envoyé au roy de France; ung autre dist qu'il seroit fort bien en la maison de Bourbon; et ainsi d'ung en autre n'y eut celluy qui n'en dist son advis. Mais l'évesque de Grenoble parla et dist : « Mon frère,
» vous sçavez que nous sommes en grosse amy-
» tié avecques le duc Charles de Savoye, et
» nous tient du nombre de ses bons serviteurs.
» Je croy qu'il le prendra voulentiers pour ung
» de ses paiges. Il est à Chambéry, c'est près
» d'icy. Si bon vous semble et à la compaignie,
» je le luy meneray demain au matin, après
» l'avoir très-bien mis en ordre, et garny d'ung
» bas et bon petit roussin que j'ay depuis trois
» ou quatre jours ença recouvert du seigneur Du
» Riage. »

Si fut le propos de l'évesque de Grenoble tenu à bon de toute la compaignie, et mesmement dudit seigneur de Bayart, qui luy livra son filz en luy disant : « Tenez, Monseigneur, je
» prie à Nostre-Seigneur que si bon présent
» en puissiez faire, qu'il vous face honneur en
» sa vie. »

Alors tout incontinent envoya ledit évesque a

la ville quérir son tailleur, auquel il manda apporter veloux, satin et autres choses nécessaires pour habiller le bon Chevalier. Il vint et besongna toute la nuyt, de sorte que le lendemain matin fut tout prest. Et, après avoir desjeuné, monta sur son roussin, et se présenta à toute la compaignie, qui estoit en la basse court du chasteau, tout ainsi que si on l'eust voulu présenter dès l'heure au duc de Savoye. Quant le cheval sentit si petit fès sur luy, joinct aussi que le jeune enfant avoit ses esperons dont il le picquoit, commencea à faire trois ou quatre saulx, de quoy la compaignie eut paour qu'il affalast le garson. Mais en lieu de ce qu'on cuydoit qu'il deust crier à l'ayde quant il sentit le cheval si fort remuer soubz luy, d'ung gentil cueur, asseuré comme ung lyon, luy donna trois ou quatre coups d'esperon, et une carrière dedans ladicte basse-court; en sorte qu'il mena le cheval à la raison, comme s'il eust eu trente ans. Il ne faut pas demander si le bon vieillart fut aise, et, soubzriant de joye, demanda à son filz s'il avoit point de paour; car pas n'avoit quinze jours qu'il estoit sorty de l'escolle. Lequel respondit d'ung visage asseuré: « Monseigneur, » j'espère, à l'ayde de Dieu, devant qu'il soit » six ans, le remuer, luy ou autre, en plus dan» gereux lieu; car je suis icy parmy mes amys, » et je pourray estre parmy les ennemys du » maistre que je serviray.—Or sus, sus, dist le » bon évesque de Grenoble, qui estoit prest à » partir, mon nepveu, mon amy, ne descendez » point, et de toute la compaignie prenez con» gé. » Lors le jeune enfant, d'une joyeuse contenance s'adressa à son père, auquel il dist : » Monseigneur mon père, je prie à Nostre-Sei» gneur qu'il vous doint bonne et longue vie, et » à moy grâce, avant qu'il vous oste de ce » monde, que puissiez avoir bonnes nouvelles » de moy. — Mon amy, dist le père, je l'en » supplie; » et puis luy donna sa bénédiction. Et après alla prendre congé de tous les gentilz-hommes qui estoient là, l'ung après l'autre, qui avoient à grant plaisir sa bonne contenance.

La povre dame de mère estoit en une tour du chasteau, qui tendrement ploroit; car combien qu'elle feust joyeuse dont son filz estoit en voye de parvenir, amour de mère l'admonnestoit de larmoyer. Toutesfois, après qu'on luy fut venu dire : « Madame, si voulez venir veoir vostre » filz, il est tout à cheval; prest à partir, » la bonne gentil femme sortit par le derrière de la tour, et fist venir son filz vers elle, auquel elle dist ces parolles : « Pierre, mon amy, vous allez » au service d'ung gentil prince. D'autant que » mère peult commander à son enfant, je vous » commande trois choses tant que je puis; et » si vous les faictes, soyez asseuré que vous » vivrez triumphamment en ce monde. La pre» mière, c'est que devant toutes choses vous » aymez, craigniez et servez Dieu, sans au» cunement l'offenser s'il vous est possible; » car c'est celluy qui tous nous a créez, c'est » luy qui nous fait vivre, c'est celluy qui nous » saulvera; et sans luy et sa grâce ne sçau» rions faire une seulle bonne œuvre en ce » monde. Tous les matins et tous les soirs re» commandez-vous à luy, et il vous aydera. La » seconde, c'est que vous soyez doulx et cour» tois à tous gentilz-hommes, en ostant de vous » tout orgueil. Soyez humble et serviable à tou» tes gens; ne soyez maldisant ne menteur; » maintenez-vous sobrement quant au boire » et au manger; fuyez envye, car c'est ung » villain vice; ne soyez flatteur ne rapporteur, » car telles manières de gens ne viennent pas » voulentiers à grande perfection. Soyez loyal » en faictz et dictz; tenez vostre parolle; soyez » secourable à vos povres veufves et orphe» lins, et Dieu le vous guerdonnera. La tier» ce, que des biens que Dieu vous donnera vous » soyez charitable aux povres nécessiteux; car » donner pour l'honneur de luy n'apovrit onc» ques homme; et tenez tant de moy, mon en» fant, que telle aulmosne pourrez-vous faire, » qui grandement vous prouffitera au corps et » à l'ame. Vélà tout ce que je vous encharge. » Je croy bien que vostre père et moy ne vi» vrons plus guères. Dieu nous face la grâce à » tout le moins, tant que serons en vie, que » tousjours puissions avoir bon rapport de vous! » Alors le bon Chevalier, quelque jeune aage qu'il eust, luy respondit : « Madame ma mère, de » vostre bon enseignement, tant humblement » qu'il m'est possible, vous remercie; et espère » si bien l'ensuyvre que, moyennant la grâce » de celluy en la garde duquel me recomman» dez, en aurez contentement; et au demourant, » après m'estre très-humblement recommandé » à vostre bonne grâce, je voys prendre congé » de vous. »

Alors la bonne dame tira hors de sa manche une petite boursette, en laquelle avoit seulement six escus en or et ung en monnoye, qu'elle donna à son filz; et appella ung des serviteurs de l'évesque de Grenoble, son frère, auquel elle bailla une petite malette, en laquelle avoit quelque linge pour la nécessité de son filz, le priant que, quand il seroit présenté à monseigneur de Savoye, il voulsist prier le serviteur de l'escuyer soubz la charge duquel il seroit qu'il s'en voulsist ung peu donner de garde, jusques à ce qu'il feust en plus grant aage; et luy bailla deux escus pour luy donner. Sur ce propos print l'évesque de Grenoble congé de la compaignie, et appella son nepveu, qui pour se trouver dessus son gentil roussin pensoit estre en ung paradis. Si commencèrent à marcher le chemin droit à Chambéry, où pour lors estoit le duc Charles de Savoye.

⋄⋈⋄

CHAPITRE III.

Comment l'évesque de Grenoble présenta son nepveu, le bon Chevalier sans paour et sans reprouche, au duc Charles de Savoye, qui le receut joyeusement.

Au départir du chasteau de Bayart, qui fut par ung samedy après le desjeuner, chevaucha ledit évesque de Grenoble, de sorte qu'il arriva au soir en la ville de Chambéry où le clergié alla au devant de luy; car ladicte ville est de toute ancienneté de l'évesché de Grenoble, et y a son official et sa court. Il se logea chez ung notable bourgeois. Le duc estoit logé en sa maison, avecques bon nombre de seigneurs et gentilzhommes tant de Savoye que de Pyémont. Le soir, demoura ledit évesque de Grenoble à son logis, sans se monstrer à la court, combien que le duc feust assez informé qu'il estoit à la ville; dont il fut très-joyeulx, parce que icelluy évesque estoit (si ainsi on les peult appeller en ce monde) ung des plus sainctz et dévotz personnages que l'on sceust. Le lendemain, qui fut dimenche, bien matin se leva, et s'en alla pour faire la révérence au duc de Savoye, qui le receut d'ung riant visage, luy donnant bien à congnoistre que sa venue luy plaisoit très-fort. Si dévisa avecques luy tout au long chemin depuis son logis jusques à l'Eglise, où il alla ouyr messe, à laquelle il servit ledit duc, comme à telz princes appartient, à luy bailler à baiser l'Evangille et la paix. Après la messe dicte, le duc le mena par la main disner avecques luy, où durant icelluy estoit son nepveu le bon Chevalier, qui le servoit de boire très-bien en ordre, et très-mignonnement se contenoit : ce que regarda le duc pour la jeunesse qu'il voyoit en l'enfant, de sorte qu'il demanda à l'évesque : « Monseigneur de Grenoble, qui est ce jeune » enfant qui vous donne à boire? — Monsei- » gneur, respondit-il, c'est ung homme-d'armes » que je vous suis venu présenter pour vous ser- » vir, se il vous plaist : mais il n'est pas en l'es- » tat que je le vous veulx donner; après disner, » si c'est vostre plaisir, le verrez. — Vraye- » ment, ce dist le duc, qui desjà l'eût pris en » amour, il seroit bien estrange qui tel présent » refuseroit. » Or le bon Chevalier, qui desjà avoit l'ordonnance de son oncle en l'entendement, ne s'amusa guères aux morceaulx après le disner, ains s'en va au logis faire séeller son roussin, sur lequel, après l'avoir bien mis en ordre, monta, et s'en vint le beau petit pas en la court de la maison dudit duc de Savoye, qui desjà estoit sorty de sa salle, appuyé sur une gallerie. Si veit entrer le jeune enfant qui faisoit bondir son cheval, de sorte qu'il sembloit homme de trente ans, et qui toute sa vie eust veu de la guerre. Lors s'adressa à l'évesque de Grenoble, auquel il dist : « Monseigneur de » Grenoble, je croy que c'est vostre petit mi- » gnon qui si bien chevauche ce cheval? » qui respondit : « Monseigneur, c'est mon (1); il est » mon nepveu, et de bonne rasse, où il y a eu » de gentilz chevaliers. Son père, qui par les » coups qu'il a receuz ès guerres et batailles où » il s'est trouvé, est tant myné de foiblesse et » vieillesse, qu'il n'est peu venir devers vous, » se recommande très-humblement à vostre » bonne grâce, et vous en fait ung présent. — » En bonne foy, respondit le duc, je l'accepte » voulentiers; le présent est beau et honneste : » Dieu le face preudhomme! » Lors commanda ung sien escuyer d'escuyrie, en qui plus se fioit, qu'il prînt en sa garde le jeune Bayart, et que à son oppinion seroit une fois homme de bien. Ne tarda guères, après ce propos, que l'évesque de Grenoble, qui remercié eut très-humblement le duc de Savoye, ne prist congé de luy pour s'en retourner à sa maison; et ledit duc demoura à Chambéry jusques à quelque temps après, qu'il se délibéra d'aller veoir le roy de France, Charles huytiesme, qui estoit en sa ville de Lyon, où il se donnoit du bon temps à faire joustes, tournois et tous autres passe-temps.

⋄⋈⋄

CHAPITRE IV.

Comment le duc de Savoye se partit de Chambéry pour aller veoir le roi de France Charles huytiesme en sa ville de Lyon, et mena

---

(1) Dans ce mot *c'est mon*, disent les auteurs du Dictionnaire de Trévoux, il faut sous-entendre *avis*, qu'on a retranché pour abréger. Cette expression veut dire ici *il est vrai*.

avecques luy le bon Chevalier sans paour et sans reprouche, lors son page.

Le bon Chevalier demoura page avecques le duc Charles de Savoye bien l'espace de demy-an, où il se fist tant aymer de grans, moyens et petis, qu'oncques jeune enfant ne le fut plus. Il estoit serviable aux seigneurs et dames tant que c'estoit merveilles. En toutes choses n'y avoit jeune page ne seigneur qui feust à comparer à luy; car il saultoit, luytoit, jectoit la barre, selon sa grandeur, et entre autres choses chevauchoit ung cheval le possible. De sorte que son bon maistre le print en aussi grande amour que s'il eust esté son filz.

Ung jour estant le duc de Savoye à Chambéry, faisant grosse chère, se délibéra d'aller veoir le roy de France à Lyon, où pour lors estoit parmy ses princes et gentilz hommes, menant joyeuse vie à faire joustes et tournoys chascun jour, et au soir dancer et baller avecques les dames du lieu, qui sont voulentiers belles et de bonne grâce. Et, à vérité dire, ce jeune roy Charles estoit un des bons princes, des courtois, libéraulx et charitables qu'on ait jamais veu ne leu. Il aymoit et craignoit Dieu, ne juroit jamais que *par la foy de mon corps*, ou autre petit serment. Et fut grant dommage dont mort le print si tost, comme en l'aage de vingthuict ans; car si longuement eust vescu, achevé eust de grans choses. Ledit Roy Charles sceut comment le duc de Savoye le venoit veoir, et que jà estoit à La Verpillière, et s'en venoit coucher à Lyon. Si envoya au devant de luy ung gentil prince de la maison de Luxembourg, qu'on appeloit le seigneur de Ligny (1), avecques plusieurs aultres gentilz-hommes et archiers de sa garde, qui le trouvèrent à deux lieues ou environ dudit Lyon. Si se firent grant chère lesditz duc et seigneur de Ligny, car tous deux estoient assez remplis d'honneur. Ilz vindrent longuement parlans ensemble, et tellement que le seigneur de Ligny gecta son œil sur le jeune Bayart, lequel estoit sur son roussin, qui trotoit fort mignonnement, et le faisoit merveilleusement bon veoir. Si dist le seigneur de Ligny au duc de Savoye: « Monseigneur, » vous avez là ung page qui chevauche ung gail- » lart cheval, et davantage il le scet manyer gen- » tement. — Sur ma foy, dist le duc, il n'y a pas » demy-an que l'évesque de Grenoble m'en fist » ung présent, et ne faisoit que sortir de l'es- » colle; mais je ne veiz jamais jeune garson qui » plus hardiement de son aage se maintînt ny a » cheval ny à pied, et y a fort bonne grâce. Bien » vous advise, monseigneur mon cousin, qu'il » est d'une rasse où il y a de gaillars et hardiz » gentilz-hommes; je croy qu'il les ensuyvra. » Si dist au bon Chevalier: « Bayart, picquez, » donnez une carrière à vostre cheval. » Ce que le jeune enfant, qui pas mieulx ne demandoit, fist incontinent, et très-bien le sceut faire; et si au bout de la course fist bondir le cheval, qui estoit fort gaillard, trois ou quatre merveilleux saulx, dont il resjouyt toute la compaignie. « Sur » ma foy, Monseigneur, dist le seigneur de Li- » gny, vèla ung jeune gentil-homme qui sera, à » mon oppinion, gentil galant s'il veit; et m'est » advis que ferez bien du page et du cheval faire » présent au Roy; car il en sera bien aise, » pource que le cheval est fort bel et bon, et le » page, à mon advis, encores meilleur. — Sur » mon ame, dist le duc, puisque le me conseil- » lez, je le feray. Le jeune enfant pour parvenir » ne sçauroit apprendre en meilleure escolle que » la maison de France, où de tout temps hon- » neur fait son séjour plus longuement qu'en » toutes autres maisons de princes. »

Ainsi en propos cheminèrent si avant qu'ils entrèrent dedans Lyon, où les rues estoient pleines de gens, et force dames aux fenestres pour les veoir passer; car, sans mentir, ce duc de Savoye estoit fort beau et bon prince, très-bien accompaigné; et, à veoir sa contenance, sentoit bien son prince de grosse maison. Si s'en alla pour le soir, qui fut ung mercredy, descendre à son logis, où il retint le seigneur de Ligny, et ung autre appelé monseigneur d'Avesnes, filz du sire d'Albret, et frère du roy de Navarre, qui estoit alors ung fort honneste et accomply seigneur, à soupper avecques luy, et plusieurs aultres seigneurs et gentilz-hommes, où durant icelluy y eut force ménestriers et chantres du Roy qui vindrent resjouyr la compaignie. Le soir, ne partit point le duc de Savoye de son logis; ains il fut joué à plusieurs jeux et passetemps, et tant qu'on apporta vin et espices, lesquelles prises, chascun se retira à son logis jusques à lendemain au matin.

CHAPITRE V.

Comment le duc de Savoye alla faire la révérence au roy de France à son logis; et du grant et honneste recueil qui luy fut faict.

Le jeudy matin se leva le duc de Savoye, et après soy estre mis en ordre, voulut aller trou-

---

(1) Louis de Luxembourg, filz du malheureux connétable de Saint-Paul.

ver le Roy : mais ainçois son partement arrivèrent à son logis lesditz seigneurs de Ligny et d'Avesnes, avecques le mareschal de Gié (1), qui pour lors avoit gros crédit en France, ausquels il donna le bon jour. Et après marchèrent jusques au logis du Roy, qui desjà estoit prest pour aller à la messe en ung couvent de Cordeliers qu'il avoit fait construire, à la requeste d'ung dévot religieux appelé frère Jehan Bourgeois, au bout d'ung faulxbourg de Lyon appelé Veize, et y avoit ledit seigneur beaucoup donné du sien; aussi avoit fait sa bonne et loyalle espouse (2) Anne, duchesse de Bretaigne. Si trouva le duc de Savoye le Roy ainsi qu'il vouloit sortir de sa chambre, auquel il fist la révérence telle et si haulte que à si grant et noble prince appartenoit; mais le bon Roy, qui filz estoit d'humilité, le print et l'embrassa, en luy disant : « Mon cousin, mon amy, vous soyez le » très-bien venu; je suis joyeulx de vous veoir, » et, sur mon ame, vous avez bien fait; car si ne » feussiez venu, j'estois délibéré vous aller veoir » en voz pays, où je vous eusse porté beaucoup » plus de dommage. » A quoy respondit le bon duc : « Monseigneur, il est difficile que à ma vou- » lenté sceussiez porter dommage. Tout le re- » gret que j'auroye à vostre arrivée en vos pays » et miens seroit seulement que ne pourriez estre » receu comme appartient à si hault ne magna- » nime prince que vous estes : mais bien vous » advise que le cueur, le corps, l'avoir et le sça- » voir, si Dieu y en a aucun mis, sont en vostre » disposition autant que le moindre de vos sub- » jectz ; » dont le Roy, en rougissant un peu, le remercia. Si montèrent sur leurs mulles, et allèrent ensemble, devisans le long de la ville, jusques audit couvent des Cordeliers, où ilz ouyrent dévotement la messe. Et quant vint à l'offrande, fut baillé par le duc de Savoye, au Roy, l'escu pour offrir à Nostre-Seigneur, ainsi que chascun jour ont accoustumé faire les roys de France, comme au prince à qui on vouloit plus faire d'honneur. Après la messe ouye, remontèrent sur leurs mulles pour retourner au logis, où le Roy retint le duc de Savoye à disner avecques lui, et pareillement lesdits seigneurs de Ligny et d'Avesnes. Durant le disner y eut plusieurs propos tenuz, tant de chiens, d'oyseaulx, d'armes, que d'amours. Et entre autres le seigneur de Ligny dist au Roy : « Sire, » je vous jure, ma foy, que monseigneur de Sa- » voye a vouloir de vous donner ung paige qui

(1) Pierre de Rohan.
(2) Charles VIII n'épousa Anne de Bretagne qu'en 1491.

» chevauche ung bas roussin fort gaillard, aussi » bien que jeune garson que je veiz jamais : et si » ne pense point qu'il ait plus de quatorze ans, » mais il mène son cheval à la raison comme ung » homme de trente. S'il vous plaist aller ouyr » vespres à Esnay, en aurez vostre passetemps. » — Par la foy de mon corps, dist le Roy, je le » vueil. » Et puis regarda le duc de Savoye, en luy disant : « Mon cousin, qui vous a donné ce » gentil paige que dit le cousin de Ligny? » A quoy respondit ledit duc : « Monseigneur, il » est de voz subjectz, et d'une maison en vostre » pays du Daulphiné dont il est sorty de gail- » lards gentilz-hommes ; son oncle, l'évesque de » Grenoble, puis demy-an m'en a fait ung pré- » sent : monseigneur mon cousin l'a veu ; il en » dit du bien tant qu'il luy plaist. Vous verrez » à vostre plaisir le paige et le cheval en la » prayrie d'Esnay. »

Alors n'estoit pas le bon Chevalier en présence; mais tanstot luy fut racompté, et comment le Roy le vouloit veoir sur son cheval; et croy que s'il eust gaigné la ville de Lyon, n'eust pas esté si aise. Il s'en alla incontinent au maistre palefrenier du duc de Savoye, nommé Pizou de Chenas, auquel il dist : « Maistre mon amy, » j'entendz que le Roy a dit à monseigneur qu'il » veult veoir mon roussin après disner, et moy » dessus. Je vous prie tant que je puis que le » vueilliez faire mettre en ordre, et je vous don- » neray ma courte dacgue de bon cueur. » Le maistre palefrenier, qui veit la bonne voulenté du jeune garson, luy dist : « Bayart, mon amy, » gardez vostre baston, je n'en veulx point, et » vous mercye; allez vous seulement peigner et » nectoyer, car vostre cheval sera bien en or- » ordre; et Dieu vous face cest heur, mon amy, » que le roy de France vous preigne en grâce, » car il vous en peult advenir beaucoup de biens, » et quelquefois, avecques l'ayde de Dieu, pour- » rez estre si grant seigneur que je m'en sentiray. » — Sur ma foy, maistre, dist le bon Chevalier, » jamais je n'oublieray les courtoysies que m'a- » vez faictes depuis que je suis en la maison de » monseigneur; et si Dieu me donne jamais des » biens, vous en appercevrez. » Incontinent monta en la chambre de son escuyer, où il nectoya ses habillemens, se peigna et acoustra au plus joliement qu'il peut, en attendant qu'il eust quelques nouvelles, qui ne tardèrent guères, car sur les deux ou trois heures vint l'escuyer d'escuyrie de monseigneur de Savoye, lequel gouvernoit Bayart, qui le vint demander, et tout prest le trouva. Si luy dist tout fasché : « Bayart, » mon amy, je voy bien que je ne vous garderai » guères ; car j'entendz que monseigneur a desjà

» fait ung présent de vous au Roy, qui vous
» veult veoir sur vostre roussin en la prairie
» d'Esnay. Je ne suis pas marry de vostre avan-
» cement, mais, sur ma foy, j'ay grand regret
» de vous laisser. » A quoy respondit le jeune
Bayart : « Monseigneur l'escuyer, Dieu me doint
» grâce de continuer ès vertus que m'avez mons-
» trées depuis l'heure que monseigneur vous
» bailla charge de moy ! Si je puis, moyennant
» son ayde, n'aurez jamais reprouche de chose
» que je face ; et si je parviens en lieu pour vous
» faire service, congnoistrez par effect de com-
» bien je me sens vostre obligé. »

Après ces parolles dictes, n'y eut plus de dilation, car l'heure s'approchoit. Si monta l'escuyer sur ung cheval, et fist monter le bon
Chevalier sur son roussin, lequel estoit si bien
peigné et accoustré que riens n'y défailloit ; et
s'en allèrent attendre le Roy et sa compaignie
en la prairie d'Esnay, car le prince s'estoit mis
par eaue sur la Sosne. Incontinent qu'il fut hors
du bateau, va veoir sur la prée le jeune Bayart
sur son roussin, avecques son escuyer. Si luy
commença à crier : « Page, mon amy, donnez
» de l'espron à vostre cheval ; » ce qu'il fist incontinent ; et sembloit, à le veoir départir, que
toute sa vie eust fait ce mestier. Au bout de la
course, le fist bondir deux ou trois saulx, et
puis sans rien dire s'en retourna à bride abatue
pareillement devers le Roy, et s'arresta tout
court devant luy, en faisant remuer son cheval.
De sorte que non seulement le Roy, mais toute
la compaignie, y print un singulier plaisir. Si
commencea le Roy à dire à monseigneur de Savoye : « Mon cousin, il est impossible de mieulx
» picquer ung cheval. » Et puis s'adressant au
page, luy dist : « Picque, picque encores ung
» coup. » Après les parolles du Roy, les pages luy
crièrent : *Picquez, picquez!* De façon que depuis, par quelque temps, fut surnommé *Picquet*.
« Vrayement, dist encores le Roy au duc, je voy
» devant mes yeulx ce que le cousin de Ligny
» m'a dit à disner ; je ne veulx pas attendre que
» me donniez vostre page ne vostre cheval, mais
» je le vous demande. — Monseigneur, respon-
» dit le duc de Savoye, le maistre est vostre, le
» reste y peult bien estre. Dieu luy doint grâce
» de vous faire quelque service agréable ! — Par
» la foy de mon corps, dist le Roy, il est im-
» possible qu'il ne soit homme de bien. Cousin
» de Ligny, je vous baille le page en garde, mais
» je ne veulx pas qu'il perde son cheval ; il de-
» mourera tousjours en vostre escuyrie. » Dont
ledit seigneur de Ligny remercia très-humblement le Roy, se sentant très-bien satisfait d'a-
voir ce présent ; car il estimoit bien qu'il en feroit ung homme dont il auroit une fois gros
honneur, ce qui fut acomply depuis en maintz
lieux. Trois ans seulement fut page le bon Chevalier en la maison du seigneur de Ligny, lequel
l'en mit hors sur l'aage de dix-sept ans, et l'appoincta en sa compaignie : toutesfois tousjours
fut il retenu des gentilz-hommes de sa maison.

CHAPITRE VI.

*Comment ung gentil-homme de Bourgongne,
nommé messire Claude de Vauldray* (1), *vint
à Lyon, par le vouloir du roy de France,
faire faictz d'armes tant à cheval comme à
pied, et pendit ses escuz, pour par ceulx
qui y toucheroient estre par luy receuz au
combat ; et comment le bon Chevalier, trois
jours après qu'il fut mis hors de page, toucha
à tous les escuz.*

Quelque temps demoura le duc de Savoye a
Lyon, où il fist fort bonne chère, tant avecques le Roy que les princes et seigneurs de
France. Si advisa qu'il estoit saison de retourner en ses pays, parquoy demanda congé, qui
luy fut donné bien envis : toutesfois il n'est si
bonne compaignie qu'il ne conviengne de partir.
Le Roy lui fist de beaulx et honnorables présens, car de libéralitez estoit assez remply. Ainsi
s'en retourna le bon duc Charles de Savoye en
ses pays. Le roi de France alla visitant son
royaulme, et deux ou trois ans après se retrouva
audit Lyon, où il arriva ung gentil-homme de
Bourgongne, qu'on nommoit messire Claude de
Vauldray, appert homme d'armes, et qui désiroit à merveilles de les suyvre. Si fist supplier
au Roy que, pour garder d'oisiveté tous jeunes
gentilz-hommes, luy voulsist permettre de dresser ung pas, tant à cheval comme à pied, à
course de lance et coups de hache : ce qui luy
fut accordé, car le bon Roy ne demandoit après
le service de Dieu, dont il estoit assez songneux,
que joyeulx passetemps. Si dressa son affaire
icelluy messire Claude de Vauldray le mieulx
qu'il peult, et fist pendre ses escuz, où tous gentilz-hommes qui avoient désir d'eulx monstrer
venoient toucher, et se faisoient inscripre au roy-
d'armes qui en avoit la charge. Ung jour passoit
par devant les escuz le bon Chevalier, qui desjà,
par le nom que le Roy luy donna à Esnay, estoit
de chascun appelé Picquet ; si va penser en soy-

(1) C'était un gentilhomme de Franche-Comté. Sui-
vant Godefroy, les seigneurs de Mouy et de Saint-Phal
appartenaient à cette maison.

mesmes : « Hélas ! mon Dieu , si je sçavoye com-
» ment me mettre en ordre, tant voulentiers je
» toucheroye à ces escuz pour sçavoir et appren-
» dre des armes ; » et sur cela s'arresta tout coy,
et demoura pensif. Avecques luy estoit ung
sien compaignon de la nourriture du seigneur de
Ligny, appellé Bellabre, qui luy dist : « En quoy
» songez-vous , compaignon ? vous me semblez
» tout estonné. — Sur ma foy, respondit-il, mon
» amy, aussi suis-je ; et je vous en diray présen-
» tement la raison. Il a pleu à monseigneur me
» mettre hors de paige, et , de sa grâce, m'a
» acoustré et mis en ordre de gentil-homme ;
» vouloir me semond de toucher aux escuz de
» messire Claude, mais je ne sçay, quand je l'au-
» roye fait, qui me fourniroit après de harnoys
» et de chevaulx. » Alors respondit Bellabre,
qui plus estoit angé que luy et fort hardy gentil-homme (car d'une chose veulx adviser tous
lysans ceste histoire, que de la nourriture de ce
gentil seigneur de Ligny sont sortis cinquante
gentilz-hommes, dont les trente ont esté tous
vaillans et vertueux cappitaines en leur vie) :
« Mon compaignon, mon amy, vous souciez-vous
» de cela ? n'avez-vous pas vostre oncle, ce gros
» abbé d'Esnay (1) ? Je faiz veu à Dieu que nous
» yrons à luy, et s'il ne veult fournir deniers,
» nous prendrons crosse et mietre ; mais je croy
» que quant il cognoistra vostre bon vouloir, il
» le fera voulentiers. » Et sur ces parolles il va
toucher aux escuz. Montjoye, roy d'armes, qui
estoit là pour escripre les noms, luy commencea
à dire : « Comment, Picquet, mon ami, vous n'au-
» rez barbe de trois ans, et entreprenez vous à
» combatre contre messire Claude, qui est ung
» des plus rudes chevaliers qu'on sache ? » Lequel
lui respondit : « Montjoye, mon amy, ce que j'en
» faiz n'est pas orgueil ne oultrecuydance, mais
» seullement désir d'aprendre peu à peu avecques
» ceulx qui me les peuvent monstrer ; et Dieu, si
» luy plaist, me fera la grâce que je pourray
» faire quelque chose qui plaira aux dames. » De-
» quoy Montjoye se prist à rire, et s'en contenta
très-fort. Si courut incontinent par tout Lyon le
bruit que Picquet avoit touché aux escuz de
messire Claude, et vint jusques aux oreilles dudit seigneur de Ligny, qui n'en eust pas voulu
tenir dix mille escuz. Si s'en alla le dire au Roy
incontinent, qui en fut très-joyeulx, et luy dist :
« Par la foy de mon corps, cousin de Ligny, vos-
» tre nourriture vous fera une fois de l'honneur,
» car le cueur le me juge. — Nous verrons que

» ce sera, respondit le seigneur de Ligny ; il est
» encores bien jeune pour endurer les coups de
» messire Claude. »
Or ne fut ce pas le plus fort pour le bon Chevalier d'avoir touché aux escuz, mais de trouver
argent pour avoir chevaulx et accoustremens.
Si vint à son compaignon Bellabre, auquel il
dist : « Mon compaignon, mon amy, je vous prie
» estre mon moyen envers monseigneur d'Esnay
» mon oncle, qu'il me donne de l'argent ; je sçay
» bien que si mon bon oncle monseigneur de
» Grenoble estoit icy, il ne me laisseroit pour
» riens ; mais il est en son abbaye de Sainct-
» Surnyn à Thoulouze : c'est bien loing ; jamais
» ung homme n'y seroit allé et venu à temps. —
» Ne vous chaille, dist Bellabre, nous yrons vous
» et moy demain matin parler à luy, et j'espère
» que nous ferons bien nostre cas. » Cela resjouyt quelque peu le bon Chevalier : toutesfois
il ne reposa guères la nuyt. Bellabre et luy cou-
choient ensemble, levèrent matin, et puis se
misrent en ung de ces petis bateaux de Lyon, et
se firent mener à Esnay. Eulx descenduz, le premier homme qu'ilz trouvèrent dedans le pré, ce
fut l'abbé, qui disoit ses heures aveecques ung de
ses religieux. Si l'allèrent saluer les deux gentilz-hommes ; mais luy, qui desjà avoit ouy parler comment son nepveu avoit touché aux escuz
de messire Claude de Vauldray, et se doubtoit
bien qu'il fauldroit foncer (2), ne leur fist pas
grant recueil, mais s'adressa à son nepveu, et luy
dist : « Hé, maistre breneux, qui vous a donné
» ceste hardiesse de toucher aux escuz de mes-
» sire Claude de Vauldray ? Il n'y a que trois
» jours qu'estiez paige, et n'avez pas dix-sept ou
» dix-huit ans ; on vous deust encores donner
» des verges, qui montez en si grant orgueil. »
A quoy respondit le bon Chevalier : « Monsei-
» gneur, je vous asseure, ma foy, qu'onneques or-
» gueil ne me le fist faire ; mais désir et vouloir
» de parvenir par faictz vertueux à l'honneur
» que voz prédécesseurs et les myens ont fait,
» m'en ont donné la hardiesse. Si vous supplie ,
» Monseigneur, tant que je puis, veu que je n'ay
» parent ny amy à qui je peusse présentement
» avoir recours, sinon à vous, que vostre bon
» plaisir soit m'ayder de quelques deniers pour
» recouvrer ce qu'il m'est nécessaire. — Sur ma
» foy, respondit l'abbé, vous yrez chercher ail-
» leurs qui vous prestera argent : les biens donnez
» par les fondateurs de ceste abbaye a esté pour y
» servir Dieu, et non pas pour despendre en joustes

---

(1) Guyard de Berville observe que l'abbé d'Esnay n'était pas oncle de Bayard, et qu'il y avait entre eux la distance du troisième au cinquième degré. Il s'appelait Théodore Terrail. Il mourut en 1505.

(2) Faire des fonds, payer, débourser.

» et tournoiz. » Laquelle parolle dicte par l'abbé, le seigneur de Bellabre reprint, et luy dist : « Monseigneur, n'eust esté les vertuz et les prouesses de vos prédécesseurs, vous ne feussiez pas abbé d'Esnay, car par leur moyen et non par autre y estes parvenu. Il faut avoir congnoissance des biens qu'on a receuz par le passé, et espérance d'avoir quelque rémunération de ceulx qu'on fait. Vostre nepveu, mon compaignon, est de bonne rasse, bien aymé du Roy et de monseigneur nostre maistre; il a vouloir de parvenir, dont deussiez estre bien joyeulx. Si est besoing que luy aydez, car il ne vous sçauroit couster deux cens escuz pour le mettre en bon ordre, et il vous pourra faire de l'honneur pour plus de dix mille. » Si y eut réplique par l'abbé, et plusieurs autres propos tenuz; mais enfin se condescendit qu'il ayderoit audit bon Chevalier.

∞

CHAPITRE VII.

Comment l'abbé d'Esnay bailla cent escus au bon Chevalier pour avoir deux chevaulx, et escripvit unes lettres à ung marchant de Lyon pour luy délivrer ce qui luy seroit nécessaire.

Il y eut plusieurs propos entre l'abbé et les deux gentilz-hommes; mais à la fin il les mena à son logis, et fist ouvrir une petite fenestre, où d'une bourse qui dedans estoit tira cent escuz, lesquelz il bailla à Bellabre, et luy dist : « Mon gentil-homme, vêla cent escus que je vous baille pour achapter deux chevaulx à ce vaillant gendarme, car il a encores la barbe trop jeune pour manyer deniers; je m'en vois escripre ung mot à Laurencin pour luy bailler les habillemens qui luy seront nécessaires. » — C'est très-bien fait, Monseigneur, dist Bellabre, et je vous asseure que quant chascun le sçaura, vous n'y aurez sinon honneur. » Si fut demandé incontinent ancre et papier pour escripre à Laurencin, auquel il manda bailler à son nepveu ce qui luy seroit nécessaire pour s'acoustrer à ce tournoy, ymaginant en soy-mesmes qu'il ne sçauroit avoir à besongner pour cent francs de marchandise; mais il alla bien autrement, comme vous orrez cy-après. Incontinent que les gentilz-hommes eurent leur lettre, après avoir pris congé de l'abbé, et par le bon Chevalier l'avoir très-humblement remercié de la courtoysie qu'il luy faisoit, s'en retournèrent dedans leur petit bateau pour revenir à Lyon, fort joyeulx de ce qu'ilz avoient si bien besongné.

Si commencea à parler Bellabre, et à dire : « Sçavez-vous qu'il y a, compaignon, quant Dieu envoye des bonnes fortunes aux gens, il les fault bien et sagement conduyre : ce qu'on desrobe à moynes est pain béneist. Nous avons une lettre à Laurencin pour prendre ce qu'il vous fauldra; allons vistement à son logis avant que vostre abbé ait pensé à ce qu'il a fait, car il n'a point limité en sadicte lettre jusques à combien d'argent il vous baille d'acoustremens. Par la foy de mon corps, vous serez acoustré pour le tournoy, et pour d'icy à ung an, car aussi bien n'en aurez-vous jamais autre chose. » Le bon Chevalier, qui ne demandoit pas mieulx, se print à rire, et luy dist : « Par ma foy, mon compaignon, la chose va bien ainsi; mais, je vous prie, hastons-nous, car j'ay grant paour que s'il s'apperçoit de ce qu'il a fait, que incontinent n'envoye ung de ses gens déclairer pour combien d'argent il entend qu'on me baille d'habillemens. » Très-bonne fut leur conception, comme vous entendrez. Si firent diligenter la pontonnière, qui les rendit jusques auprès des changes, où ilz se mirent à bort; et incontinent marchèrent droit au logis de Laurencin, qui estoit en sa boutieque, lequel saluèrent; et il, qui estoit fort honneste et bon marchant, leur rendit le semblable. Bellabre commencea la parolle, et dist : « Par mon ame, sire Laurencin, mon compaignon et moy venons de veoir ung honneste abbé; c'est monseigneur d'Esnay. — Je vous promets, c'est mon, dist Laurencin; c'est ung grant homme de bien, et me tiens du nombre de ses bons serviteurs. J'ay eu en ma vie à faire à luy de vingt mille francs, mais jamais ne trouvay ung plus rond homme. — Mais ne sçavez-vous l'honnesteté qu'il a faicte à son nepveu mon compaignon, que vecy? dist Bellabre. Il a sceu qu'il avoit touché aux escuz de Messire Claude de Vauldray, et qu'il se vouloit esprouver pour honneur acquérir, comme ont fait ses ancestres; et sachant que nous couchions ensemble, tous deux nous a envoyez quérir à ce matin; et estre arrivez, après nous avoir fait très-bien desjeuner, a donné trois cens beaulx escuz à son nepveu pour avoir des chevaulx, et davantage pour s'acoustrer, de sorte qu'il n'y ait homme en la compaignie mieulx en ordre que luy, nous a baillé une lettre à vous adressant, pour luy bailler ce qu'il luy sera nécessaire. » Si luy monstra la lettre; il congneut incontinent le seing de monseigneur l'abbé. « Je vous asseure, Messeigneurs, dist Laurencin, qu'il n'y a rien céans qui ne soit à vostre

» commandement, et de monseigneur qui m'es-
» cript : regardez seulement qu'il vous fault. »
Si firent incontinent desployer draps d'or, d'argent, satins brochez, veloux et autres soyes, dont ils prindrent pour le bon Chevalier jusques à la valleur de sept ou huyt cens francs ; et puis prindrent congié de luy pour s'en aller à leur logis, et incontinent envoyèrent quérir tailleurs pour faire leur cas.

Or retournons ung petit à l'abbé qui fut bien aise quant il se veit despesché de son nepveu. Si commanda qu'on apportast à disner, où il eut de la compaignie ; et entre autres propos commencea à dire tout hault : « J'ay eu une terrible estrayne à ce matin ; ce garson, mon
» nepveu de Bayart, a esté si fol que d'aller toucher aux escuz de messire Claude, et pour
» s'acoustrer est venu à ce matin demander de
» l'argent : j'en ay esté pour cent escus, et encores n'esse pas tout, car j'ay escript à Laurencin luy bailler ce qu'il luy demandera pour
» s'acoustrer sur le harnois. » A quoy respondit le secrétain de léans : « Sur ma foy, Monseigneur, vous avez bien fait ; il veult suyvre
» les prouesses de monseigneur vostre grantpère, qui fut si vaillant homme, et tous ses
» parens. Je ne voy mal en cecy que ung ; il
» est jeune et voluntaire : vous avez escript à
» Laurencin qu'il luy baille ce qu'il luy demandera ; je suis seur qu'il le fera, quant il
» seroit question de deux mille escus ; j'ay peur
» qu'il n'en preigne plus que vous n'entendez. »
L'abbé va incontinent penser là dessus, et respondit : « Par sainct Jacques, secrétain, vous
» dictes vray, car je n'ay point escript jusques
» à combien. » Si dist : « Qu'on m'appelle le
» maistre d'hostel, » qui vint sur l'heure. « A
» coup, Nicolas, dist l'abbé, ung autre servira
» bien pour vous ; allez à la ville chez Laurencin, et luy dictes que je luy ay escript à ce
» matin bailler quelques habillemens à mon
» nepveu de Bayart pour le tournoy de messire
» Claude ; qu'il luy en baille pour cent ou six
» vingtz francz, et non pour plus ; et ne faictes
» que aller et venir. » Ledit maistre d'hostel alla bien tost, mais il partit bien tard. Quant il fut chez Laurencin, il estoit à table ; mais pource qu'il estoit assez privé de léans, monta en hault, et salua la compaignie, qui luy rendit le semblable. « Monseigneur le maistre, dist
» Laurencin, vous venez à bonne heure ; lavez
» la main, et venez faire comme nous. — Je
» vous mercye, respondit-il, ce n'est pas ce qui
» me meine : monseigneur m'envoye icy, parce
» qu'il vous a escript aujourd'huy bailler à son
» nepveu de Bayart quelques acoustremens. »

Laurencin n'attendit pas qu'il eust achevé, et dist : « Monseigneur le maistre, j'ay desjà fait
» tout cela. Je vous asseure que je l'ay bien mis
» en ordre : c'est ung très-honneste jeune gentil-homme ; monseigneur fait bien de luy
» ayder. — Et pour combien lui en avez-vous
» baillé ? dist le maistre d'hostel. — Je ne
» sçay, sur ma foy, dist-il, si je ne voye
» mon papier, et son récépissé au dos de la
» lettre de monseigneur ; mais il m'est advis
» qu'il en y a pour environ huyt cens francz.
» — Ha ! par Nostre-Dame, vous avez tout
» gasté. — Pourquoy ? dist Laurencin. —
» Pource, respondit le maistre d'hostel, que
» monseigneur vous mandoit par moy ne luy
» en bailler que pour cent ou six vingtz francz.
» — Sa lettre ne dit pas cela, dist Laurencin ;
» et quant il en eust demandé plus largement,
» plus en eust eu, car ainsi me le mandoit monseigneur. — Or il n'y a remède, fist le maistre d'hostel : à Dieu vous command. » Si s'en retourna à Esnay, et trouva encores la compaignie où il l'avoit laissée. Quant l'abbé veit son maistre d'hostel, luy dist : « Et puis, Nicolas,
» avez-vous dit cela à Laurencin ? — Ouy bien,
» Monseigneur, mais je suis allé trop tard ;
» vostre nepveu avoit desjà fait sa foyre, et en
» a seulement pris pour huyt cens francz. —
» Pour huyt cens francz ! Saincte Marie, dist
» l'abbé, vèlà ung mauvais paillardeau. A coup,
» vous sçavez bien son logis ; allez le trouver,
» et luy dictes que s'il ne va vistement rendre
» sur Laurencin ce qu'il a pris, que jamais de
» moy n'amendera d'ung denier. »

Le maistre d'hostel fist le commandement de monseigneur, et s'en vint à Lyon, cuydant trouver son homme, qui paravant s'estoit bien doubté de l'encloueure, et avoit dit à ses serviteurs : « Si personne des gens de monseigneur
» d'Esnay me viennent demander, qu'on face
» forcé excuses, en sorte que je ne parle point
» à eulx ; » et pareillement en fit advertir tous ceux du logis. Quant le maistre d'hostel le vint demander, on luy fist response qu'il estoit chez monseigneur de Ligny. Il y va, et ne le trouva pas. Si retourna au logis. On luy dist qu'il estoit allé essayer des chevaulx delà le Rosne. Bref, il y fut plus de dix fois, mais jamais ne le peut trouver. Si s'en retourna, car il veit bien que c'estoit une mocquerie. Quant il fut à Esnay, il dist à monseigneur que c'estoit temps perdu de chercher son nepveu, car plus de dix fois avoit esté à son logis ; mais possible n'estoit de le trouver, car il se faisoit céler. « Si, dist
» l'abbé ; par mon serment c'est ung mauvais
» garson, mais il s'en repentira. » Son courroux

se passa quand il voulut, mais il n'en eut autre chose. Si laisserons à parler de luy, et retournerons au bon Chevalier et à son compaignon, et comment ilz exploictèrent en leurs affaires.

◇◇◇

CHAPITRE VIII.

Comment le bon Chevalier sans paour et sans reprouche et son compaignon se montèrent de chevaulx et garnirent d'acoustremens; et comment ledit bon Chevalier se porta gentement, selon sa puissance, contre messire Claude de Vauldray.

Vous povez assez entendre que incontinent que le bon Chevalier et son compaignon eurent de Laurencin ce qu'ilz demandoient, ne firent grant séjour en sa maison, doubtant ce qui advint depuis; ains si bonne diligence mirent en leur affaire, qu'ilz furent pourveuz de ce qu'il leur failloit. Ils se retirèrent en leur logis, où soubdainement envoyèrent quérir tailleurs pour faire à chascun trois acoustremens sur le harnoys; car le bon Chevalier vouloit que son compaignon feust de sa livrée: aussi n'avoient-ilz riens party ensemble. Après ce qu'ilz eurent donné ordre quant aux habillemens, Bellabre dist : « Compaignon, il fault que nous allions
» veoir des chevaulx. Je sçay ung gentilhomme
» de Pyémont, logé en la Grenète, qui a ung
» bas roussin bien relevé et bien remuant; ce
» sera bien vostre cas: et il me semble aussi
» qu'il a ung petit courserot bay qui est fort
» adroit. L'on m'a dit qu'il les veult vendre,
» parce que puis huyt jours, en les chevau-
» chant, s'est rompu une jambe: allons veoir
» que c'est. — C'est bien advisé, respondit le
» bon Chevalier. »

Si s'en allèrent passer l'eaue vers Nostre-Dame de Confort, puis se tirèrent au logis de ce gentil-homme piémontoys, qu'ilz trouvèrent en sa chambre fort mal acoustré de sa jambe. Ilz le saluèrent, et il leur rendit le semblable, comme courtois chevalier. Bellabre prist la parolle, et dist : « Mon gentil-homme, vècy mon
» compaignon qui a désir de recouvrer une cou-
» ple de chevaulx que vous avez, parce qu'on
» nous a rapporté que les voulez vendre, au
» moyen de l'inconvénient qui vous est advenu,
» dont il nous desplaist. — Sur ma foy, messei-
» gneurs, respondit le gentil-homme, il est vray,
» et m'en fait grant mal, car les chevaulx sont
» beaulx et bons: mais puisqu'il paist à Dieu,
» je voy bien que de trois moys ne sçaurois par-
» tir ceste ville. Les vivres y sont chers, mes
» chevaulx se mangeroient en l'estable; vous
» me semblez honnestes et Gaillars gentilz-
» hommes : j'ayme beaucoup mieulx que mes
» chevaulx tumbent entre voz mains que ail-
» leurs. Montez dessus, et les allez veoir hors
» la ville avecques ung de mes gens; et au re-
» tour, s'ilz vous plaisent, nous en ferons mar-
» ché. » Ilz trouvèrent le propos honneste; et incontinent furent les chevaulx seellez; sur lesquelz le bon Chevalier et son compaignon montèrent et les menèrent jusques à la prairie près la Guillotière, où ils les coururent et trottèrent, de sorte qu'ilz s'en tindrent pour contens. Si retournèrent au logis du gentil-homme pour faire le marché, et luy demandèrent le pris qu'il les vouldroit vendre. « Par ma foy, dist-
» il, si j'estois sain, il n'y a homme sur la terre,
» si je ne luy en vouloye faire présent, qui les
» eust pour deux cens escus; mais, pour l'amour
» de vous, je suis content de les vous laisser,
» le roussin pour soixante escus, et le courserot
» pour cinquante: ce sont cent dix escus, et
» n'en auray pas moins. »

Ilz virent bien qu'il estoit raisonnable, et ne dirent autre parolle sinon: « Mon gentil-homme,
» vous les aurez, et toute nostre vie deux gen-
» tilz-hommes à vostre commandement; » dont il les remercia. Ilz misrent la main à la bourse, et luy baillèrent ses cent dix escus, et deux pour le vin des serviteurs. Les chevaulx furent menez par leurs gens à leur logis, lesquelz firent très-bien penser et acoustrer; car plus n'y avoit que trois jours à commencer l'emprise qu'avoit faicte messire Claude de Vauldray, parquoy tout homme s'appareilloit selon sa puissance. Si ouvrit icelluy messire Claude son pas, selon l'ordonnance qu'il avoit, par le congé du roy de France, fait publier; et par ung lundy se mist sur les rencs, où contre luy s'essayèrent plusieurs bons et gaillars gentilz-hommes de la maison du bon roy Charles, telz que le sénes-chal Galyot, pour lors fort gaillart et appert homme-d'armes; le jeune Bonneval, Saudricourt, Chastillon, Bourdillon, qui estoient des plus privez de la personne du Roy, et plusieurs autres; où chascun, comme povez penser, fist le mieulx qu'il peut. Or estoit telle l'ordonnance que quant chascun avoit fait ce en quoy il estoit tenu, convenoit que le long de la lice feust mené veue descouverte, afin que l'on congneust lequel c'estoit qui avoit bien ou mal fait; parquoy à ceste raison povez penser qu'il n'y avoit celluy qui ne se mist en son effort de bien faire.

Le bon Chevalier, sur le dix-huytiesme an de son aage, qui estoit fort grande jeunesse (car il commençoit encores à croistre, et de sa nature estoit meigre et blesme), se mist sur les rencs pour essayer à faire comme les autres, et là faisoit son jeu d'essay, qui estoit assez rudement commencé, car il avoit à faire à ung des plus appers et duytz chevaliers de guerre qui feust au monde. Toutesfois je ne sçay comment ce fut, ou si Dieu luy en vouloit donner louenge, ou si messire Claude de Vauldray prist plaisir avecques luy, mais il ne se trouva homme en tout le combat, tant à cheval comme à pied, qui fist mieulx ne si bien que luy. Et de ce les dames de Lyon luy en donnèrent le los : car, comme desjà a esté dit dessus, il falloit, après avoir fait son debvoir, aller le long de la lice veue descouverte; parquoy, quant il convint que le bon Chevalier le fist, assez honteux, les dames, en leur langaige lyonnois, luy en donnèrent l'honneur en disant: *Vey-vo cestou malotru, il a mieulz fay que tous los autres.* Et de tout le reste de la compaignie acquist si bonne grâce, que le bon roy Charles dist à son soupper, pour plus l'honorer : « Par la foy de » mon corps, Picquet a ung commencement » dont à mon oppinion fera saillie à bonne fin. » Et dist alors au seigneur de Ligny : « Mon cou- » sin, je ne vous feiz de ma vie si bon présent » que quant je le vous donnay. » A quoy respondit ledit seigneur : « Sire, s'il est homme de » bien, vous y aurez plus grant honneur que » moy, car le bon los que luy avez donné l'a » fait entreprendre tout cecy; Dieu veuille qu'il » puisse continuer! Mais son oncle, l'abbé d'Es- » nay, n'y prent pas grant plaisir, car il a eu » ses escus et ses acoustremens à son crédit; » dont desjà estoit le Roy assez informé. Si se prent à rire et toute la compaignie.

◇◇◇

CHAPITRE IX.

Comment le seigneur de Ligny envoya le bon Chevalier en garnison en Picardie, où estoit sa compaignie, et fut logé en une jolye petite ville appellée Ayre, et comment, à son arrivée, ses compaignons allèrent au devant de luy.

Après le tournoy finy, le seigneur de Ligny ung matin appella le bon Chevalier sans paour et sans reproche, auquel il dist: « Picquet, » mon amy, pour vostre commencement avez » assez eu belle et bonne fortune; les armes se » veullent continuer, et encores que je vous re- » tiengne de ma maison à trois cens francs par » an et trois chevaulx à livrée, je vous ay mis » de ma compaignie. Si vueil que vous aillez à » la garnison veoir voz compaignons, vous ad- » visant que y trouverrez d'aussi gaillards » hommes-d'armes qu'il y en ait point en la » chrestienté, et qui souvent exercent les armes » en faisant joustes et tournoys pour l'amour des » dames et pour honneur acquerre. Si me sem- » ble, attendant quelque bruyt de guerre, que ne » pourriez mieulx estre. » Le bon Chevalier, qui autre chose ne demandoit, respondit : « Mon- » seigneur, de tous les biens et honneurs que » m'avez faitz et faictes chascun jour, ne sçau- » riez pour le présent tirer de moy que très- » humbles remerciemens, et prier Nostre-Sei- » gneur qu'il le vous vueille rendre; mais c'est » aujourd'huy le plus grant désir que j'aye d'al- » ler veoir la compaignie que dictes, car je n'y » sçauroye si peu demourer, aux biens que j'en » ay ouy dire, que je n'en vaille mieulx toute » ma vie ; et si c'est vostre bon plaisir, je par- » tiray demain. » Le seigneur de Ligny dist : « Je le vueil bien, mais premier veulx que pre- » niez congé du Roy, et je vous y meneray après » disner. » Ce qui fut fait, et trouvèrent le Roy comme il se vouloit lever de table, auquel le seigneur de Ligny dist en telle manière : « Sire, » vècy vostre Picquet qui s'en va veoir ses com- » paignons en Picardie, il vient prendre congé » de vous. » Si se mist, d'ung asseuré visaige, le bon chevalier à genoulx, que le Roy voulentiers regarda, et en soubzriant luy dist : « Pic- » quet, mon amy, Dieu vueille continuer en » vous ce que je y ay veu de commencement, » et vous serez preud'homme. Vous allez en » ung pays où il y a de belles dames : faictes » tant que vous acquérez leur grâce, et à Dieu, » mon amy. — Grant mercy, Sire, dist le bon » Chevalier. » Si fut incontinent embrassé de tous les princes et seigneurs au dire à Dieu, avec plusieurs gentilz-hommes qui avoient grant regret dequoy il laissoit la court , mais non avoit pas luy, ains luy tardoit trop, à son advis, qu'il n'estoit desjà au lieu où il devoit aller. Le Roy fist appeler ung de ses varletz de chambre, qui avoit quelques deniers en ses coffres, auquel commanda bailler au bon Chevalier trois cens escuz, et pareillement luy fist délivrer ung des beaulx coursiers qui feust en son escuyrie. Il donna au varlet de chambre trente escuz, et dix à celluy qui luy mena le coursier, dont tous ceulx qui le sceurent louèrent sa libéralité à merveilles. Le seigneur de Ligny le ramena à son logis, et le soir le prescha comme s'il eust esté son enfant, luy recommandant sur toutes choses avoir tousjours l'honneur devant les yeulx.

Mais il a tousjours bien gardé ce commandement jusques à la mort. Enfin, quant il fut temps d'aller coucher, ledit seigneur de Ligny luy dist : « Picquet, mon amy, je croy que vous partirez » demain plus matin que ne seray levé ; à Dieu » vous command. » Si l'embrassa les larmes aux yeulx ; et le bon Chevalier, le genoil en terre, prist congé de luy et s'en alla à son logis, où il fut convoyé de tous ses compaignons, desquelz le congé ne fut pas pris sans grans embrassemens. Il monta en sa chambre, où il trouva le tailleur dudit seigneur de Ligny, qui avoit deux habillemens completz que son bon maistre luy envoyoit. Si luy dist : « Mon frère, mon amy, » si j'eusse sceu ce beau présent, j'en eusse re- » mercié monseigneur, qui m'a tant fait d'autres » biens que jamais vers luy ne le sçauroye mé- » riter ; vous ferez, s'il vous plaist, cela pour » moy. » Si tira à sa bourse, et luy donna vingt escus.

Ung des serviteurs d'icelluy bon Chevalier luy dist : « Monseigneur, Guillaume le palefre- » nier a amené en vostre estable le bon roussin » de monseigneur, et m'a dit que mondit sei- » gneur le vous donnoit. Mais il s'en retourne » parce qu'on le demandoit, et dit qu'il viendra » demain matin parler à vous. — Il ne me trou- » vera pas, dist-il, car je veulx estre à che- » val à la pointe du jour. » Si regarda le tail- leur, auquel il bailla dix escus, et luy dist : « Mon amy, je vous prie, baillez cela à Guil- » laume le palefrenier ; et au demourant, s'il » vous plaist, me saluerez toute la belle et noble » compaignie de la maison de monseigneur, de » par moy ; » ce que promist faire le tailleur. Lequel party de sa chambre, le bon Chevalier fist faire ses coffres et acoustrer son cas, pour partir de bon matin, et puis se mist dedans le lict, où peu reposa, car il estoit près de minuyt quant il s'y mist. Levé qu'il fut, premier fist partir ses grans chevaulx, dont il avoit six par excellence, avecques son cariage, luy, avec- ques cinq ou six beaulx et triumphans cour- taulx, se meet après, quant il eust prins congé de son hoste et de son hostesse, et très-bien contentez de ce qu'il avoit esté en leur maison. Son compaignon Bellabre fut aussitost prest que luy, lequel le fut acompaigner jusques à La Breesle, où fut leur disnée, et là prindrent congé l'ung de l'autre ; mais il n'y eut pas grant mistère, car, dedans trois ou quatre jours après, faisoit son compte ledit Bellabre de suy- vre son compaignon, et n'attendoit seullement que une couple de grans chevaulx qui luy ve- noient d'Espaigne.

Le bon Chevalier s'en alla tousjours à petites journées, parce qu'il faisoit mener grans che- vaulx ; toutesfois il fist tant qu'il arriva à trois petites lieues de la ville d'Ayre, où de là en- voya ung de ses gens pour avoir logis. Quant les gentilz-hommes de la compaignie sceurent que Picquet estoit si près, montèrent tous ou la pluspart à cheval pour luy aller au devant, tant grant désir avoient de le veoir, car chascun es- toit desjà abreuvé de ses vertus. Si estoient plus de six vingtz, tous jeunes gentilz-hommes, qui trouvèrent leur compaignon à demye-lieue de la ville. Il ne fault pas demander s'ilz se firent grant chère et le menèrent joyeusement, devi- sans de plusieurs choses, jusques dedans la ville, où aux fenestres estoient les dames, lesquelles avoient desjà entendu la noblesse du cueur du bon chevalier Picquet. Chascune désiroit à le congnoistre : elles le virent, mais non pas si à leur ayse qu'elles firent depuis. Icelluy bon Che- valier fut mené par ses compaignons à son logis, où le soupper estoit desjà prest ; car ainsi l'avoit ordonné à son homme qu'il avoit envoyé devant. Si demourèrent une partie de sesditz compai- gnons avecques luy, qui menèrent joyeuse vie, luy demandant de son estat, et comment il estoit bien heureux à son commencement d'avoir si bien fait contre messire Claude de Vauldray, et le louoient à merveilles. Mais oncques le bon Chevalier ne monstra semblant d'en avoir joye, ains respondoit courtoysement à leurs parolles, et disoit : « Messeigneurs mes compaignons, le » los qu'on me donne est à grant tort ; il n'y a » pas encores tant de bien en moy que je sceusse » monter à grant pris ; mais s'il plaist à Nos- » tre-Seigneur, moyennant vostre bon ayde, je » parviendray à estre ou nombre de gens de » bien. » Or fut ce propos laissé, et parla-on d'autres matières.

Si commença à dire l'ung des gentilz-hom- mes de la compaignie appellé Tardieu, homme joyeulx et facécieux, adressant ses parolles au bon Chevalier : « Compaignon mon amy, je vous » advise qu'en toute la Picardie n'y a point de » plus belles dames qu'en ceste ville, dont vos- » tre hostesse, que n'avez encores veue, en est » l'une : elle est allée aux nopces d'une sienne » niepce ; demain retournera, si la verrez à vos- » tre ayse. Il est impossible que soyez venu tenir » garnison sans escuz ; il fault à vostre arrivée » faire parler de vous, et par bien faire puissez » acquérir la grâce des dames de ceste contrée. » Il y a long-temps qu'il n'y eut pris donné en » ceste ville ; je vous prie tant que je puis qu'en » vueillez donner ung et entre cy et huyt jours ; » et ne me reffusez pas, s'il vous plaist, pour la » première requeste que je vous ay jamais faicte. »

A quoy respondit le bon Chevalier : « Sur ma
» foy, monseigneur de Tardieu, quant me de-
» manderiez une beaucoup plus grosse chose,
» croyez que n'en seriez pas esconduyt; com-
» ment le seriez-vous de ceste-cy, qui me plaist
» autant ou plus que à vous? Et s'il vous vient
» à plaisir m'envoyer demain matin la trom-
» pette, et que nous ayons congé de nostre cap-
» pitaine, je feray en sorte que serez content. »
Tardieu luy dist : « Ne vous souciez de congé ;
» le cappitaine Loys d'Ars le nous a donné pour
» tousjours, car ce n'est point pour mal faire.
» Il n'est pas à présent icy, mais il y sera dedans
» quatre jours. Si mal y a, j'en prens la charge
» sur moy. — Et bien doncques, respondit le
» bon Chevalier, demain sera exécuté vostre
» vouloir. » Longuement demoura en propos la
compaignie, tant qu'ilz ouyrent sonner mynuyt;
si prindrent congé les ungs des autres jusques à
lendemain matin, que ledit Tardieu n'oublia
pas à venir au logis du bon Chevalier son nou-
veau compaignon, et luy amena une trompette
de la compaignie; et le premier bon-jour qu'il
luy donna, ce fut : « Compaignon, ne vous ex-
» cusez plus, vècy vostre homme. »

CHAPITRE X.

*Comment le bon Chevalier fist crier dedans
Ayre ung tournoy pour l'amour des dames,
où il y avoit pour le mieulx faisant ung bra-
celet d'or, et ung bel dyamant pour donner
à sa dame.*

Combien que grant besoing eust de repos le
bon Chevalier sans paour et sans reproche, à
cause du long travail pour le propos que luy
avoit tenu son compaignon Tardieu, ne dormit
pas trop la nuyt, ains pensa comment seroit
fondé son tournoy : ce qu'il mist en son entendement, et délibéra en soy-mesme de l'exécuter, comme vous orrez; car quant Tardieu le
vint veoir le matin, et luy amena la trompette,
trouva desjà par escript l'ordonnance comment
debvoit estre ledit tournoy, qui estoit telle :
C'est que « Pierre de Bayart, jeune gentil-hom-
» me et apprentif des armes, natif de Daulphiné,
» des ordonnances du roy de France, soubz la
» charge et conduicte de hault et puissant sei-
» gneur monseigneur de Ligny, faisoit crier et
» publier ung tournoy au dehors de la ville
» d'Ayre, et joignant les murailles à tous ve-
» nans, au vingtiesme jour de juillet, de trois
» coups de lance sans lice, à fer esmolu, et en
» harnoys de guerre, et douze coups d'espée,

» le tout à cheval. Et au mieulx faisant donnoit
» ung brasselet d'or esmaillé de sa livrée, et du
» poix de trente escuz. Le lendemain seroit
» combatu à pied, à poux de lance, à une bar-
» rière de la haulteur du nombril ; et après la
» lance rompue à coups de hache, jusques à la
» discrétion des juges et de ceulx qui garde-
» roient le camp. Et au mieulx faisant donnoit
» ung dyamant du pris de quarante escus. »
Quant Tardieu eut veu l'ordonnance, il dist :
« Par Dieu, compaignon, jamais Lancelot, Tris-
» tan ne Gauvin ne firent mieulx. Trompette,
» allez crier cela en ceste ville, et puis yrez de
» garnison en garnison, d'icy à trois jours, pour
» en advertir tous noz amys. » Il faut entendre
qu'en la Picardie y avoit pour lors sept ou huyt
cens hommes-d'armes, comme la compaignie du
mareschal des Cordes, celles des Escossoys, du
seigneur de La Palisse (1), vertueux et triumphant
cappitaine, et de plusieurs autres, qui par
ladicte trompette furent informez du tournoy.
Si se misrent en ordre ceulx qui s'y voulurent
trouver, car le terme n'estoit que de huyt ou
dix jours; toutesfois il ne s'en trouva pas si peu
qu'ilz ne feussent quarante ou cinquante hommes-
d'armes sur les rencs. En ces entrefaictes, et en
attendant le désiré jour, arriva ce gentil chevalier, le cappitaine Loys d'Ars, lequel fut très-
joyeulx d'estre venu d'heure, pour en avoir son
passetemps. Sa venue sceue par le bon Chevalier, luy alla faire la révérence, et se firent
grant chère l'ung à l'autre. Encores pour mieulx
renforcer la feste, le lendemain arriva son compaignon Bellabre, qui donna grant esjoyesse-
ment à toute la compaignie. Si se délectoient
tous les jours à essayer leurs chevaulx et faire
banequetz aux dames, où entre autres le bon
Chevalier fist très-bien son debvoir ; de sorte
que les dames de la ville, et plusieurs autres de
alentour qui estoient venues pour estre au tournoy, luy donnoient le los sur tous les autres,
dont toutesfois ne se mettoit en orgueil.

Or vint le jour ordonné pour commencer ledit tournoy, que chascun se mist sur les rencs.
L'ung des juges estoit le bon cappitaine Loys
d'Ars, et le seigneur de Sainct-Quentin, escossoys, l'autre. Si se trouvèrent les gentilz-hommes sur les rencs, qui furent nombrez à qua-
rante-six ; et par sort sans tromperie furent par-
tis vingt et trois d'ung costé, et vingt et trois
d'ung autre. Et eulx estans prestz, pour commencer à bien faire, la trompette va sonner, et
après déclaira de point en point l'ordre du tour-

---

(1) Jacques de Chabannes. Il fut grand-maître, et en-
suite maréchal de France.

noy. Si convint au bon Chevalier se présenter le premier sur les rencs, et contre luy vint ung sien voisin du Daulphiné, nommé Tartarin, qui estoit fort rude homme-d'armes. Si laissèrent courre l'ung à l'autre, de sorte que ledit Tartarin rompit sa lance à demy-pied du fer, et le bon Chevalier l'asséna au haut du grant gardebras, et mist sa lance en cinq ou six pièces; dont trompettes sonnèrent impétueusement, car la jouste fut belle à merveilles. Et après avoir parfourny leur poindre, retournèrent pour la seconde; et fut telle l'adventure de Tartarin, que de sa lance faulsa le gardebras du bon Chevalier à l'endroit du canon, et cuydoient tous ceulx de la compaignie qu'il eust le bras percé.

Ledit bon Chevalier luy donna au dessus de la veue, et luy emporta ung petit chapelet plein de plumes. La tierce lance fut aussi bien ou mieulx rompue que les deux aultres. Leurs courses faictes, vint Bellabre, et contre luy se prépara ung homme-d'armes escossoys, qu'on nommoit le cappitaine David de Fougas, qui pareillement firent de leurs trois lances ce qu'il estoit possible à gentilz-hommes de faire. Et ainsi deux contre deux joustèrent, jusques à ce que chascun eust parfourny ses courses. Après convint combatre à l'espée, et commencea, selon la première ordonnance, le bon Chevalier, qui du troisiesme coup qu'il donna rompit son espée en deux pièces, et du reste fist si bien son debvoir jusques au nombre des coups ordonnez, que mieulx n'eust sceu faire. Après vindrent les autres selon leur ordre: et pour ung jour, au rapport de tous les voyans, mesmes ainsi que dirent les deux juges, ne fut jamais mieulx couru de lance, ne combatu à l'espée. Et combien que chascun le fist fort bien, les mieulx faisans furent le bon Chevalier, Bellabre, Tartarin, le cappitaine David, ung de la compaignie de monseigneur des Cordes, nommé le Bastard de Chimay, et Tardieu.

Quant vint sur le soir, que chascun eut fait son debvoir, se retirèrent tous au logis du bon Chevalier, qui avoit fait dresser le soupper triumphamment, où il y eut force dames; car de dix lieues alentour toutes celles de Picardie, ou la pluspart, estoient venuz veoir ce beau tournoy, et y fut fait grande et triumphante chère. Après le soupper y eut dances, et plusieurs autres esbatemens; tant qu'il fut si tard avant que personne se voulsist ennuyer, que une heure après minuyt sonna. Alors s'en alèrent les ungs après les autres à leurs logis, menans les dames jusques au lieu où elles devoient reposer, si fut assez tard le lendemain avant qu'elles feussent bien esveillées; et croyez qu'il n'y en avoit nulles qui se lassassent de donner merveilleuse louenge audit bon Chevalier, tant des armes que de l'honnesteté qui estoit en luy, car nul plus gracieux ne courtois gentil-homme n'eust-on sceu trouver en ce monde.

Or, pour parfaire ce qui estoit commencé, le lendemain les souldars tous ensemble se trouvèrent au logis de leur cappitaine Loys d'Ars, où estoit desjà le bon Chevalier, qui l'estoit venu prier de disner en son logis avecques le seigneur de Sainct-Quentin, en la compaignie des dames du soir précédent, qui luy fut accordé. Il convint aller ouyr messe, laquelle chantée, eussiez veu les jeunes gentilz-hommes prendre les dames par dessoubz les bras, et icelles mener, parlans d'amours et autres joyeulx devis, jusques au logis dudit bon Chevalier, où, s'ilz avoient fait bonne chère le soir devant, à disner la firent encores meilleure. Guères ne demourèrent seigneurs ne dames au logis depuis le disner; car, environ les deux heures, chascun qui estoit du tournoy se tira sur les rencs pour achever l'ordonnance du second jour, où celluy qui, à son penser, n'estoit pas pour avoir le pris de la première journée espéroit avoir la seconde. Les juges, seigneurs et dames arrivez sur le lieu, commencea le bon Chevalier sans paour et sans reprouche le pas en la manière accoustumée; et contre luy vint ung gentil-homme de Haynault fort estimé, qui s'appelloit Hanotin de Sucre (1), qui par dessus la barrière, à poux de lance, se ruèrent de grans coups, et jusques à ce qu'ils feussent par pièces. Après prindrent leurs haches qu'ilz avoient chascun de leur costé, et se ruèrent de grans et rudes horions, tellement qu'il sembloit la bataille estre mortelle. Toutesfois enfin le bon Chevalier donna ung coup sur son adversaire à l'endroit de l'oreille; de sorte qu'il le fist tout chanceler, et qui pis est, agenouiller des deux genoulx, et en rechargeant par dessus la barrière luy fist baiser la terre, voulsist ou non. Quoy voyant par les juges, cryèrent: *Hola! hola! c'est assez; qu'on se retire.*

Après ces deux vindrent Bellabre et Arnaulton de Pierreforade, ung gentil-homme de Gascongne, lesquelz firent merveilles aux lances, qui furent incontinent rompues; puis vindrent aux haches, et se donnèrent de grans coups; mais Bellabre rompit la sienne, parquoy les juges les départirent. Après ces deux, vindrent sur les rencs Tardieu et David l'Escossoys, qui firent très-bien leur devoir. Si fist chascun en son endroit, de sorte qu'il estoit sept heures devant que chascun eust achevé. Et pour ung

(1) Hanotin de Sucker.

petit tournoy, ceulx qui y estoient veirent aussi bien faire qu'ils avoient veu de leur vie. Quant tout fut achevé, chascun se retira à son logis pour soy désarmer; puis après vindrent tous à celluy du bon Chevalier, où estoit le bancquet appresté; et jà y estoient les deux juges, les seigneurs d'Ars et de Sainct-Qentin, et toutes les dames. S'il y eut devisé des deux journées ne fault pas demander; chascun en disoit ce qu'il sembloit. Toutesfois, après le soupper, convint en donner résolution, et par les juges déclairer qui devoit avoir le pris. Si en demandèrent à plusieurs gentilz-hommes expérimentez aux armes en leur foy, et puis après aux dames en leur conscience, et sans favoriser l'ung plus que l'autre. Enfin, tant par les gentilz-hommes que par les dames, fut dit que combien que chascun eust fait si bien son devoir que mieulx ne pourroit, ce néantmoins, à leur jugement, de toutes les deux journées le bon Chevalier avoit esté le mieulx faisant; parquoy remectoient à luy-mesme, comme celluy qui avoit gaigné les pris, de donner ses présens où bon lui sembloit.

Si y eut grande altercation entre les deux juges à qui prononceroit la sentence; mais le bon capitaine Loys d'Ars pria tant le seigneur de Sainct-Quentin, qu'enfin promist de le faire. Si sonna la trompette pour faire silence, qui fut faict. Si dist ledict seigneur de Sainct-Quentin : « Messeigneurs qui estes icy tous assemblez, et » mesmement ceulx qui ont esté du tournoy » dont messire Pierre de Bayart a donné le pris » par deux journées, monseigneur d'Ars et » moy, juges déléguez par vous tous à donner » sentence raisonnable où seront lesdits pris » mieulx employez, vous faisons assavoir que, » après nous estre bien et deument enquis à tous » les vertueux et honnestes gentilz-hommes qui » ont esté présens à veoir faire voz armes, et » semblablement aux nobles dames que voyez » cy en présence, avons trouvé que chascun a » très-bien et honnestement fait son devoir ; mais » sur tous la commune voix est que le seigneur » de Bayart, sans blasmer les autres, a esté de » toutes les deux journées le mieulx faisant : » parquoy les seigneurs et dames luy remettent » l'honneur à donner le pris où bon luy sem- » blera. » Et s'adressant au bon Chevalier, luy dist : « Seigneur de Bayart, advisez où vous les » délivrerez. » Il en fut tout honteux, et demoura ung peu pensif; puis après il dist : « Mon- » seigneur, je ne sçay par quelle faveur cest » honneur m'est fait, il me semble qu'il y en a » qui l'ont trop mieulx mérité que moy : mais » puisqu'il plaist aux seigneurs et dames que » j'en soye juge, suppliant à tous messeigneurs » mes compaignons, et qui ont mieulx fait que » moy, n'en estre desplaisans, je donne le pris » de la première journée à monseigneur de Bel- » labre, et de la seconde au capitaine David » l'Escossoys. »

Si leur fist incontinent délivrer les présens, ny depuis homme ne femme n'en murmura, ains commencèrent les dances et passetemps. Et ne se povoient saouller les dames de bien dire du bon Chevalier, qui tant fut aymé en la Picardie qu'oncques hommes ne le fut plus. Il y fut deux ans, durant lequel temps se fist plusieurs tournois et esbatemens, où en la pluspart emporta tousjours le bruyt. Et la plusgrande occasion pourquoy tout le monde l'aymoit, c'estoit pource que de plus libéral ne gracieuse personne n'eust-on sceu trouver sur la terre ; car jamais nul de ses compaignons n'estoit desmonté qu'il ne remonstast. S'il avoit ung escu, chascun y partissoit. Quelque jeunesse qu'il eust, la première chose qu'il faisoit quand il estoit levé, c'estoit de servir Dieu. Il estoit grant aulmosnier, et ne se trouva durant sa vie homme qui sceust dire avoir esté reffusé de luy en chose dont il ait esté requis, s'il a esté en son possible. Au bout des deux ans, le jeune roy de France Charles entreprint le voyage de Naples, où le seigneur de Ligny alla : parquoy envoya de bonne heure quérir le bon Chevalier ; car, congnoissant ses vertus et les honnestes propos qu'on tenoit de luy, ne le vouloit pas laisser derrière.

◇◇◇

CHAPITRE XI.

Comment le roy de France Charles huytiesme fist son appareil pour aller à la conqueste du royaulme de Naples, lequel il gaigna par sa prouesse et vaillance, sans grande effusion de sang.

Deux ans après ou environ, délibéra le bon roy Charles d'aller conquester le royaulme de Naples. Les occasions et moyens pourquoy il entreprint le voyage sont assez contenuz en autres histoires et cronicques; parquoy d'en faire icy long récit ne seroit que ennuyer les escoutans et gaster papier. Ce néantmoins, comme chascun peult avoir clèrement leu et entendu, ledit bon roy Charles fist sondit voyage tant honnorablement que impossible seroit de plus, planta ses justices dedans Rome, fist venir le Pape à raison, et entièrement gaigna le royaulme de Naples, et y laissa pour son lieutenant-général et visroy le seigneur de Monpensier. Puis se mist au retour pour venir en France, et n'eut nul empeschement jusques en ung lieu appelé Fournoue, où il trouva bien soixante mille combatans, tous Italiens et de plusieurs potentatz, comme du Pape, des Véniciens, du duc de Milan, et plusieurs autres seigneurs, lesquelz estoient délibérez deffaire le bon Roy à son retour, et le prendre prisonnier, parce qu'ilz estoient asseurez qu'il avoit laissé une partie de sa puissance ou royaulme qu'il venoit de conquérir, et n'avoit avecque luy point plus de dix mille hommes.

Ce néantmoins le bon et gentil prince, qui avoit cueur de lyon, comme certain d'estre bien servy de si peu qu'il avoit de gens, se délibéra les attendre et les combattre : ce qu'il fist avecques l'ayde de Nostre-Seigneur; et y eurent sesditz ennemys lourde honte et grosse perte, et luy gloire inestimable, car il ne perdit point sept cens de ses gens. Les ennemys en perdirent huyt ou dix mille, et des plus apparens; mesmement les plus grans cappitaines de la seigneurie de Venise y demourèrent, et plusieurs de la maison de Gonzague, dont est chief le marquis de Mantoue, qui pareillement y estoit; mais ses esprons luy aydèrent bien, et le bon cheval sur quoy il estoit monté; et n'eust esté que une petite rivière creut merveilleusement, il y eust eu plus gros eschec. A la première charge, le bon Chevalier sans paour et sans reprouche se porta triumphamment par dessus tous en la compaignie du gentil seigneur de Ligny son bon maistre, et luy fut tué deux chevaulx soubz luy le jour. Le Roy en fut adverty, qui luy fist donner cinq cens escuz; mais, en récompense, le bon Chevalier luy présenta une enseigne de gens-de-cheval qu'il avoit gaignée à la chasse.

De là le Roy s'en vint par ses journées jusques à Verseil, où il trouva une belle troppe de Suysses qui estoient descenduz pour le secourir s'il en avoit besoing. Il demoura là quelques jours avecques son camp, car il vouloit secourir le duc d'Orléans son beau-frère, que le duc de Milan Ludovic Sforce et les Véniciens tenoient assiégé dedans Novarre. Il y eut plusieurs allées et venues par gens qui se mesloient de faire la paix : de façon qu'enfin ce traicta quelque appointement. Parquoy le Roy s'en retourna par ses journées à Lyon, où il trouva la bonne Royne sa loyalle espouse, et en sa compaignie la duchesse de Bourbon sa seur. Il y eut plusieurs gentilz-hommes qui n'apportèrent pas de grans biens de ce voyage de Naples; aucuns aussi en apportèrent quelque chose dont ilz se sentirent toute leur vie. Ce fut une manière de maladie qui eut plusieurs noms : d'aucuns fut nommée le mal de Naples, *la grosse vérole*, les autres l'ont appelée *le mal françois*; et plusieurs autres noms a eu ladicte maladie : mais de moi je l'appelle le mal de celui qui l'a.

Le bon roy de France partit de Lyon pour s'en aller à Sainct-Denys en France visiter le bon patron où ses prédécesseurs sont ensépulturez. Et fut deux ans ou trois visitant son royaulme deçà et delà, menant très-bonne et saincte vie, et maintenant justice, tant que tous ses subjectz en avoient contentement : car luy-mesmes séoit en chaire de justice deux foiz la sepmaine, pour ouyr les plainctes et doléances d'ung chascun, et les plus povres expédioit. Il eut nouvelles comment les Neapolitains s'estoient révoltez pour Ferrand, fils du roy Alphonse, et aussi de la mort de son lieutenant-général le comte de Monpensier, et que tous ses cappitaines s'en retournoient en France. Si proposa y retourner luy-mesmes en personne, mais qu'il veist le temps oportun; cependant vesquit en son royaulme très-vertueusement, et de sa femme eust trois enfans, mais ilz moururent.

Ou mois de septembre 1497, le bon prince partit de Tours pour tirer à Lyon, cuydant faire son voyage de Naples ; mais il se rompit, ne sçay à quelle occasion. Il s'en retourna à Amboise ; et le septiesme jour d'avril oudit an, en une gallerie où il regardoit jouer à la paulme, luy print une foiblesse, dont il mourut tantost après; qui fut ung dommage irréparable pour le royaulme de France, car depuis qu'il y a eu Roy, ne s'en est point trouvé de meilleure nature, plus doulx, plus gracieulx, plus clément ne plus pitoyable. Je crois que Dieu l'a retiré avec les bienheureux, car le bon prince n'estoit taché d'ung tout seul villain vice. Je n'ai pas fait grant discours de sa vie, car elle est assez escripte ailleurs.

◇◇◇

CHAPITRE XII.

Comment Loys, duc d'Orléans, vint à la couronne de France comme le plus prochain hoir, et fut appelé Loys douziesme.

Par le trespas du bon roy Charles, et au moyen de ce qu'il n'avoit point d'hoir masle, Loys, duc d'Orléans, plus prochain de la couronne, succéda au royaulme, et fut sacré à Reims, le vingt-septiesme jour de may 1498, et print sa couronne à Sainct-Denys en France, le premier jour de juillet ensuyvant. Il avoit espousé madame Jehanne de France, seur de son prédécesseur; mais au moyen de ce qu'on tenoit que d'elle ne pourroit sortir lignée, et que par force l'avoit espousée, craignant la fureur du roy Loys unziesme son père, la fist appeller en justice. Et à ceste occasion, le Pape délégua juges qui firent et parfirent le procès, et enfin adjugèrent qu'elle n'estoit point sa femme. Parquoy, après luy avoir laissé le duché de Berry pour son estat, espousa la royne duchesse de Bretaigne, veufve du feu roy Charles: si ce fut bien ou mal fait, Dieu est tout seul qui le cognoist. La bonne duchesse de Berry, Jehanne de France, a toute sa vie vescu en saincteté, et a-l'on veulu dire depuis son trespas que Dieu a fait des miracles pour l'amour d'elle. A l'advènement du Roy, Loys douziesme voulut vendre tous les offices royaulx qui n'estoient point de judicature, et en retira plusieurs deniers, car il craignoit à merveilles de fouller son peuple par tailles ne autres subsides. Il avoit tousjours son vouloir, sur toutes choses, de recouvrer sa duché de Milan, qui luy appartenoit à cause de madame Valentine sa grant-mère, que pour lors luy détenoit Ludovic Sforce, et paravant son père; mais ceulx de la maison d'Orléans, au moyen des guerres qui si longuement ont duré en France contre les Anglois, et aussi la querelle de la mort tant du duc d'Orléans que du duc de Bourgogne, n'y avoient jamais peu entendre. Or à présent se voyoit-il en estat d'avoir la raison de son ennemy. Il alla faire son entrée à Lyon le dixiesme jour de juillet 1499, puis fist passer son armée en l'Astizanne, soubz la conduicte du seigneur Jehan-Jacques de Trevolz et du seigneur d'Aubigny, qui estoient deux sages et vaillans chevaliers; lesquelz d'entrée prindrent et misrent à sac deux petites places appellées Non et La Rocque. De là tirèrent à Alexandrie, et assiégèrent ceulx qui estoient dedans pour le seigneur Ludovic, qui fort bien se deffendirent; mais enfin elle fut prinse. Ceulx de Pavye, de ce advertis, se misrent en l'obéyssance du roy de France. Ledit seigneur Ludovic, se voyant en ce party ainsi délaissé de ses subjectz, habandonna Milan, et se retira en Allemaigne, devers le roy des Rommains Maximilian, qui le receut joyeusement, car de tout temps avoient eu grandes alliances ensemble. Incontinent après son partement, ceulx de Milan se rendirent aux François, dont nouvelles allèrent au roy de France, qui à diligence y alla faire son entrée.

Et peu de jours après fut trouvé expédient, par force de deniers et autres promesses, d'avoir le chasteau de celluy qui l'avoit en garde du seigneur Ludovic, qui fist ung lasche et meschant tour à son maistre; car par là espéroit toujours, ledit seigneur, recouvrer la duché. Quant les autres places entendirent le chasteau de Milan estre rendu, n'eurent plus d'espoir, et se misrent toutes en l'obéyssance du roy de France; mesmement ceulx de Gennes, auxquelz il bailla pour gouverneur le seigneur de Ravastain (1), son prochain parent du costé maternel. En l'année mesmes, et le quatorziesme jour d'octobre, accoucha la royne de France d'une belle fille, qui fut nommée Claude. Guères ne séjourna le Roy en la duché de Milan: mais après y avoir laissé gouverneur le seigneur Jehan Jacques, la garde du chasteau au seigneur d'Espy, et La Rocquete à ung gentilhomme escossoys, prochain parent du seigneur d'Aubigny, s'en retourna à Lyon. Si bien fist-il en la duché, avant son partement, qu'il amoindrit les daxes et impositions de la tierce-partie; dont tout le peuple le loua merveilleusement, et en attira beaucoup le cœur d'aucuns. Guères ne séjourna ledit seigneur à Lyon, mais marcha plus avant en son royaulme, vint jusques à Orléans, où il appoincta certain différend entre les ducz de Gueldres et de Julliers, pour le blason de leurs armes, et les fist amys.

CHAPITRE XIII.

Comment, après la conqueste de la duché de Milan, le bon Chevalier demoura en Ytalie; et comment il dressa ung tournoy en la ville de Carignan, ou Pyémont, dont il emporta le pris.

Au retour d'Ytalie, que fist le roy de France Loys douziesme, en joye et lyesse, pour avoir conquesté sa duché de Mylan, et rendu son ennemy Ludovic Sforce fuytif dedans les Almaignes, cherchans secours vers le roy des Rommains, demourèrent les garnisons des François en la Lombardie, en tout plaisir, à faire joustes, tournoys, et tous autres passetemps. Le bon Chevalier qui, en son jeune aage, avoit esté nourry en la maison de Savoye, alla visiter une vaillant dame que avoit espousée son premier maistre le duc Charles de Savoye. Blanche s'appelloit la dame, et se tenoit ou Piémont, en une ville de son douaire, dicte de Carignan. Elle, qui de toute courtoysie estoit remplie, le receut joyeusement, et le fist traicter comme

(1) Philippe de Clèves.

s'il eust esté parent de la maison. Or, faut-il entendre que pour lors il n'y avoit maison de prince ne princesse en France, Ytalie ny ailleurs, où tous gentilz-hommes feussent mieulx receuz, ne où il eust plus de passetemps. Léans avoit une fort honneste dame qui l'avoit gouvernée de jeunesse, et faisoit encores, laquelle se nommoit madame de Fluxas ; elle y avoit aussi son mary, honneste gentil-homme soubz lequel se manyoit toute la maison. Il fault sçavoir que quant le bon Chevalier fut donné paige au duc Charles de Savoye, ceste dame de Fluxas estoit jeune damoyselle en la maison avecques sa femme ; et ainsi, comme jeunes gens fréquentent voulentiers ensemble, se prirent en amour l'ung l'autre, voire si grande, gardant toute honnesteté, que s'ilz eussent esté en leur simple vouloir, ayant peu de regard à ce qui s'en feust peu ensuyvre, se feussent pris par nom de mariage. Mais vous avez entendu par cy-devant comment le duc Charles alla à Lyon veoir le roy de France Charles huictiesme, et luy donna icelluy bon Chevalier pour son paige, qui fut occasion dont les deux jeunes amans se perdirent de veue pour long-temps ; car ce pendant le voyage de Naples se fist, et plusieurs autres choses se desmeslèrent, qui durèrent trois ou quatre ans, sans eulx veoir sinon par lettre.

Durant ce temps, fut mariée ceste damoyselle à ce seigneur de Fluxas, qui avoit beaucoup de biens ; et il la prist pour sa bonne grâce, car des biens de fortune n'en eut pas grandement. Mais, comme femme vertueuse, voulant donner à cognoistre au bon Chevalier que l'amour honneste qu'elle luy avoit porté de jeunesse duroit encores, à son arrivée à Carignan luy fist toutes les gracieusetez et courtoysies que possible eust esté faire à gentil-homme, et devisèrent longuement de leur jeunesse, et plusieurs autres choses. Ceste gente dame de Fluxas estoit autant accomplie en beauté, doulx et gracieux parler, que femme qu'on eust sceu trouver ; en son langaige louoit si très-fort le bon Chevalier, que possible n'eust esté de plus. Elle luy ramentevoit son bien faire quant il s'essaya à messire Claude de Vauldray, le tournoy qu'il gaigna à Ayre en Picardie, et l'honneur qu'il receut à la journée de Fournoue, dont de tout ce estoit si grant bruit en France et Ytalie, et tellement le louoit et blasonnoit que le povre gentil-homme en rougissoit de honte ; puis en après luy disait : « Monseigneur de » Bayart, mon amy, vècy la première maison » où avez esté nourry ; ce vous seroit grant » honte, si ne vous y faisiez cognoistre aussi » bien qu'avez fait ailleurs. » Le bon Chevalier respondit : « Madame, vous sçavez bien que dès » ma jeunesse vous ay aymée, prisée et hon- » norée ; et si vous t'ens à si sage et bien en- » seignée que ne voulez mal à personne, et en- » cores à moy moins qu'à ung autre. Dictes-moy, » s'il vous plaist, que voulez que je face pour » donner plaisir à madame ma bonne mais- » tresse, à vous sur toutes, et au reste de la » bonne et belle compaignie qui est céans ? » La dame de Fluxas luy dist alors : « Il me sem- » ble, monseigneur de Bayart, mais que je ne » vous ennuye point, que ferez fort bien de » faire quelque tournoy en ceste ville, pour » l'honneur de Madame, qui vous en sçaura » très-bon gré. Vous avez icy à l'entour force » de vos compaignons, gentilz-hommes fran- » çois, et autres gentilz-hommes de ce pays, » lesquelz s'y trouveront de bon cueur, et j'en » suis asseurée. — Vrayement, dist le bon Che- » valier, puisque le voulez, il sera fait. Vous » estes la dame en ce monde qui a première- » ment conquis mon cueur à son service, par le » moyen de vostre bonne grâce : je suis tout as- » seuré que je n'en auray jamais que la bouche » et les mains, car de vous requérir d'autre » chose je perdrois ma peine ; aussi, sur mon » ame, j'aymerois mieulx mourir que vous » presser de déshonneur. Bien vous prie que » vous me vueillez donner ung de voz man- » chons, car j'en ay à besongner. » La dame, qui ne sçavoit qu'il en vouloit faire, le luy bailla, et il le mist en la manche de son pourpoint, sans en faire autre bruit.

Le soupper fut prest, où chascun fist bonne chère, puis après commencèrent les dances, où tout homme s'acquita le mieulx qu'il put. Madame Blanche devisa longuement avecques sa nourriture le bon Chevalier, tant que la minuyt sonna, qui fut temps de se retirer. Mais il fault penser qu'il ne dormit pas toute la nuyt, car il songea à ce qu'il avoit à faire, et fut résolu du tout en son entendement ; car le matin envoya une trompette à toutes les villes de là à l'entour où il y avoit garnisons, signifier aux gentilz-hommes que s'ilz se vouloient trouver dedans quatre jours après, qui estoit ung dimenche, en la ville de Carignan, et en habillement d'homme-d'armes, il donnoit ung pris, qui estoit ung menchon de sa dame, où il pendoit ung ruby de l'estimation de cent ducatz, à celluy qui seroit trouvé le mieulx faisant à trois courses de lance sans lice, et à douze coups d'espée. La trompette fist son devoir, et rapporta par escript quinze gentilz-hommes qui avoient promis eulx y trouver. Cela vint à la cognoissance de madame Blanche, qui en fut très-joyeuse, et fist acoustrer son eschauffault sur la place où se devoient faire les courses et le combat. Le jour assigné, environ une heure après midy, se trouva sur les rencs le bon Chevalier, armé de toutes armes, et trois ou quatre de ses compaignons, comme le seigneur de Bonvent, le seigneur de Mondragon et autres, où guères ne furent que tous ceulx qui devoient courir ne se présentassent. Premier commença le bon Chevalier, et contre luy vint le seigneur de Rovastre, ung gaillart gentil-homme qui portoit l'enseigne du duc Philibert de Savoye, fort hardy et adroit chevalier, qui donna ung beau coup de lance, car il en fist trois ou quatre pièces. Mais le bon Chevalier luy bailla si grant coup sur le hault de sa grant buffe, qu'il l'en désarma, la perça à jour, et fist voller sa lance en cinq ou six pièces. Ledit seigneur de Rovastre reprist sa grant buffe, et courut la seconde lance, dont il fist très-bien son devoir, car il la rompit aussi bien ou mieulx que la première. Mais le bon Chevalier luy donna dedans la veue, et luy emporta de ce coup son pannache, et le fist tout chanceler; toutesfois il demoura à cheval. A la tierce lance, croysa le seigneur de Rovastre, et le bon Chevalier rompit la sienne, qui s'en alla par esclatz. Après eulx vindrent Mondragon et le seigneur de Chevron, qui tant bien firent leurs courses que tout le monde les loua. Deux autres les suyvirent; et finablement tous se portèrent si bien, que la compaignie s'en contenta.

Les lances rompues, convint venir aux espées; mais le bon Chevalier ne frappa que deux coups qu'il ne rompist la sienne, et qu'il ne fist voller hors des poings celle que tenoit celluy qui combatoit contre luy. Puis les ungs après les autres vindrent sur les rencs, et si bien firent tous que possible n'eust esté de l'amender; et fut fort tard quand chascun eut achevé. Madame fist, par le seigneur de Fluxas, convoyer tous les gentilz-hommes pour aller souper au chasteau, qui ne reffusèrent pas la prière; et croyez qu'ilz furent bien traictez, car léans en sçavoit-on bien la manière. Après soupper, commencèrent à sonner les haulx-boys et ménestriers, où, avant que l'on se mist en train de dancer, convint donner le pris à celluy qui par raison l'avoit gaigné. Les seigneurs de Grantmont et de Fluxas, qui juges estoient, demandèrent à tous les assistans, tant gentilz-hommes, dames, que aux combatans-mesmes; mais tous furent d'oppinion que le bon Chevalier avoit, par le droit des armes, gaigné le pris : parquoy lesditz juges le luy vindrent présenter. Mais, tout rougissant de honte, le refusa, en disant que à tort et sans cause luy estoit attribué cest honneur; mais que s'il avoit aucune chose bien faicte, madame de Fluxas en estoit cause, qui luy avoit présenté son menchon, et que à elle pour luy remectoit de donner le pris où bon luy sembleroit. Le seigneur de Fluxas, qui congnoissoit la grande honnesteté du bon chevalier, n'en entra aucunement en jalousie, et vint droit à sa femme avecques le seigneur de Grantmont, qui luy dist: « Madame, présent vostre mary que vècy, monseigneur de Bayart, à qui on donne le pris du tournoy, a dit que c'est vous qui l'avez gaigné, au moyen de vostre menchon que luy donnastes; parquoy il le vous envoye pour en faire ce qu'il vous plaira. » Elle, qui tant sçavoit d'honneur que merveilles, ne s'en effraya aucunement, ains très-humblement remercia le bon Chevalier de l'honneur qu'il luy faisoit, et dist ces motz : « Puis qu'ainsi est que monseigneur de Bayart me fait ce bien de dire que mon menchon luy a fait gaigner le pris, je le garderay toute ma vie pour l'amour de luy; mais du ruby, puisque pour le mieulx faisant ne le veult accepter, je suis d'advis qu'il soit donné à monseigneur de Mondragon; car on tient que c'est celluy qui a mieulx fait après luy. » Ainsi qu'elle ordonna fut acomply, sans ce qu'on en ouyst aucun murmurer. Si fut madame Blanche bien joyeuse d'avoir fait telle nourriture que du bon Chevalier, dont tout le monde disoit bien. Le pris donné, les dances commencèrent, qui durèrent jusques après mynuyt, que chascun se retira. Les gentilz-hommes françois furent encores cinq ou six jours à Carignan en joye et desduyt, faisant grant chère, puis s'en retournèrent en leurs garnisons. Le bon Chevalier print aussi congé de madame sa bonne maistresse, à laquelle il dist qu'il n'y avoit prince ne princesse en ce monde, après son souverain seigneur, qui eust plus de commandement sur luy qu'elle y en avoit, dont il fut remercié grandement. Ce fait, convint aller prendre congé de ses premières amours la dame de Fluxas, qui ne fut pas sans tumber larmes de la part d'elle, et de son costé estoit le cueur bien serré. L'amour honneste a duré entre eulx deux jusques à la mort, et n'estoit année qu'ilz ne s'envoyassent présens l'ung à l'autre. En la ville de Carignan ne au chasteau, durant ung moys, ne fut autre propos tenu que de la prouesse, honneur, doulceur et courtoisie du bon Chevalier; et estoit autant prisé et aymé léans, que s'il en eust deu estre héritier. Il y trouva, luy y estant servant en quelque office, Pizou de Chenas, qui avoit esté maistre palefrenier du duc Charles de Savoye, son maistre, et duquel il avoit eu autresfois du plaisir; ce qu'il vouloit alors recongnoistre : car, après l'avoir mené en son logis et fait bien traicter, luy donna ung cheval qui valloit bien cinquante escus, dont le bon homme de bon cueur le remercia. Il luy demanda qu'estoit devenu son escuyer du temps qu'il estoit en la maison de monseigneur de Savoye. Pizou de Chenas luy dist qu'il se tenoit à Moncallier, où il estoit maryé et retiré, et qu'il estoit devenu fort gouteux. Le bon Chevalier, non ingrat des grâcieusetez que par le passé luy avoit faictes, par ledit Pizou-mesmes luy envoya une fort bonne et belle mulle; et monstroit bien, en ce faisant, qu'il n'avoit pas mis en oubly les biens qu'on luy avoit faitz en jeunesse.

CHAPITRE XIV.

Comment le seigneur Ludovic Sforce retourna d'Almaigne avecques bon nombre de lansquenetz, et reprint la ville de Milan sur les François.

Vous avez entendu comment le seigneur Ludovic se retira en Almaigne devers le roy des Rommains ; et fault entendre qu'il n'y alla pas sans porter deniers, car, au faict qu'il vouloit entreprendre, en avoit bien à besongner, et le monstra par effect ; car, peu de temps après son chassement, retourna en Lombardie avecques bon nombre de lansquenetz et quelques Suysses, aucuns hommes-d'armes bourgongnons et force chevaulx d'Almaigne.

Et le troisiesme jour de janvier, par quelque intelligence, reprint la ville de Milan, dont furent les François chassez, combien que le chasteau demoura tousjours entre les mains du Roy. A l'exemple de Milan, se révoltèrent plusieurs villes en la duché, entre les aultres toutes celles du chemin de Gennes, comme Tortonne, Vaugayre et plusieurs chasteaulx. Quant le roy de France eut entendu le trouble de sa duché, comme prince magnanime et vertueux, dressa une grosse armée pour y envoyer, dont il fist chiefz le seigneur de Ligny et le seigneur Jehan Jacques, qui assemblèrent leur armée en l'Astizanne, et commencèrent à marcher. Or, durant que le seigneur Ludovic fut dedans Milan, et peu après qu'il l'eut repris, fault que je vous face ung compte du bon Chevalier sans paour et sans reproche. Il estoit demouré, par le congé de son maistre, en Ytalie, quant le roy de France s'en retourna, pource qu'il désiroit sur toutes choses les armes, et ymaginoit bien qu'il ne povoit demourer longuement que le seigneur Ludovic, qui estoit allé chercher secours en Almaigne, ne retournast avecques puissance, et par ce moyen y auroit combattu ; car, à la première conqueste de la duché, ne s'estoit pas fait grans armes. Il estoit en garnison à vingt milles de Milan avecques d'autres gentilz-hommes, et faisoient chascun jour courses, les ungs sur les autres, belles à merveilles.

Ung jour fut ledit bon Chevalier adverty que dedans Binaz y avoit trois cens chevaulx qui seroient bien aysez à deffaire : si pria ses compaignons que leur plaisir feust luy tenir compaignie à les aller visiter. Il estoit tant aymé de tous, que facillement luy fust sa requeste accordée. Si s'apprestèrent de bon matin, et s'en allèrent, jusques au nombre de quarante ou cinquante hommes-d'armes, pour essayer s'ilz feroient quelque bonne chose. Le cappitaine qui estoit dedans Binaz estoit très-gentil chevalier, sage et advisé à la guerre, et s'appelloit messire Jehan Bernardin Cazache. Il avoit bonnes espies, par lesquelz entendit comment les François chevauchoient pour le venir trouver. Il ne voulut pas attendre d'estre pris au nyt. Si se mist de sa part en ordre, et se tira hors des barrières la portée de deux ou trois getz d'arc. Si va adviser ses ennemys, qui luy donnèrent grant joye ; car, selon son jugement, au peu de nombre qu'ilz estoient, pensoit bien qu'ilz ne luy feroient point de déshonneur. Ils commencèrent à approcher les ungs contre les autres, crians : *France, France! More, More!* et à l'aborder y eut grosse et périlleuse charge, car de tous les deux costez en fut porté par terre, qui remontèrent à grant peine. Qui eust veu le bon Chevalier faire faictz d'armes, entamer testes, coupper bras et jambes, eust plustost esté pris pour lyon furieux que pour damoisel amoureux. Brief, ce combat dura une heure, qu'on n'eust sceu dire qui avoit du meilleur, qui faschoit fort à icelluy bon Chevalier, lequel parla à ses compaignons, disant : « Hé, Messeigneurs,
» nous tiendrons tout aujourd'huy ce petit nom-
» bre de gens. Si ceulx qui sont dedans Milan
» en estoient advertiz, jamais nul de nous ne
» se sauveroit. A coup! prenons courage, je vous
» supplie, et poussons cecy par terre. » Aux parolles du bon Chevalier, s'esvertuèrent ses compaignons, et en cryant tous d'une voix : *France, France!* livrèrent ung aspre et merveilleux assault aux Lombars, lesquelz commencèrent à perdre place et à eulx reculler

tousjours, eulx deffendans très-bien. Mais en ce recullement firent plus de quatre ou cinq milles tirant vers Milan, où, quand ils se veirent si près, tournèrent bride; et à course de cheval, à qui mieulx mieulx, prindrent la fuyte vers la ville.

Les François chassèrent tant qu'ilz en furent bien près. Alors fut cryé par quelcun des plus anciens, et qui fort bien entendoit la guerre: *Tourne, homme-d'armes, tourne!* à quoy chascun entendit, excepté le bon Chevalier qui, tout eschauffé, toujours chassoit, et poursuyvit ses ennemys : de sorte que, pesle-mesle parmi eulx, entra dedans Milan, et les suyvit jusques devant le palais où estoit logé le seigneur Ludovic. Et pource qu'il avoit les croix blanches, tout le monde cryoit après luy: *Pille, pille!* Il fut environné de toutes pars, et prins prisonnier du seigneur Jehan Bernardin Cazache, qui le mena à son logis et le fist désarmer. Si le trouva fort jeune gentil-homme, comme de l'aage de vingt et deux à vingt-trois ans, dont il s'esmerveilla, et mesmement comment en tel aage povoit avoir en luy tant de prouesse qu'il en avoit congneue. Le seigneur Ludovic, qui avoit ouy le bruyt, demanda que c'estoit: aucuns qui avoient entendu l'affaire le luy comptèrent, et comment le seigneur Jehan Bernardin, estant à Bynas, avoit esté chargé des François, qui enfin l'avoient repoussé jusques dedans Milan, et parmy eulx à la chasse estoit entré peslemesle ung desditz François, qu'on tenoit à merveilles vaillant et hardy gentil-homme, et n'estoit riens si jeune. Alors commanda qu'on l'allast quérir, et qu'il luy feust amené; ce qui fut fait incontinent.

◊◊◊

CHAPITRE XV.

Comment le seigneur Ludovic voulut veoir le bon Chevalier sans paour et sans reprouche; et comment, après avoir devisé avec luy, le renvoya, et luy fist rendre son cheval et ses armes.

On alla incontinent au logis du seigneur Jehan Bernardin chercher son prisonnier pour l'amener au seigneur Ludovic qui le demandoit. Il eut paour que, en la fureur, icelluy seigneur Ludovic luy fist faire quelque desplaisir. Il estoit courtois et gracieux gentilhomme; si le voulut mener luy-mesmes après l'avoir vestu d'une de ses robes, et mis en estat de gentil-homme. Si le vint présenter au seigneur, qui s'esmerveilla quant il veit si jeune et on luy donnoit si grant los. Toutesfois luy adressa son parler, en luy disant : « Venez çà, mon gentil-homme; qui » vous a amené en ceste ville? » Le bon Chevalier, qui ne fut de riens esbahy, luy respondit : « Par ma foy, Monseigneur, je n'y pensois » pas entrer tout seul, et cuydois bien estre » suyvy de mes compaignons, lesquelz ont » mieulx entendu la guerre que moy ; car s'ilz » eussent fait ainsi que j'ay, ilz feussent comme » moy prisonniers. Toutesfois, après mon in- » convénient, je me loue de fortune de m'avoir » fait tumber entre les mains d'ung si bon » maistre que celluy qui me tient, car c'est » ung très-vaillant et advisé chevalier. »

Après luy demanda le seigneur Ludovic, par sa foy, de combien estoit l'armée du roy de France. « Sur mon ame, Monseigneur, respon- » dit-il, à ce que je puis entendre, il y a qua- » torze ou quinze cens hommes-d'armes, et seize » ou dix-huit mille hommes de pied; mais ce » sont tous gens d'eslite, qui sont délibérez si » bien besongner à ceste fois, qu'ils asseurerent » l'Estat de Milan au Roy nostre maistre ; et » me semble, Monseigneur, que seriez bien » en aussi grande seureté en Almaigne que vous » estes icy, car voz gens ne sont pas pour nous » combatre. » Tant asseurément parloit le bon Chevalier, que le seigneur Ludovic y prenoit grant plaisir; ce néantmoins que son dire feust assez pour l'estonner. Mais pour monstrer qu'il ne se soucioit pas grandement du retour des François, luy dist comme par risée : « Sur ma » foy, mon gentilhomme, j'ay belle envie que » l'armée du roy de France et la mienne se » trouvent ensemble, à celle fin que par la ba- » taille se puisse congnoistre à qui de droit ap- » partient cest héritage ; car je n'y voy point » d'autre moyen. — Par mon serment, Mon- » seigneur, dist le bon Chevalier, je vouldrois » que ce feust dès demain, pourveu que je » feusse hors de prison. — Vrayment à cela ne » tiendra pas, respondit le seigneur, car je vous » en metz dehors présentement, et feray à vostre » maistre ; mais davantage demandez-moy ce » que vous vouldrez, et je le vous donneray. »

Le bon Chevalier, qui, le genoil en terre, remercia le seigneur des offres qu'il luy faisoit, comme estoit bien raison, luy dist : « Monsei- » gneur, je ne vous demande autre chose sinon » que si vostre courtoisie se vouloit tant es- » tendre que de me faire rendre mon cheval et » armes que j'ay apportées dedans ceste ville, » et m'en envoyer ainsi devers ma garnison qui » est à vingt milles d'icy, me feriez ung très- » grant bien, dont toute ma vie me sentiroys » obligé à vous ; et, hors le service du Roy,

» mon maistre et mon honneur saufve, le voul-droys recongnoistre en ce qu'il vous plairoit me commander. — En bonne foy, dist le seigneur Ludovic, vous aurez présentement ce que demandez. » Si dist au seigneur Jehan Bernardin : « A coup! cappitaine, qu'on luy trouve cheval, armes, et tout son cas. — Monseigneur, dist le cappitaine, il est bien aisé à trouver : tout est à mon logis. » Si y envoya incontinent deux ou trois serviteurs, qui apportèrent ses armes et amenèrent son cheval ; et le fist armer le seigneur Ludovic devant luy. Quant il fut acoustré, monta sur son cheval sans mestre pied à l'estrief, puis demanda une lance, qui luy fut baillée ; et, levant sa veue, dist au seigneur : « Monseigneur, je vous remercie de » la courtoysie que m'avez faicte ; Dieu le vous » vueille rendre! » Il estoit en une belle grande court. Si commencea à donner de l'esperon au cheval, lequel fist quatre ou cinq saulx, tant gaillardement que impossible seroit de mieulx ; et puis luy donna une petite course, en laquelle contre terre rompit sa lance en cinq ou six pièces, dont le seigneur Ludovic ne s'esjouyt pas trop, et dist tout hault ces parolles : « Si tous les hommes-d'armes de France estoient » pareilz à cestuy-cy, j'aurois mauvais party. » Ce néantmoins luy fist bailler une trompette pour le conduyre jusques à sa garnison ; mais il ne fut pas si avant, car jà estoit l'armée des François à dix ou douze milles de Milan, qui estoit toute abreuvée de ce que le bon Chevalier estoit pris, et par sa hardiesse ; toutesfois il y avoit eu de la jeunesse meslée parmy. Quant il fut arrivé au camp, s'en alla incontinent devers son bon maistre le seigneur de Ligny qui, en riant, luy dist : « Hé! comment, Picquet, qui » vous a mis hors de prison? Avez-vous payé » vostre rançon? Vrayement, je voulois envoyer ung de mes trompettes pour vous cher» cher et la payer. — Monseigneur, dist le » Chevalier, je vous remercie très-humblement » de vostre bon vouloir : le seigneur Ludovic » m'a délivré par sa grande courtoysie. » Si leur compta, de point en point, comme tout estoit allé de sa prinse et de sa délivrance. Tous ses compaignons le vindrent veoir, qui luy firent grant chère. Le seigneur Jehan Jacques luy demanda s'il espéroit, à veoir la contenance du seigneur Ludovic, et à l'ouyr parler, s'il donneroit la bataille ; à quoy il respondit : « Monseigneur, il ne m'a pas tant déclaré de ses affaires, ne si avant. Toutesfois, à » le veoir, il est homme qui pour peu de chose » n'est pas aysé à estonner ; vous verrez que ce » pourra estre en peu de jours. De luy ne me » sauroye plaindre, car il m'a fait très-bon et » honneste party. La pluspart de ses gens sont » dedans Novarre ; il a délibéré les faire venir » à Milan, ou aller à eulx. »

◇◇◇

CHAPITRE XVI.

Comment le seigneur Ludovic se retira dedans Novarre, doublant que les François entrassent dedans Milan par le chasteau ; et comment il fut prins.

Quant le seigneur Ludovic congneut l'armée du roy de France si près de Milan, et que le chasteau estoit hors de ses mains, il se doubta d'estre surpris dedans la ville. Si se desroba de nuyt avecques ce qu'il avoit de gens dedans Milan ; au moins peu y en laissa avecques son frère le cardinal d'Escaigne, et s'en alla veoir son armée qui estoit dedans Novarre, où, quant il fut sceu au camp du roy de France, ses lieuxtenans, où peu de jours avoit que le seigneur de La Trimoille y estoit arrivé, délibérèrent l'aller assaillir audit lieu de Novarre. Le seigneur Ludovic avoit beaucoup de gens ; mais ilz estoient de nations fort différentes, comme Bourgongnons, lansquenetz et Suysses, et par ce trop plus mal aisez à gouverner ; car, en quelque sorte que les choses allassent, peu de jours après fut rendue la ville de Novarre ès mains des lieux-tenans dudit roy de France. Et pource qu'on faisoit courir le bruyt que le seigneur Ludovic n'estoit pas dedans la ville, et qu'il s'estoit retiré en Almaigne pour la seconde fois, fut ordonné que les gens de pied passeroient par dessoubz la picque : ce qu'ilz firent. Et parmy eulx fut congneu le povre seigneur Ludovic, qui se rendit, quant il veit que force luy estoit, au seigneur de Ligny. Je ne scay qui fist l'affaire ; mais il fut plus que mal servy. Ce fut le vendredy devant Pasques flories, oudit an 1500. Le reste de son armée s'en alla bagues saufves. Je croy bien qu'ilz eurent quelque payement, car on disoit que les Suysses que le seigneur Ludovic avoit avecques luy s'estoient mutinez à faulte de payement ; mais depuis j'ay entendu du contraire, et que le bailly de Dijon (1), qui avoit gros crédit avec eulx, les avoit gaignez : joinct aussi qu'en l'armée du Roy y en avoit beaucoup plus gros nombre qu'ilz n'estoient dedans Novarre, et s'excusoient de ne combattre point les ungs contre les

(1) Antoine de Bessey, baron de Trichastel.

autres. J'ay veu advenir plusieurs fois cela, qui a porté beaucoup de dommage en France.

Or, quoy que ce feust, le seigneur Ludovic demoura prisonnier, fut mené en France droit à Lyon, depuis au liz Sainct-George, et enfin au chasteau de Loches, ouquel il a finé ses jours. Ce fut une grosse pitié, car il avoit esté triumphant prince en sa vie; mais fortune luy monstra au derrenier son rigoureux visage. Le cardinal d'Escaigne, son frère, lequel estoit demouré dedans Milan, quant il sceut l'inconvénient, feist saulver en Almaigne ses deux nepveux, enfans dudit seigneur Ludovic, devers le roy des Rommains; et de luy se mist en fuyte bien et grossement acompaigné, comme de quatre à cinq cens chevaulx, vers Boulongne; mais en chemin, par ung cappitaine vénicien, nommé Soussin de Gonzago, fut pris prisonnier, et depuis le mist entre les mains des François : mais il ne rendit pas les meubles (1) et son cariage, qu'on estimoit valloir deux cens mille ducatz. Ne demoura guères de temps après, quant ceulx de la duché de Milan sceurent la prinse de leur seigneur (j'entendz ceulx lesquelz à son retour s'estoient révoltez), ne se retournassent François, en grant crainte d'estre pillez et sacayez; mais ilz y trouvèrent toute doulceur et amytié, car ilz avoient affaire à bon prince et à vertueux cappitaines.

◇◇◇

CHAPITRE XVII.

Comment le seigneur de Ligny alla visiter Vaugayre, Tortonne et autres places en la duché de Milan, que le Roy luy avoit données; et d'ung gentil tour qu'y fist le bon Chevalier.

Il fault entendre que quant le Roy de France eut fait sa première conqueste de la duché de Milan, il voulut récompenser ses bons serviteurs en leur donnant terres et seigneuries oudit duché; mesmement au seigneur de Ligny, Tortonne, Vaugayre, et quelques autres places, où ilz s'estoient révoltez quant le seigneur Ludovic revint d'Almaigne, qui avoit fort fasché audit seigneur de Ligny. Si se délibéra de les aller veoir, et mena en sa compaignie le vertueux cappitaine Loys d'Ars son lieutenant, le bon Chevalier sans paour et sans reproche, qui portoit son guydon alors, et plusieurs autres gentilzhommes. Si vint jusques à Alexandrie, et faisoit courir le bruyt qu'il mettroit Tortonne et Vaugayre à sac, combien qu'il n'en avoit nulle voulenté, car il estoit de trop bonne nature. Quant ses subgetz sceurent sa venue, et le bruyt qui couroit de leur destruction, furent, et non sans cause, bien estonnez. Si eurent conseil ensemble qu'ilz envoyeroient au-devant de leur seigneur, le plus humblement qu'ilz pourroient, pour impétrer miséricorde, ce qu'ilz firent; et jusques au nombre de vingt des plus apparens le vindrent trouver à deux mille de Vaugayre, pour luy cuyder faire la révérence, et eulx excuser. Mais, combien qu'on les monstrast audit seigneur de Ligny et les congneust assez, ne fist pas semblant de les veoir, et tira oultre jusques dedans la ville, au logis qui estoit pris pour luy.

Les povres gens qui estoient allez au-devant furent bien estonnez de si estrange recueil. Si se retirèrent en leur ville le plus doulcement qu'ilz peurent, et cherchèrent moyen de parler au cappitaine Loys d'Ars pour faire leur appointement envers le seigneur; ce qu'il promist à son possible faire, car jamais ne fut gentilhomme de meilleur nature. Si leur assigna jour à lendemain : ce pendant alla faire ses remonstrances au seigneur de Ligny, luy suppliant qu'en sa faveur il les voulsist escouter, qui luy fut accordé. Et le lendemain, après le disner, cinquante des plus apparens de la ville vindrent à son logis, et, testes nues, se gectèrent à genoulx devant luy en criant *Miséricorde!* Puis commencea à parler l'un d'entre eulx, homme fort éloquent, et en langage ytalien proféra telles ou semblables parolles : « Monseigneur, voz
» très-humbles et très-obéyssans subjectz et serviteurs de ceste povre ville vostre, de tout leur
» cueur se recommandent très-humblement à
» vostre bonne grâce, vous suppliant par vostre
» gentillesse leur vouloir pardonner l'offense
» qu'ilz ont faicte tant envers le roy de France
» leur souverain que vous, pour eulx estre révoltez. Et ayez à considérer en vostre cueur que la
» ville n'est pas pour tenir contre une puissance;
» et que, quelque chose qu'ilz ayent faicte, leur
» cueur n'est jamais mué qu'il ne soit demouré
» bon François. Et si par leur povreté d'esperit
» ilz ont fait une lourde faulte, par vostre grant
» bonté leur vueille estre appaisée, vous asseurant, Monseigneur, que jamais plus ne les y
» trouverrez; et où, comme de Dieu habandonnez, une autre fois ilz retourneroient, se mectent eulx, leurs enfans et femmes, aveques
» tous leurs biens, pour en disposer ainsi qu'il
» vous plaira. Et en signe qu'ilz veullent demourer envers vous telz que je vous dis, vous
» font en toute humilité ung petit présent selon

---
(1) Il est dit, dans les *Mémoires de La Trémouille*, que les Vénitiens en rendirent la majeure partie.

» leur puissance, qui est de trois cens marcs de
» vaisselle d'argent, lequel il vous plaira pren-
» dre, en démonstrant que vostre yre est cessée
» sur eulx. »

Alors se teut, et fist apparoistre sur deux tables, bassins, tasses, gobeletz, et autre manière de vaisselle d'argent, que ledit seigneur de Ligny ne daigna regarder; mais, en homme courroucé, fièrement respondit : « Comment, meschans, lasches et infâmes, estes-vous si hardis d'entrer en ma présence, qui, comme failliz de cueur, sans cause ni moyen, vous estes révoltez ? Quelle foy désormais pourray-je avoir en vous ? Si on feust venu mettre le siége devant vostre ville, icelle canonner et assaillir, c'eust esté autre chose : mais ennemy ne s'est jamais monstré, qui fait assez apparoistre que de vostre propre voulenté estes retournez à l'usurpateur de ceste duché. Si je faisois mon devoir, ne vous ferois-je pendre et estrangler, comme traystres et desloyaux, aux croysées de voz fenestres? Allez, fuyez de devant moy; que jamais ne vous voye. » En disant lesquelles parolles, les povres citoyens estoient tousjours à genoulx.

Alors le vaillant et prudent cappitaine Loys d'Ars mist le bonnet hors de la teste, et, ung genoil en terre, dist : « Monseigneur, pour l'honneur de Dieu et de sa passion, faictes-moy ceste grâce que à ma requeste leur vueillez pardonner vostre maltalent; car je leur ay promis, et jamais n'auroient fiance en moy si m'aviez reffusé. J'espère, Monseigneur, que toute vostre vie les trouverrez bons et vrais subjectz. » Et les povres gens, sans attendre qu'on répliquast, commencèrent tous d'une voix à crier : *Monseigneur, il sera ainsi que dit le cappitaine, au plaisir de Monseigneur.* Le bon seigneur de Ligny, ouye leur clameur, meu de pitié, et quasi larmoyant, les fist lever, et leur déclaira deux propos, l'ung d'amytié et l'autre de rudesse, pour monstrer qu'ilz avoient grandement failly.

Quant à l'ung, dist : « Allez; pour l'amour du cappitaine Loys d'Ars, qui tant m'a fait de services, que pour beaucoup plus grosse chose ne le vouldrois reffuser, je vous pardonne, et n'y retournez plus. Mais au regard de vostre présent, je ne le daignerois prendre, car vous ne le vallez pas. » Si regarda autour de luy, et advisa le bon Chevalier, auquel il dist : « Picquet, prenez toute ceste vaisselle, je la vous donne pour vostre cuysine. » A quoy soubdainement respondit : « Monseigneur, du bien que me faictes très-humblement vous remercie; mais jà Dieu ne plaise que biens qui viennent de si meschans gens que ceulx-ci, entrent en ma maison : ilz me porteroient malheur. » Si print pièce à pièce toute ceste vaisselle, et à chascun qui estoit là en fist présent, sans que pour luy en retiensist la valleur d'ung denier; qui fist esbahir toute la compaignie, car alors il n'eust sceu finer de dix escus.

Quant il eut tout donné, partit hors de la chambre; aussi firent les habitans. Si commença à dire le seigneur de Ligny à ceulx qui estoient demourez : « Que voulez-vous dire, Messeigneurs? avez-vous veu le cueur de Picquet et sa libéralité? Ne luy fist pas Dieu grant tort, qu'il ne le fist roy de quelque puissant royaulme? il eust acquis tout le monde à luy par sa grâce. Croyez-moy que ce sera une fois ung des plus parfaictz hommes du monde. » Brief, toute la compaignie donna grande louenge au bon Chevalier. Quant le seigneur de Ligny eut ung peu pensé pour ce jour, et considéré que ne luy estoit riens demouré du présent qu'il luy avoit fait, le lendemain à son lever luy envoya une belle robbe de veloux cramoisy doublée de satin broché, ung fort excellent coursier, et trois cens escus en une bourse, qui ne luy durèrent guères, car ses compaignons y eurent part comme luy. Peu de jours demoura le seigneur de Ligny qu'il ne retournast à Milan, où estoit venu le cardinal d'Amboyse, lieutenant-général pour le Roy; et de là s'en vint en France.

⬥⬥⬥

CHAPITRE XVIII.

Comment le roy de France envoya grosse armée à Naples, où il fist son lieutenant-général le seigneur d'Aubigny.

Vous avez entendu par cy-devant comment, après la mort de monseigneur de Monpensier, les Neapolitains se révoltèrent, et s'en vindrent tous les François en France, dont le roy Charles huytiesme fut fort desplaisant, et s'en feust vengé s'il eust vescu; mais mort le prévint. Incontinent que le roy Loys douziesme vint au règne, il voulut entendre à la conqueste de sa duché de Milan; parquoy les affaires dudit royaulme de Naples demourèrent long-temps en suspens; et estoit desjà mort Ferrand, filz d'Alphonce, et régnoit oudit royaulme son oncle Fédéric. Entendre devez une chose : c'est que quant le feu roy Charles conquesta le royaulme, il maria son cousin le seigneur de Ligny à une grant dame du pays, appellée la princessse d'Altemore; mais guères ne vesquit, car quant ledit roy voulut retourner en France, amena avecques luy ledit seigneur de Ligny, dont bientost après, ainsi que le bruit fut, ladicte dame mourut de dueil.

Par le trespas d'elle, et aussi par don que icelluy roy Charles en avoit fait, estoient demourées oudit royaulme plusieurs terres audit seigneur de Ligny, mesmement en la Pouille, comme Venoze, Canoze, Monervyne, Bezeille et plusieurs autres. Si print voulenté au roy Loys douziesme d'envoyer reconquester sondit royaulme de Naples, et y cuydoit bien aller ledit seigneur de Ligny : mais par deux fois luy fut le voyage rompu, dont aucuns voulurent dire que de dueil il en mourut. Si y fut envoyé pour lieutenant-général le seigneur d'Aubigny, un trèsgentil et vertueux cappitaine, très-bien acompaigné de gens de cheval et de pied, entre lesquels estoit la compaignie du seigneur de Ligny, que mena et conduyt son bon lieutenant le cappitaine Loys d'Ars. Or n'avoit garde de demourer le bon Chevalier derrière, ains demanda congé à son bon seigneur de maistre, qui à grant regret le luy donna, car desjà l'avoit pris en grant amour ; et depuis ne se veirent l'ung l'autre.

Ainsi marcha ce vaillant cappitaine le seigneur d'Aubigny (1) droit audit royaulme, où il fist si bonne diligence, et trouva domp Fédéric si peu de secours et d'amitié parmy ses hommes, qu'il fut contrainct habandonner le royaulme, et fist quelque composition avecques icelluy seigneur d'Aubigny, qui l'envoya avecques sa femme et enfans en France, où il fut receu très-bien du Roy ; et luy fut baillé la duché d'Anjou et d'autres terres, suyvant la composition faicte, et dont il a jouy jusques à sa mort. Depuis, sa femme (2) ne fut pas trop bien traictée ; dont il me semble que ce fut mal fait, et pour une femme de roy a esté depuis veue en grande nécessité. Le royaulme de Naples pris par ce seigneur d'Aubigny, assist ses garnisons par compaignies ; et fut celle du seigneur de Ligny mise sur ses terres, dont le cappitaine Loys d'Ars bailla le gouvernement d'aucunes au bon Chevalier, qui en fist très-bien son devoir. Et furent quelque temps en paix le roy d'Arragon, qui y prétendoit quelque droit, et le roy de France, qui luy en avoit laissé quelque porcion. Et fut icelle paix criée, l'année mesmes, à Lyon, entre France, Espaigne et le roy des Rommains, par le moyen de l'archeduc d'Autriche qui avoit à femme l'aisnée fille d'Espaigne ; et avecques elle en retournoit, passa par Lyon, et alla veoir sa seur, alors duchesse de Savoye. Mais ce fut une paix fourrée ; car en ce mesme instant le roy d'Arragon envoya grosse puissance à Gonssalle-Ferrande, estant audit royaulme par l'intelligence du pape Alexandre, qui reprist la ville de Naples, et la pluspart dudit royaulme fut révolté. Ledit seigneur d'Aubigny y fist ce qu'il peut, mais enfin fut contrainct de se retirer en la Pouille.

Je ne suis pas délibéré de traicter autrement de ce qui advint oudit royaulme de Naples durant deux ou trois ans, ne des batailles de la Sézignolle, de Joye, du Garillan, et plusieurs autres, dont en aucunes gaignèrent les François, et en autres perdirent ; car il est assez escript ailleurs. Combien que au derrenier ne scay si ce fut par faulte d'ordre ou de bien combatre, les François en furent chassez de tous pointz l'an 1524, et depuis n'y retournèrent. Je ne scay si tel estoit le vouloir de Dieu ; mais sans difficulté celluy qui les en chassa ne celluy qui le tient à présent n'y ont aucun droit, sinon par la force, qui est le poinct où tous princes taschent enfin de venir. Je veulx seulement parler des fortunes qui advindrent au bon Chevalier sans paour et sans reproche durant la guerre guerroyable que eurent ensemble François et Espaignolz ; et premier vous diray fortune qui luy advint.

◇◇◇

CHAPITRE XIX.

Comment le bon Chevalier sans paour et sans reproche sortit de sa garnison de Monervyne ; comment il trouva Espaignolz sur champs, et ce qu'il en advint.

Estant le bon Chevalier en une garnison où le vaillant capitaine Loys d'Ars l'avoit logé, qui s'appelloit Monervyne, avecques aucuns de ses compaignons, ennuyé d'estre si longuement en caige sans aller veoir les champs, leur dist ung soir : « Messeigneurs, il me semble que
» nous cropissons trop en ce lieu sans aller veoir
» noz ennemys ; il en pourroit de trop demourer
» advenir deux inconvéniens : l'ung, que, par
» faulte d'exercer les armes souvent, deviendrions tous efféminez ; l'autre, que à noz
» ennemys le cueur pourroit croistre, pensant
» entre eulx que, pour la crainte qu'en avons,
» n'osons partir de nostre fort. Parquoy je suis
» délibéré d'aller demain faire une course entre
» cy et Andre ou Barlete : peult-estre aussi que
» nous trouverrons de leur costé coureurs, ce
» que je désireroys à merveille ; car nous nous

---

(1) Bérault Stuart, de la maison royale d'Ecosse. Il commandait la garde écossaise de Louis XII.

(2) Isabelle, fille du duc d'Andria, seconde femme de Frédéric.

» pourrons mesler ensemble, et à qui Dieu en
» donnera l'honneur si l'emporte. »

A ces parolles, n'y eut celluy qui respondist autrement que à sa voulenté. Si firent le soir ceulx qui devoient estre de la course regarder si riens failloit à leurs chevaulx, et se misrent en ordre comme pour achever ce qu'ilz avoient entrepris. Si se levèrent assez matin, et se misrent aux champs environ trente chevaulx, tous jeunes gentilz-hommes et bien délibérez, chevauchèrent vers les garnisons de leurs ennemys, espérans d'avoir quelque bonne rencontre. Le jour mesme estoit sorty de la ville d'Andre, pour pareillement courir sur les François, ung gentil-homme espaignol, parent prochain du grant cappitaine Gonssalle Ferrande, qui s'appelloit domp Alonce de Soto-Majore, ung fort gentil chevalier, et expert aux armes, qui en sa compaignie avoit quarante ou cinquante chevaulx d'Espaigne, sur lesquelz estoient gentilz-hommes tous esleuz aux armes. Et telle fut la fortune des deux cappitaines, que au descendre d'ung tertre se vont veoir les ungs les autres, environ la portée d'ung canon. Je ne vous sçauroye dire lequel fut le plus joyeulx, mesmement quand ils apperceurent que leur puissance estoit pareille. Si commencea le bon Chevalier, après ce qu'il eut au vray apperceu les croix rouges, parler à ses gens, ausquelz il dist : « Mes
» amys, au combat sommes venuz. Je vous
» prie que chascun ait son honneur pour re-
» commandé; et si vous ne me voyez faire au-
» jourd'huy mon debvoir, réputez-moy lasche et
» meschant toute ma vie. » Tous respondirent :
« Allons, cappitaine, donnons dedans, n'atten-
» dons pas qu'ilz ayent l'honneur de commencer.»

Alors baissèrent la veue, et en criant *France! France!* se mettent au grant galop pour charger leurs ennemys, lesquelz, d'une asseurée et fière contenance, à course de cheval, criant *Espaigne! Sant Yago!* à la pointe de leurs lances gaillardement les receurent. Et en ceste première rencontre en furent portez par terre de tous les deux costez, qui furent relevez par leurs compaignons à bien grant peine. Le combat dura une bonne demye-heure, qu'on n'eust sceu juger qui avoit du meilleur ; et comme chascun en désiroit l'yssue à sa gloire, se livrèrent les ungs aux autres, comme s'ilz feussent tous fraiz, ung très-périlleux assault. Mais comme chascun peult assez entendre, en telles choses est de nécessité que l'ung ou l'autre demoure vaincqueur : si advint si bien au bon Chevalier, avecques la grant peine qu'il y mist et le courage qu'il donnoit à ses gens, qu'en ce derrenier assault rompit les Espaignolz; et y demoura sur le champ de mors jusques au nombre de sept, et bien autant de prisonniers. Le reste se mist à la fuyte, desquelz estoit ledit cappitaine domp Alonce; mais de près poursuivy par le bon Chevalier, qui souvent luy escrioit : *Tourne, homme-d'armes! grand honte te sera mourir en fuyant!* voulut plustost eslire honneste mort que honteuse fuyte, et comme un lyon eschauffé se retourne contre ledit bon Chevalier, auquel il livra aspre assault; car sans eulx reposer se donnèrent cinquante coups d'espée. Ce pendant fuyoient tousjours les autres Espaignolz, qui avoient habandonné leur cappitaine, et laissé seul. Ce néantmoins gaillardement se combatoit ; et si tous les siens eussent fait comme luy, je ne sçay qui en fin eust eu du meilleur. Bref, après avoir longuement combatu par les deux cappitaines, le cheval de domp Alonce se recreut, et ne vouloit tirer avant. Quoy voyant par icelluy bon Chevalier, dist ces parolles : « Rendz-toy, homme-d'armes,
» ou tu es mort. — A qui, respondit-il, me
» rendray-je ? — Au cappitaine Bayart, dist le
» bon Chevalier. »

Alors domp Alonce, qui desjà avoit ouy parler de ses faictz vertueux, aussi qu'il congnoissoit bien ne pouvoir eschapper, pour estre de toutes pars enclos, se rendit, et luy bailla son espée, qui fut receue à grant joye. Puis se misrent les compaignons au retour vers leur garnison, joyeulx de la bonne fortune que Dieu leur avoit ce jour donnée, car ilz n'y perdirent ung seul homme; bien y en fut blessé cinq ou six, et deux chevaulx tuez, mais ilz avoient des prisonniers pour les récompenser. Eulx arrivez à la garnison, le bon Chevalier, filz adoptif de dame courtoisie, qui desjà par le chemin avoit entendu de quelle maison estoit le seigneur domp Alonce, le fist loger en une des belles chambres du chasteau, et luy donna une de ses robes, en luy disant ces parolles : « Seigneur
» domp Alonce, je suis informé, par les autres
» prisonniers qui sont céans, que vous estes de
» bonne et grosse maison, et, qui mieulx
» vault, de vostre personne grandement re-
» nommé en prouesse ; parquoy ne suis pas dé-
» libéré vous traicter en prisonnier; et si vous
» me voulez promettre vostre foy de ne partir
» de ce chasteau sans mon congé, je le vous
» bailleray pour toute prison. Il est grand :
» vous vous y esbatrez parmy nous autres jus-
» ques à ce que vous ayez composé de vostre
» raençon et icelle payée, en quoy me trouve-
» rez tout gracieux. — Cappitaine, respondit
» domp Alonce, je vous remercie de vostre
» courtoisie, vous asseurant sur ma foy ne par-

» tir jamais de céans sans vostre congé. » Mais il ne tint pas bien sa promesse, dont mal luy en print à la fin, comme vous orrez cy-après. Toutesfois ung jour, comme ilz devisoient ensemble, composa domp Alonce de sa raençon à mil escus.

CHAPITRE XX.

Comment domp Alonce de Soto-Majore se voulut desrober par le moyen d'un Albanoys qui le garnit d'ung cheval; mais il fut repris sur le chemin et resserré en plus forte prison.

Quinze ou vingt jours fut domp Alonce avecques le cappitaine Bayart, dit le bon Chevalier, et ses compaignons, faisant grant chère, allant et venant par tout le chasteau, sans ce que personne luy dist riens; car il y estoit sur sa foy qu'on estimoit qu'il ne romproit jamais. Il en alla autrement, combien que de luy, ainsi qu'il dist après, n'y avoit aucune faulte, ains s'excusoit que, pource qu'il ne venoit nulz de ses gens devers luy, alloit quérir sa raençon luy-mesmes pour icelle envoyer au bon Chevalier, qui estoit de mil escus. Toutesfois le cas fut tel : domp Alonce, allant et venant par le chasteau, se fascha; et ung jour, devisant avecques ung Albanoys qui estoit de la garnison du chasteau, luy dist : « Viença, Théode, si tu » me veulx faire ung bon tour, tu me le feras » bien, et je te prometz ma foy que tant que je » vivray n'auras faulte de biens. Il m'ennuye » d'estre icy, et encores plus que je n'ay nou- » velles de mes gens. Si tu veulx faire provision » d'ung cheval pour moy, considère que je ne » suis en ceste place aucunement gardé; je me » sauveray bien demain matin. Il n'y a que » quinze ou vingt milles jusques à la garnison » de mes gens : j'auray fait cela en quatre heu- » res, et tu viendras avecques moy. Je te feray » fort bien appoincter, et si te donneray cin- » quante ducatz. »

L'Albanoys, qui fut avaricieux, le promist, combien qu'il lui dist devant : « Seigneur, j'ay » entendu que vous estes sur vostre foy par ce » chasteau : nostre cappitaine vous en feroit » querelle. — Je ne veulx pas rompre ma foy, » dist domp Alonce; il m'a mis à mil ducatz de » raençon, je les luy envoyeray : je ne suis » obligé à autre chose. — Bien doncques, dist » Théode l'Albanois, il n'y aura point de faulte » que demain, au point du jour, je ne soye à » cheval à la porte du chasteau : quant elle ou- » vrera, faictes semblant de venir à l'esbat, et » vous trouverez le vostre. » Cela fut accordé entre eulx, et exécuté le lendemain; car, ainsi qu'il fut proposé, se trouvèrent si bien à point, que sans ce que le portier s'en donnast autrement garde, pource que desjà estoit adverty qu'il estoit sur sa foy, parquoy le laissoit aller et venir, domp Alonce monta à cheval et s'en alla tant qu'il peut. Ne demoura guères que le bon Chevalier, qui estoit vigillant, vint en la basse-court du chasteau, et demanda où estoit son prisonnier, car tous les matins se desduysoit avecques luy; mais personne ne luy peut enseigner. Si fut esbahy, et vint au portier, auquel il demanda s'il l'avoit point veu. Il dist que ouy, dès le point du jour et près de la porte. La guète sonna pour sçavoir où il estoit; mais il ne fut point trouvé, ne aussi ledit Théode, Albanoys. Qui fut bien marry? ce fut le bon Chevalier.

Si commanda à ung de ses souldars nommé Le Basco, et lui dist : « A coup, montez à dili- » gence à cheval vous dixiesme, et picquez droit » vers Andre, veoir si trouverez nostre prison- » nier; et si le trouvez, faictes qu'il soit ramené » mort ou vif; et si ce meschant Albanoys est » empoigné, qu'il soit ramené aussi; car il sera » pendu aux créneaulx de céans, pour exemple » de ceulx qui vouldroient ung autre fois faire le » lasche tour qu'il a fait. »

Le Basque ne fist autre délay, mais incontinent monta à cheval; et à pointe d'esperon, sans regarder qui alloit après luy, combien qu'il fût très-bien suyvy, prist son chemin vers Andre, où à environ deux milles trouva domp Alonce descendu, qui habilloit les sangles de son cheval, qui estoient rompues; lequel, quant il apperceut qu'il estoit poursuyvy, cuyda remonter, mais il ne peut. Si fut actainct, repris et remonté. Théode ne fut pas si fol de se laisser prendre, car il sçavoit bien qu'il y alloit de la vie. Si se sauva dedans Andre, et domp Alonce ramené à Monervyne, où quant le seigneur bon Chevalier le veit, lui dist : « Hé! comment, sei- » gneur domp Alonce, vous m'avez promis vos- » tre foy ne partir de céans sans mon congé, et » vous avez fait le contraire! Je ne me fieray » plus en vous, car ce n'est pas honnestement » fait en gentil-homme de se desrober d'une place » quand on y est sur sa foy. » Domp Alonce respondit : « Je n'estois pas délibéré en riens vous » faire tort; vous m'avez mis à mil escus de ran- » çon, dedans deux jours les vous eusse en- » voyez; et ce qui m'en a fait partir a esté de » desplaisir que j'ay pris pour n'avoir aucunes » nouvelles de mes gens. »

Le bon Chevalier, qui estoit encores tout courroucé, ne prist pas ses excuses en payement, ains le fist mener en une tour, et en icelle le tint quinze jours, sans toutesfois le mettre en fers, ne faire autre injure; ains de son boire et manger estoit si bien traité que par raison s'en povoit bien contenter. Au bout de quinze jours, vint une trompette demander sauf-conduyt pour ung de ses gens qui luy vouloit apporter l'argent de sa rançon. Il fut baillé, et par ainsi l'argent apporté deux jours après : parquoy le seigneur domp Alonce fut de tous pointz délivré. Si print congé du bon Chevalier et de toute la compaignie assez honnestement, puis s'en retourna à Andre. Mais devant son partement, il veit comme icelluy bon Chevalier donna entièrement l'argent de sa rançon à ses souldars, sans pour luy en retenir ung seul denier.

◇◇◇

CHAPITRE XXI.

Comment le seigneur domp Alonce de Sotto-Majore se plaignit à tort du traictement que luy avoit fait le bon Chevalier, dont ils vindrent au combat.

Quant le seigneur domp Alonce fut arrivé à Andre, de tous ses compaignons et amys eut recueil merveilleux; car, à dire la vérité, il n'y avoit homme en toute l'armée des Espaignols plus estimé que luy, ne qui plus désirast les armes. Si le confortèrent le mieulx qu'ils peurent, luy remonstrant qu'il ne se devoit point fascher d'avoir esté prisonnier; que c'estoient fortunes de guerre perdre une fois, et gaigner l'autre; et qu'il suffisoit que Dieu l'eust rendu sain et sauf parmy ses amys. Après plusieurs propos, luy fut demandé de la façon et manière de vivre du bon Chevalier, quel homme c'estoit, et comment durant sa prison il avoit esté traicté avecques luy. A quoy respondit domp Alonce : « Je » vous prometz ma foy, Messeigneurs, que quant » à la personne du seigneur de Bayart, je ne » cuyde point que ou monde il y ait ung plus » hardy gentil-homme, ne qui moins soit oy- » seux, car s'il ne va à la guerre, sans cesse fait » quelque chose en sa place avecques ses soul- » dars, soit à luyter, saulter, gecter la barre, et » tous autres honnestes passe-temps que sçavent » faire gentilz-hommes pour eulx exercer. De » libéralité il n'est point son pareil, car cela ay-je » veu en plusieurs manières : mesmement quant » il receut les mil ducatz de ma rançon, devant » moy les départit à ses souldars, et n'en retint » ung seul ducat. Brief, à vray dire, s'il vit lon- » guement, il est pour parvenir à haultes choses ; » mais quant à ce que me demandez du traicte- » ment qu'il m'a fait, je ne m'en sçauroye » trop louer. Je ne sçay si ce a esté de son com- » mandement ; mais ses gens ne m'ont pas traicté » en gentil-homme, ains trop plus rudement » qu'ils ne devoient, et ne m'en contenteray de » ma vie. »

Les ungs s'esbahissoient de ses parolles, considéré l'honnesteté que l'on disoit estre au bon Chevalier; les autres disoient qu'on ne trouve jamais belle prison; aucuns lui en donnoient blasme. Et furent tant avant ces parolles, que, par ung prisonnier de la garnison de Monervyne qui retourna, fut amplement informé le bon Chevalier comment domp Alonce se plaignoit oultrageusement du mauvais traictement qu'il disoit luy avoir esté fait, et en jectoit grosses parolles peu honnestes; dont il s'esmerveilla grandement, et sur l'heure fist appeler tous ses gens, ausquelz il dist : « Messeigneurs, velà » domp Alonce qui se plainct parmy les Espai- » gnols que je l'ay si meschamment traicté que » plus n'eusse peu : vous sçavez tous comment il » en va. Il m'est advis qu'on n'eust sceu mieulx » traicter prisonnier qu'on a fait lui devant qu'il » s'esforçast d'eschapper; ne depuis, combien » qu'il ait esté plus resserré, ne luy a-l'on fait » chose dont il se doive plaindre. Et sur ma foy » si je pensois qu'on luy eust fait tort, je le vou- » drois amender envers luy : par quoy, je vous » prie, dictes-moi, si vous en avez apperceu quel- » que chose que je n'ay point entendu. » A quoy tous respondirent : « Cappitaine, quant c'eust » esté le plus grant prince d'Espaigne, vous ne » l'eussiez sceu mieulx traicter, et fait mal et » péché de s'en plaindre; mais les Espaignols » font tant les braves et sont si plains de gloire, » que c'est une dyablerie. — Par ma foy, dist » le bon Chevalier, je luy veulx bien escripre, » et l'advertir, combien que j'aye la fiebvre » quarte, que s'il veult dire que je l'aye mal » traicté, je lui prouveray le contraire par le » combat de sa personne à la mienne, à pied ou » à cheval, ainsi qu'il luy plaira. »

Si demanda incontinent ung clerc, et escripvit unes lettres en ceste substance : « Seigneur » Alonce, j'ay entendu que, après vostre retour » de ma prison, vous estes plainct de moy, et » avez semé parmy vos gens que je ne vous ai » pas traicté en gentil-homme. Vous sçavez bien » le contraire : mais pource que si cela estoit » vray me seroit gros déshonneur, je vous ai » bien voulu escripre ceste lettre, par laquelle » vous prie rabiller autrement voz parolles de- » vant ceulx qui les ont ouyes, en confessant,

« comme la raison veult, le bon et honneste traictement que je vous ai faict; et ce faisant, ferez vostre honneur et rabillerez le mien, lequel contre raison avez foullé; et où seriez reffusant de le faire, je vous déclare que je suis délibéré le vous faire desdire par combat mortel de vostre personne à la mienne, soit à pied ou à cheval, ainsi que mieulx vous plairont les armes; et à Dieu. De Monervyne, ce dixiesme juillet. » Par une trompette qui estoit au vaillant et noble seigneur de La Palisse, qu'on appelloit La Lune, fut envoyée ceste lettre à ce seigneur domp Alonce, dedans la ville d'Andre; laquelle, quant il l'eut leue, sans en demander conseil à personne, luy fit responce par la mesme trompette, et escripvit unes lettres contenant ces motz : « Seigneur de Bayart, j'ay veu vostre lettre que ce porteur m'a baillée, et entre autres choses dictes dedans icelle avoir esté par moy semé parolles devant ceulx de ma nation que ne m'avez pas traicté en gentilhomme, moy estant vostre prisonnier, et que, se ne m'en desdiz, estes délibéré de me combatre. Je vous déclare qu'oncques ne me desdiz de chose que j'aye dicte, et n'estes pas homme pour m'en faire desdire. Parquoy du combat que me présentez de vous à moy, je l'accepte entre cy et douze ou quinze jours, à deux milles de ceste ville d'Andre, ou ailleurs que bon vous semblera. » La Lune donna ceste responce au bon Chevalier, qui n'en eust pas voulu tenir dix mille escus, quelque maladie qu'il eust. Si luy remanda incontinent qu'il acceptoit le combat, sans se trouver en faulte au jour de l'assignation. La chose ainsi promise et accordée, le bon Chevalier en advertit incontinent le seigneur de La Palisse, qui estoit homme fort expérimenté en telles choses, et le prist après Dieu pour son guydon, et son ancien compaignon Bellabre. Si commença à approcher le jour du combat, qui fut tel que vous orrez.

◇◇◇

CHAPITRE XXII.

Comment le bon Chevalier sans paour et sans reprouche combatit contre domp Alonce de Soto-Majore, et le vainquit.

Quant ce vint au jour assigné du combat, le seigneur de La Palisse, acompaigné de deux cens hommes-d'armes (car desjà avoient les deux combatans cest accord l'ung à l'autre), amena son champion sur le camp, monté sur ung fort bel et bon coursier, et vestu tout de blanc, par humilité. Encores n'estoit point venu le seigneur Alonce. Si alla La Lune le haster, auquel demanda en quel estat estoit le seigneur de Bayart. Il respondit qu'il estoit à cheval, en habillement d'homme-d'armes. « Comment! dist-il, c'est à moy à eslire les armes, et à luy le camp. Trompette, va luy dire que je veux combatre à pied. » Or, quelque hardiesse que monstrast le seigneur Alonce, il eust bien voulu n'en estre pas venu si avant; car jamais n'eust pensé, veu la maladie qu'avoit alors le bon Chevalier, qu'il eust jamais voulu combatre à pied. Mais quant il veit que desjà estoient les choses prestes à vuyder, s'advisa d'y combatre pour beaucoup de raisons : l'une, que à cheval, en tout le monde, on n'eust sceu trouver ung plus adroit gentil-homme que le bon Chevalier; l'autre, que pour la maladie qu'il avoit, en seroit beaucoup plus foible; et cela le mettoit en grant espoir de demourer vaincqueur. La Lune vint vers le bon Chevalier, auquel il dist : « Cappitaine, il y a bien des nouvelles; vostre homme dit à ceste heure qu'il veult combatre à pied, et qu'il doit eslire les armes. » Aussi estoit-il vrai; mais toutesfois avoit desjà esté auparavant conclud que le combat se feroit à cheval, en acoustrement d'homme-d'armes; mais par là sembloit advis que le seigneur domp Alonce voulsist fuyr la lice.

Quant icelluy bon Chevalier eust escouté la trompette, demoura pensif ung bien peu, car le jour mesmes avoit eu sa fiebvre. Néantmoins, d'ung courage lyonicque, respondit : « La Lune, mon amy, allez le haster, et luy dictes qu'il ne demourera pas pour cela que aujourd'huy ne répare mon honneur, aydant Dieu; et si le combat ne luy plaist à pied, je le feray tout ainsi qu'il advisera. » Si fist cependant le bon Chevalier dresser son camp, qui ne fut que de pierres grosses mises l'une près de l'autre; et s'en vint mettre à l'ung des boutz, acompaigné de plusieurs bons, hardis et vaillans cappitaines, comme les seigneurs de La Palisse, d'Oroze, d'Hymbercourt, de Fontrailles, le baron de Béarn et plusieurs autres, lesquelz tous pryoient Nostre-Seigneur qu'il voulsist estre en ayde à leur champion.

Quant La Lune fut retourné devers le seigneur Alonce, et qu'il congneut que plus n'y avoit de remède que, pour son honneur, ne viensist au combat, s'en vint très-bien acompaigné, comme du marquis de Licite, de domp Diégo de Guynonnes, lieutenant du grand cappitaine Gonssalle Ferrande, domp Pedro de Haldes, domp Francesque d'Altemèze, et plusieurs autres, qui l'acompaignèrent jusques sur camp, où luy arrivé envoya les armes au bon

Chevalier pour en avoir le choix, qui estoient d'ung estoc et d'ung poignart. Eulx armez de gorgerin et secrète, il ne s'amusa point à choisir; mais quant il eut ce qui luy falloit, ne fist autre dilation, ains par ung des boutz fut mis dedans le camp par son compaignon Bellabre, qu'il print pour son parrain, et le seigneur de La Palisse pour la garde du camp de son costé. Le seigneur domp Alonce entra par l'autre bout, où le mist son parrain domp Diégo de Guyonnes; et pour la garde du camp de sa part fut domp Francesque d'Altemèze. Quant tous deux furent entrez, le bon Chevalier se mist à deux genoulx, et fist son oraison à Dieu; puis se coucha de son long et baisa la terre; et en se relevant fist le signe de la croix, marchant droit à son ennemy, aussi asseuré que s'il eust esté en ung palais à dancer parmy les dames. Domp Alonce ne monstroit pas aussi qu'il feust de riens espoventé; ains venant de droit fil au bon Chevalier, luy dist ces parolles: « Seignor de Bayardo, que me quérez?» Lequel en son langaige respondit: « Je veulx deffen- » dre mon honneur.» Et sans plus de parolles se vont approcher, et de venue se ruèrent chascun ung merveilleux coup d'estoc, dont de celuy du bon Chevalier fut ung peu blessé le seigneur Alonce au visaige, en coulant. Croyez que tous deux avoient bon pied et bon œil, et ne vouloient ruer coup qui feust perdu. Si jamais furent veuz en camp deux champions mieulx semblans preud'hommes, croyez que non. Plusieurs coups se ruèrent l'ung sur l'autre, sans eulx attaindre. Le bon Chevalier, qui congnut incontinent la ruze de son ennemy, qui incontinent ses coups ruez se couvroit du visaige, de sorte qu'il ne luy povoit porter dommage, s'advisa d'une finesse : c'est que, ainsi que domp Alonce leva le bras pour ruer ung coup, le bon Chevalier leva aussi le sien ; mais il tint l'estoc en l'air sans jecter son coup, et, comme homme asseuré, quant celluy de son ennemy fut passé, et il le peut choisir à descouvert, luy va donner ung si merveilleux coup dedans la gorge, que, nonobstant la bonté du gorgerin, l'estoc entra dedans la gorge quatre bons doys, de sorte qu'il ne le povoit retirer. Domp Alonce se sentant frappé à mort, laissa son estoc, et va saisir au corps le bon Chevalier, qui le prist aussi comme par manière de luyte, et se promenèrent si bien que tous deux tumbèrent à terre, l'ung près de l'autre. Le bon Chevalier, diligent et soubdain, prent son poignart et le meet dedans les nazeaulx de son ennemy, en luy escriant : *Rendez-vous, seigneur Alonce, ou vous estes mort!* Mais il n'avoit garde de parler, car desjà estoit passé. Alors son parrain, domp Diégo de Guyonnes, commença à dire : *Seignor Bayardo, jà es moerto; vincido aveiz.* Ce qui fut trouvé incontinent, car plus ne remua pied ne main. Qui fut bien desplaisant, ce fut le bon Chevalier; car s'il eust eu cent mil escus, il les eust voulu avoir donnez, et il l'eust peu vaincre vif. Ce néantmoins, en congnoissant la grâce que Dieu luy avoit faicte, se mist à genoulx, le remerciant très-humblement, puis baisa par trois fois la terre. Après tira son ennemy hors du camp, et dist à son parrain. « Seigneur domp Diégo, en ay-je assez fait ? » Lequel respondit piteusement : *Tropo, seignor Bayardo, per l'ondre d'Espaigne.* « Vous sçavez, dist le bon Cheva-
» lier, qu'il est à moy de faire du corps à ma
» voulenté : toutesfois je le vous rends ; et
» vrayement je vouldrois, mon honneur saufve,
» qu'il feust autrement. »

Brief, les Espaignolz emportèrent leur champion en lamentables plains, et les François emmenèrent le leur, avecques trompettes et clérons, jusques en la garnison du bon seigneur de La Palisse, où, avant que faire autre chose, le bon Chevalier alla à l'église remercier Nostre-Seigneur, et puis après firent la plus grant joye du monde ; et ne se povoient tous les gentilzhommes saouller de donner louenge au bon Chevalier ; tellement que par tout le royaulme, non seullement entre les François, mais aussi entre les Espaignolz, estoit tenu pour ung des acompliz gentilz-hommes qu'on sceust trouver.

CHAPITRE XXIII.

D'ung combat qui fut au royaulme de Naples de treize Espaignols contre treize François, où le bon Chevalier fist tant d'armes qu'il emporta le pris sur tous.

On sçet assez que, entre toutes autres nations, Espaignolz sont gens qui d'eulx-mesmes ne se veullent pas abaisser, et ont tousjours l'honneur à la bouche : et combien que la nation soit hardie, s'ilz avoient autant de prouesse que de bonne myne, il n'y auroit gens en ce monde qui durast à eux. Jà avez entendu comment le bon Chevalier deffist le seigneur domp Alonce de Soto-Majore, dont les Espaignolz avoient grant dueil au cueur, et cherchoient chascun jour le moyen pour eulx venger. Il y eut entre les François et eulx, peu de jours après le trespas du seigneur Alonce, une trefve de deux moys. La raison pourquoy, je ne la sçay pas.

Tant y a que durant icelle trefve les Espaignolz s'alloient esbatre près des garnisons françoises, où hors des places trouvoient aucunesfois des François qui pareillement s'esbatoient et avoient souvent parolles ensemble; mais tousjours lesditz Espaignolz ne demandoient que riote. Ung jour entre les autres une bende de treize gentilzhommes espaignolz, hommes-d'armes, et tous bien montez, se va embatre jusques près de la garnison du bon Chevalier, où l'estoit venu veoir le seigneur d'Oroze, de la maison d'Urfé, ung très-gentil cappitaine, qui eulx deux de compaignie estoient saillis de la place pour prendre l'air jusques à une demye-lieue, où ilz vont rencontrer lesditz Espaignolz, qu'ilz saluèrent, et les autres leur rendirent le semblable. Ilz entrèrent en propos de plusieurs choses; et entre autres parolles ung Espaignol hardy et courageux, qui se nommoit Diégo de Bisaigne, lequel avoit esté de la compaignie du feu seigneur domp Alonce de Soto-Majore, et luy souvenoit encore de sa mort, dist : « Messeigneurs » les François, je ne sçay si ceste trefve vous » fasche point; il n'y a que huyt jours qu'elle » est commencée, mais elle nous ennuye merveilleusement. Si ce pendant qu'elle durera il » y avoit point une bende de vous autres, dix » contre dix, vingt contre vingt, ou plus ou » moins, qui se voulsissent combatre sur la » querelle de noz maistres, me ferois bien fort » les trouver de mon costé, et ceulx qui seront » vaincuz demoureront prisonniers des autres. » Sur ces parolles se regardèrent le seigneur d'Oroze et le bon Chevalier, qui dist : « Monseigneur d'Oroze, que vous semble de ces parolles ? — Autre chose, dist-il, sinon que ce » gentil-homme parle très-honnestement. Je » sçaurois bien que luy respondre, mais je » vous prie tant que je puis que luy respondez » selon vostre oppinion. — Puis qu'il vous » plaist, dist le bon Chevalier, je luy en diray » mon advis. Seigneur, mon compaignon et » moy avons très-bien entendu voz parolles; » et, à vous ouyr, désirez merveilleusement les » armes, nombre contre nombre. Vous estes icy » treize hommes-d'armes. Si vous avez vouloir » d'aujourd'huy en huyt jours vous trouver à » deux milles d'icy montez et armez, mon compaignon et moy vous en amènerons treize autres. Et qui aura bon cueur, si le monstre. » Alors tous les Espaignolz en leur langage respondirent : *Nous le voulons*. Ilz s'en retournèrent, et le seigneur d'Oroze et le bon Chevalier aussi, dedans Monervyne; lesquelz assemblèrent leurs compaignons, et au jour assigné se trouvèrent sur le lieu promis aux Espaignolz, qui pareillement s'y rendirent. De toutes les deux nations y en avoit plusieurs autres qui les estoient venuz veoir. Ilz limitèrent leur camp, soubz condition que celluy qui passeroit oultre demoureroit pour prisonnier, et ne combatroit plus du jour ; pareillement, celluy qui seroit mis à pied ne pourroit plus combatre ; et ou cas que jusques à la nuyt l'une bende n'eust peu vaincre l'autre, et n'en demourast-il que l'ung à cheval, le camp seroit finy, et pourroit remmener tous ses compaignons francz et quietes, lesquelz sortiroient en pareil honneur que les autres hors dudit camp. Pour faire fin, les François se mirent d'ung costé et les Espaignolz d'ung autre. Tous avoient lance en l'arrest. Si picquèrent leurs chevaulx; mais lesditz Espaignolz ne taschèrent pas aux hommes, ains à tuer les chevaulx, ce qu'ilz firent jusques au nombre de unze, et ne resta à cheval que le seigneur d'Oroze et le bon Chevalier : mais ceste tromperie ne servit de guères aux Espaignolz, car oncques puis leurs chevaulx ne voulurent passer oultre, quelque coup d'esperon qu'ilz sceussent bailler. Et lesditz seigneur d'Oroze et bon Chevalier, menu et souvent, leur livroient aspres assaulx ; puis quant la grosse troppe les vouloit charger, se retiroient derrière les chevaulx mors de leurs compaignons, où ilz estoient comme contre ung rempart. Pour conclusion, les Espaignolz furent bien frotez; et combien qu'ilz feussent treize à cheval contre deux, ne sceurent obtenir le camp, jusques à ce que la nuyt feust survenue, sans riens avoir gaigné : parquoy convint à chascun sortir, suyvant ce qu'ilz avoient accordé ensemble ; et demoura l'honneur du combat aux François, car ce fut très-bien combatu durant quatre heures deux contre treize sans estre vaincuz. Le bon Chevalier sur tous y fist d'armes tant que son bruyt et renommée en augmentèrent assez.

◇◇◇

CHAPITRE XXIV.

Comment le bon Chevalier print ung trésorier et son homme qui portoient quinze mille ducatz au grand cappitaine Gonssalle Ferrande, et ce qu'il en fist.

Environ ung moys après ce combat, que les trefves furent faillies, fut le bon Chevalier adverty par ses espies que à Naples avoit ung trésorier qui changeoit monnoye à or, pour l'apporter là par où estoit le grant cappitaine Gonssale Ferrande, et ne povoit bonnement passer,

que ce ne feust à trois ou quatre milles près de sa garnison. Il ne dormit pas, depuis qu'il le sceut, sans y faire faire si bon guet que l'on le vinst advertir qu'il estoit arrivé en une place que tenoient les Espaignolz, laquelle estoit seulement à quinze milles de Monervyne; et que le matin, acompaigné de quelques genétaires pour sa seureté, estoit délibéré se retirer devers le grant cappitaine. Le bon Chevalier, qui grant désir avoit d'empoigner cest argent, non pas pour luy, mais pour en départir à ses souldars, se leva deux heures devant jour, et s'en alla embuscher entre deux petites montaignètes, acompaigné de vingt chevaulx et non plus, et envoya d'ung autre costé son compaignon Tardieu avecques vingt-cinq Albanoys, affin que s'il eschappoit par ung costé, ne peust eschapper par l'autre. Or le cas advint tel : c'est que, environ les sept heures au matin, les escoutes dudit bon Chevalier vont ouyr bruyt de chevaulx, qui le luy vindrent dire. Il estoit si à couvert entre ces deux roches, qu'on feust aiséement passé sans l'appercevoir; ce que firent les Espaignolz, qui au meillieu d'entre eulx avoient leur trésorier et son homme, lesquelz en bouges derrière leurs chevaulx avoient leur argent. Quant ilz furent oultre passez, ne fut fait autre demeure, sinon par le bon Chevalier et ses gens donner dedans, en criant : *France, France! à mort, à mort!* Quant lesditz Espaignolz se veirent ainsi chargez, et pris en désarroy, cuydant qu'il y eust beaucoup plus grant nombre de gens qu'il n'y avoit, se misrent en fuyte vers Barlète. Ilz furent ung peu chassez, et non pas loing; car on n'en vouloit que au povre trésorier, lequel fut prins avecques son homme, et menez à Monervyne. Eulx arrivez, furent desployées leurs bouges, où on trouva de beaulx ducatz. Le bon Chevalier les vouloit faire compter; mais ledit trésorier en son langage espaignol luy dist : *Non contaciz, seignor, sono quinze milia ducados;* qui très-joyeulx fut de ceste prise. Sur ces entrefaictes, va arriver Tardieu, qui, quant il veit ceste belle monnoye, fut bien desplaisant qu'il n'avoit fait la prise. Toutesfois il dist au bon Chevalier : « Mon compaignon, je y ay ma part
» comme vous, car j'ay esté de l'entreprise. — Il
» est vray, respondit le bon Chevalier en soubz-
» riant; mais vous n'avez pas esté de la prise. »
Et pour le faire débatre, dist encores : « Et quant
» bien vous en eussiez esté, vous estes soubz
» ma charge; je ne vous donneray que ce qu'il
» me plaira. » Sur cela se courroucea ledit Tardieu, et en jurant le nom de Dieu, dist qu'il en auroit la raison. Si s'en alla plaindre au lieutenant-général du roy de France, qui manda le bon Chevalier, lequel vint incontinent. Luy arrivé, chascun dist sa raison; lesquelles ouyes, ledit lieutenant-général demanda les oppinions à tous les cappitaines : mais enfin fut par luy, suyvant ce qu'il avoit trouvé, dit que Tardieu n'y avoit riens, dont il fut bien marry. Toutesfois il estoit joyeulx et fort plaisant homme; si se print à dire : « Par le sang Sainct-George, je
» suis bien malheureux! » Et puis s'adressa au bon Chevalier, en disant : « Par Dieu! c'est tout
» ung, car aussi bien me nourrirez vous tant
» que serons en ce pays. » Lequel se print à rire; et pour cela ne laissèrent pas de retourner ensemble à Monervyne, où quant ilz furent arrivez le bon Chevalier devant Tardieu, et pour plus le faire débatre, fist les ducatz apporter, et iceulx desployer sur une table, et puis dist :
« Compaignon, que vous en semble? vècy pas
» belle dragée? — Et ouy, de par tous les dya-
» bles, respondit-il; mais je n'y ay riens. Je
» vouldrois estre pendu par le sang Dieu; car
» si j'avoye seulement la moytié de cela, jamais
» n'auroye faulte de biens, et serois homme de
» bien toute ma vie. — Comment, compaignon,
» dist le bon Chevalier, ne tiendra-il qu'à cela
» que ne soyez asseuré de vostre vie en ce
» monde? Et vrayement ce que n'avez peu ne
» sceu avoir par force, je le vous donne de bon
» cueur et de bonne voulenté, et en aurez la
» droicte moytié. » Si les fist incontinent compter, et luy livra sept mil cinq cens ducatz.

Tardieu qui cuydoit auparavant que ce feust une mocquerie, quant il se veit saisy se gecta à deux genoulx, ayant de joie les larmes aux yeulx, et dist : « Hélas! mon maistre, mon
» amy, comment pourray-je jamais satisfaire
» les biens que me faictes? Oncques Alexandre
» ne fist pareille libéralité. — Taisez-vous, com-
» paignon : si j'avoye la puissance, je ferois
» beaucoup mieulx pour vous. » De fait, toute sa vie en fut riche Tardieu; car au moyen de cest argent, après qu'ilz furent retournez de Naples, vint en France, où en son pays espousa une héritière, fille d'ung seigneur de Sainct-Martin, qui avoit trois mille livres de rente. Il faut sçavoir que devindrent les autres sept mil cinq cens ducatz. Le bon Chevalier sans paour et sans reproche, le cueur nect comme la perle, fist appeller tous ceulx de la garnison, et chascun selon sa qualité les départit, sans en retenir ung seul denier; puis dist au trésorier : « Mon
» amy, je sçay bien que si je vouloye j'auroys
» bonne rançon de vous; mais je me tiens con-
» tant de ce que j'ay eu. Quant vous et vostre
» homme vouldrez partir, je vous feray conduyre
» seurement en quelque place de voz gens que

» vouldrez; et si ne vous sera rien osté de ce
» qui est sur vous, ne vous fouillera-l'on point. »
Si avoit-il vaillant à luy, en bagues ou en argent, cinq cens ducatz et mieulx. Qui fut bien aise fut ce povre trésorier, lequel, par une trompette du bon Chevalier, auquel il donna trois escuz, fut conduyt jusques à Barlète avecques son homme, bien eureux, veu la fortune qui luy estoit advenue, d'estre tumbé en si bonne main.

◇×◇

CHAPITRE XXV.

Comment le bon chevalier garda ung pont sur la rivière du Garillan, luy seul, l'espace de demye-heure, contre deux cens Espaignolz.

Assez avez peu veoir une autre histoire comment ou royaulme de Naples, et vers la fin de la guerre qui fut entre François et Espaignolz, se tint longuement l'armée desdits François sur le bort d'une rivière dicte le Garillan; et l'armée des Espaignolz estoit de l'autre costé. Il faut entendre que s'il y avoit du costé des François de vertueux et gaillards cappitaines, aussi avoit-il du costé des Espaignolz, et entre autres le grant cappitaine Gonssalle Ferrande, homme sage et vigilant, et ung autre appellé Pédro de Pas, lequel n'avoit pas deux couldées de hault, mais de plus hardye créature n'eust-on sceu trouver; et si estoit si fort bossu et si petit, que quant il estoit à cheval on ne luy voyoit que la teste au dessus de la selle. Ung jour s'advisa ledit Pédro de Pas de faire ung alarme aux François, et avecques cent ou six vingts chevaulx se mist à passer la rivière de Garillan en ung certain lieu où il sçavoit le gué, et avoit mis ung homme de pied derrière chascun cheval, garny de hacquebute. Il faisoit cest alarme affin que l'armée y courust, qu'on habandonnast le pont, et que ce pendant leur force y vînt et le gaignast. Il exécuta très-bien son entreprise, et fist au camp des François ung aspre et chault alarme, où ung chascun se retiroit, cuydant que ce feust tout l'effort des Espaignolz; mais non estoit.

Le bon Chevalier, qui désiroit tousjours estre près des coups, s'estoit logé joignant du pont, et avecques luy ung hardy gentil-homme, qui se nommoit l'escuyer Le Basco, escuyer d'escuyrie du roy de France Loys douziesme; lesquels commencèrent à eulx armer quant ils ouyrent le bruyt (s'ilz furent bientost prêtz et montez à cheval, ne fault pas demander), délibérez d'aller où l'affaire estoit. Mais en regardant le bon Chevalier par delà la rivière, va adviser environ deux cens chevaulx des Espaignolz, qui venoient droit au pont pour le gaigner : ce qu'ilz eussent fait sans grande résistance, et cela estoit la totalle destruction de l'armée françoise. Si commença à dire à son compaignon : « Monsei-
» gneur l'escuyer, mon amy, allez vistement
» quérir de noz gens pour garder ce pont, ou
» nous sommes tous perduz; ce pendant je met-
» tray peine de les amuser jusques à vostre ve-
» nue; mais hastez-vous; » ce qu'il fist. Et le bon Chevalier, la lance au poing, s'en va au bout dudit pont, où de l'autre costé estoient desjà les Espaignolz prestz à passer; mais comme lyon furieux va mettre sa lance en arrest, et donna en la troppe qui desjà estoit sur ledit pont. De sorte que trois ou quatre se vont esbranler, desquelz en cheut deux en l'eaue, qui oncques puis n'en relevèrent, car la rivière estoit grosse et profonde. Cela fait, on luy tailla beaucoup d'affaires; car si durement fut assailly, que sans trop grande chevalerie n'eust sceu résister: mais comme ung tigre eschauffé s'acula à la barrière du pont, à ce qu'ils ne gaignassent le derrière, et à coup d'espée se deffendit si très-bien, que les Espaignolz ne sçavoient que dire, et ne cuydoient point que ce feust ung homme, mais ung ennemy. Brief, tant bien et si longuement se maintint, que l'escuyer Le Basco, son compaignon, luy amena assez noble secours, comme de cent hommes-d'armes; lesquelz arrivez, firent ausditz Espaignolz habandonner du tout le pont, et les chassèrent ung grant mille delà. Et plus eussent fait, quant ilz apperceurent une grosse troppe de leurs gens, de sept à huyt cens chevaulx, qui les venoient secourir. Si dist le bon Chevalier à ses compaignons :
« Messeigneurs, nous avons aujourd'huy assez
» fait d'avoir sauvé nostre pont; retirons-nous
» le plus serréement que nous pourrons. »

Son conseil fut tenu à bon; si commencèrent à eulx retirer le beau pas. Tousjours estoit le bon Chevalier le derrenier, qui soustenoit toute la charge ou la pluspart, dont au long aller se trouva fort pressé à l'occasion de son cheval, qui si las estoit que plus ne se povoit soustenir, car tout le jour avoit combatu dessus. Si vint de rechief une grosse envahie des ennemys, qui tous d'ung floc donnèrent sur les François, en façon que aucuns furent versez par terre. Le cheval du bon Chevalier fut aculé contre ung fossé, où il fut environné de vingt ou trente, qui criyoient : *Rende, rende, seignor!* Il combatoit tousjours, et ne sçavoit que dire, sinon :
» Messeigneurs, il me fault bien rendre, car

« moy tout seul ne sçaurois combatre vostre
» puissance. »

Or estoient desjà fort esloignez ses compaignons, qui se retiroient droit à leur pont, cuydans tousjours avoir le bon Chevalier parmy eulx. Et quand ilz furent ung peu esloignez, l'ung d'entre eulx, nommé le chevalier de Guyfray, gentil-homme du Daulphiné, et son voisin, commença à dire : « Hé! Messeigneurs, nous
» avons tout perdu! Le bon cappitaine Bayart
» est mort ou pris, car il n'est point avecques
» nous. N'en sçaurons-nous autre chose? Et au-
» jourd'hui il nous a si bien conduitz, et fait
» recevoir tant d'honneur! Je faiz veu à Dieu
» que s'il n'y devoit aller que moy seul, je y
» retourneray, et plustost seray mort ou pris,
» que je n'en aye des nouvelles. » Je ne sçay qui de toute la troppe fut plus marry, quant ilz congneurent que le chevalier Guyfray disoit vray. Chascun se mist à pied pour resangler son cheval, puis remontèrent; et, d'ung courage invaincu, se vont mettre au grant galop après les Espaignolz, qui emmenoient la fleur et l'eslite de toute gentillesse, et seullement par la faulte de son cheval; car s'il eust autant peu endurer de peine que luy, jamais n'eust esté pris. Il fault entendre que, ainsi que les Espaignolz se retiroient et qu'ilz emmenoient le bon Chevalier, pour le grant nombre qu'ilz estoient, ne se daignèrent amuser à le desrober de ses armes, ne luy oster son espée qu'il avoit au costé : bien le dessaisirent d'une hache d'armes qu'il avoit en la main, et en marchant tousjours luy demandoient qui il estoit. Il, qui sçavoit bien que s'il se nommoit par son droit nom jamais vif il n'eschapperoit, parce que plus le doubtoient Espaignolz que homme de la nation françoise, si le sceut bien changer; tousjours disoit-il qu'il estoit gentil-homme. Ce pendant vont arriver les François ses compaignons, cryant : *France! France! tournez, tournez, Espaignolz; ainsi n'emmenerez-vous pas la fleur de chevalerie!* Auquel cry les Espaignolz, combien qu'ilz feussent grant nombre, se trouvèrent estonnez, néantmoins que d'ung visage asseuré receurent ceste lourde charge des François; mais ce ne peut si bien estre que plusieurs d'entre eulx, et des mieulx montez, ne feussent portez par terre. Quoy voyant par le bon Chevalier, qui encores estoit tout armé, et n'avoit faulte que de cheval, car le sien estoit recreu, mist pied à terre, et sans le mettre en l'estrier remonta sur ung gaillart coursier dessus lequel avoit esté mis par terre, de la main de l'escuyer Le Basco, Salvador de Borgia, lieutenant de la compaignie du marquis de La Padule, gaillard gentil-homme. Quant il se veit dessus monté, commença à faire choses plus que merveilleuses, cryant : *France, France! Bayart, Bayart, que vous avez laissé aller!* Quant les Espaignolz ouyrent le nom, et la faulte qu'ilz avoient faicte de luy avoir laissé ses armes après l'avoir pris, sans dire recours ou non (car si une fois eust baillé la foy, jamais ne l'eust faulsée), le cueur leur faillit du tout, et dirent entre eulx : « Tirons oultre vers nostre camp, nous ne fe-
» rons méshuy beau fait. » Quoy disant, se gectèrent au galop; et les François, qui voyoient la nuyt approcher, très-joyeulx d'avoir recouvert leur vray guydon d'honneur, s'en retournèrent lyement en leur camp, où durant huyt jours ne cessèrent de parler de leur belle adventure, et mesmement des prouesses du bon Chevalier.

En ceste mesme année, envoya le roy de France Loys douziesme en la comté de Roussillon bon nombre de gens soubz la conduicte du seigneur de Dunoys, pour la remettre entre ses mains; mais ilz s'en retournèrent sans grans choses faire qui à honneur montast. Et si y mourut, de la part des François, ung gentil chevalier appellé le seigneur de La Rochepot.

Depuis (je ne sçay de qui fut la faulte) les François ne séjournèrent guères au royaulme de Naples, qu'ilz ne retournassent en leur pays, les plusieurs en assez povre estat. Et en passant par Romme, le pape Julles leur fist tout plain de courtoysies; mais depuis les a bien vendues. Le vaillant cappitaine Loys d'Ars, qui encores tenoit quelques places en la Pouille, et en sa compaignie le bon Chevalier sans paour et sans reproche, après l'armée de François retournée, demourèrent audit royaulme, en despit de toute la puissance yspanicque, environ ung an; ouquel temps ilz firent plusieurs belles saillies et lourdes escarmouches, dont de la pluspart emportèrent tousjours l'honneur; et plus eussent tenu leursdictes places, n'eust esté que le roy Loys, leur maistre et souverain, leur manda les laisser, et eulx en venir; ce qu'ilz firent à grant regret en l'an 1504. Et furent très-honnorablement receuz d'ung chascun, comme bien l'avoient mérité, mesmement de leur bon maistre le roy de France, qui, comme sage et prudent, print les fortunes de la guerre ainsi que pleut à Dieu les envoyer, auquel il avoit son principal recours.

Je vous laisseray ung peu à parler de la guerre, et viendray à desduire ce qui advint en France et autres pays voisins durant deux ans.

CHAPITRE XXVI.

De plusieurs choses qui advindrent en deux années tant en France, Ytalie, que Espaigne.

Après toutes ces choses passées, y eut quelque abstinence de guerre entre France et Espaigne, qui n'estoit guères bien à propos, car les ungs avoient ce qu'ilz demandoient, et les autres non.

En l'an 1505, mourut Jehanne de France, duchesse de Berry, qui avoit esté mariée au roy Loys douziesme, lequel en ceste mesme année, en sa ville de Bloys, fut si griefvement malade qu'on ne luy espéroit vie, habandonné de tous ses médecins et de tout remède humain : mais je croy que, à la requeste de son peuple et par leurs prières (car il estoit bien aymé, au moyen que jamais ne les avoit oppressez ne foullez de tailles), Nostre-Seigneur luy prolongea ses jours.

Oudit an, mourut domp Fédéric d'Arragon, au Plessis-lez-Tours, jadis roy de Naples, qui fut le dernier de la lignée de Pierre d'Arragon, lequel sans raison ny moyen usurpa ledit royaulme de Naples; et ne l'ont ceulx qui l'ont tenu depuis et tiennent encores à autre tiltre.

L'an 1506, une des plus triumphantes et glorieuses dames qui puis mille ans ait esté sur terre alla de vie à trespas : ce fut la royne Ysabel de Castille, qui ayda, le bras armé, à conquester le royaulme de Grenade sur les Mores, et print prisonniers les enfans du roy Chico qui occupoit ledit royaulme, lesquelz elle fist baptiser. Je veulx bien asseurer aux lecteurs de ceste présente histoire, que sa vie a esté telle, qu'elle a bien mérité couronne de laurier après sa mort.

L'année mesmes trespassa son gendre, qui par le décès d'elle avoit esté son héritier, Philippes, roy des Espaignes à cause de sa femme, archeduc d'Austriche et conte de Flandres. France ne perdit guères à sa mort, car il y avoit semé ung grain qui peu y eust prouffité.

Le pape Julles, par le secours du roy de France et l'ayde de son lieutenant-général ou duché de Milan, le seigneur de Chaumont, messire Charles d'Amboise, homme diligent et vertueux, conquesta Boulongne sur messire Jehan de Bénètevoille (1), oudit an ; où, pour récompense et pour payement, bailla en France de beaulx pardons. Je ne sçay qui donna ce conseil, mais oncques puis les François ne furent fort asseurez en Ytalie ; car avecques ce que ledit Pape n'estoit pas trop bon François, il se fortifia deçà les Alpes, à l'encontre des terres du roy de France qu'il tenoit en Lombardie : je m'en rapporte à ce qui s'en est ensuyvy depuis. Plusieurs pour l'heure se trouvèrent bons marchands ; car aucuns cappitaines qui gouvernoient ce seigneur de Chaumont en eurent deniers de présent, et aucuns de la plume bénéfices. Bref, c'est une diablerie quand avarice précède l'honneur ; et cela a tousjours beaucoup plus régné en France qu'en autre lieu : si est-ce le plus excellent pays de l'Europe, mais toutes bonnes terres n'apportent pas bon fruict en quelque sorte que ce soit. Je me tiendray avecques celuy qui a fait le rommant de la Roze, qu'on nomme maistre Jehan de Meung, lequel dit que beaulx dons donnent loz aux donneurs, mais ilz empirent les preneurs.

Le roy d'Arragon, veuf par le trespas d'Ysabel sa femme, print, l'année mesmes, la niepce du roy de France, Germaine de Foix, qui fut emmenée en grant triumphe en Espaigne ; et la vint quérir le conte de Siffoyntes et ung évesque jacobin. Depuis qu'elle fut en Espaigne elle a bien rendu aux François les honneurs qu'elle avoit receuz du pays ; car jamais ne fut veu de tous ceulx qui depuis l'on congneue, une plus mauvaise Françoise.

◇◇◇

CHAPITRE XXVII.

Comment les Génevoys se révoltèrent, et comment le roy de France passa les montz et les remist à la raison.

Je ne veulx pas dire que tous vrays chrestiens ne soient subjectz à l'Eglise, et qu'ilz n'y doivent obéyr, mais je ne dis pas aussi que tous les ministres d'icelle soient gens de bien : et de ce je puis bailler exemple assez ample du pape Julles, qui pour récompense des bons tours que le roy Loys luy avoit faiz de le faire mettre (je ne sçay pas bien à quel tiltre) dedans Boulongne, pour commencer à chasser les François d'Ytalie, par subtilz et sinistres moyens fist révolter les Génevoys, et mutiner le populaire contre les nobles; lesquelz ilz chassèrent tous hors de la ville, et esleurent entre eulx ung duc appelé messire Paule de Nouy, homme mécanique, et de mestier de tainturier.

Ung gentilhomme génevoys nommé messire Jehan Loys de Flisco, qui estoit fort bon François, le seigneur de Las qui tenoit le chastellet,

---

(1) Bentivoglio.

et plusieurs autres en advertirent le roy de France. Et pour ce que le sage prince, qui en telz affaires estoit assez congnoissant, veoit bien que si cela n'estoit bientost rabillé, il en pourroit sortir de gros inconvéniens, délibéra de passer les montz avecques bonne et grosse puissance ; ce qu'il fist à grande diligence, car pour beaucoup de raisons la matière le requéroit. Le bon Chevalier estoit alors à Lyon malade de sa fiebvre quarte (1), qui, sans la perdre, l'a gardée sept ans et davantage. Il avoit en ung bras ung gros inconvénient d'ung coup de picque que autresfois il avoit eu, et en avoit esté si mal pensé que ung ulcère luy en estoit demouré, qui n'estoit encores du tout bien guéry.

Au retour du royaulme de Naples, le Roy son maistre l'avoit retenu pour ung de ses escuyers d'escuyrie, attendant qu'il y eust quelque compaignie de gens-d'armes vacquant pour l'en pourveoir. Si pensa en soy-mesmes que néantmoins qu'il ne feust bien sain, si luy tourneroit-il à grande lascheté où il ne suivroit son prince, et ne regardant à nul inconvénient, se délibéra marcher avecques luy. En deux où trois jours eut donné ordre à son cas, et se mist au passage des montaignes comme les autres. Tant et si diligemment chemina l'armée, qu'elle approcha la ville de Gennes, dont les habitans furent fort estonnez, car ilz espéroient en peu de jours avoir gros secours du Pape et de la Rommaigne, mesmement de sept ou huyt mille hommes qu'on appelle en Ytalie Brésignelz, qui sont les meilleurs gens de pied qui soient aux Ytales, et fort hardis à la guerre. Ce néantmoins faisoient tousjours le debvoir ; et mesmement au hault de la montaigne par laquelle convenoit aux François passer pour aller à la ville, avoient fait et construit ung fort bastillon à merveilles, garny de bonnes gens et d'artillerie, qui donna tiltre d'esbahissement à toute l'armée : dont le Roy fist assembler les cappitaines, sçavoir qu'il estoit de faire. Plusieurs furent de diverses opinions : les ungs disoient que par là se pourroit l'armée mettre en hazart, et que au hault pourroit avoir grosse puissance qu'on ne povoit veoir, qui les pourroient repousser s'on y alloit foibles, et faire recevoir une honte ; autres disoient que ce n'estoit que canaille, et qu'ilz ne dureroient point. Le Roy regarda le bon Chevalier, auquel il dist : « Bayart, que vous en semble ? — Sur ma » foy, Sire, dist-il, je ne vous en sçaurois enco- » res que dire ; il faut aller veoir qu'ilz font là- » hault ; et de ma part, s'il vous plaist m'en » donner congé, devant qu'il soit une heure, si » je ne suis mort ou pris, vous en sçaurez des » nouvelles. — Et je vous en prie, dist le Roy, » car assez vous entendez en telz affaires. » Ne séjourna guères le bon Chevalier que, avec plusieurs de ses amys et compaignons, comme le viconte de Roddes, le cappitaine Maugiron, le seigneur de Beaudysner le bastard de Luppe, et plusieurs autres, jusques au nombre de cent ou six vingtz, entre lesquelz estoient deux nobles seigneurs de la maison de Fouez, les seigneurs de Barbazan et d'Esparros, enfans du seigneur de Lautrec, il ne fist sonner l'alarme ; et ses compaignons tous assemblez, commença le beau premier à gravir ceste montaigne. Quant on le veit devant, il fut assez qui le suyvit ; et travaillèrent fort avant qu'ilz feussent parvenuz jusques au hault, où ils prindrent ung peu d'aleyne, puis marchèrent droit au bastillon, où en chemin trouvèrent forte résistance, et y eut aspre combat. Mais enfin les Génevoys tournèrent le dos, où après vouloient courir les François ; mais le bon Chevalier s'escria : « Non, Mes- » seigneurs, allons droit au bastillon ; possible est » qu'il y a encores des gens dedans qui nous » pourroient enclore ; il faut veoir qu'il y a. » A ce conseil se tint ung chascun, et y marchèrent. Ainsi qu'il avoit dit advint ; car encores dedans avoit deux ou trois cens hommes, qui se misrent en deffense assez rude pour le commencement ; mais enfin guerpirent le fort, fuyant comme fouldre au bas de la montagne pour gaigner leur ville.

Ainsi fut pris le bastillon ; et depuis ne firent les Génevoys beau fait, ains se rendirent à la mercy du Roy, qui y entra, et fist aux habitans payer le deffroy de son armée, et à leurs despens fist construire contre la ville ung fort chasteau qu'on nomma Godefa ; à leur duc fut la teste couppée, et à ung autre nommé Justinien. Bref, ilz furent assez bien chastiez pour ung coup.

Peu après se virent le roy de France et le roy d'Arragon, retournant de Naples en Espaigne, en la ville de Savonne ; et y estoit

---

(1) « Un jour, dit Champier, je donnay à souper en » ma maison audict capitaine Bayart et à sa cousine, » damoyselle Magdeleine de Terrail, femme de feu » escuyer noble Claude de Verray, pannetier pour lors » de la Royne. Or advint ung soir, en souppant, que je » lui dis : Monsieur le capitaine, je me esmerveille de » vous, qui estes si fort malade de la fiebvre, et oultre » avez un bras ulceré moult dangereux, comme voulez » aller à la guerre vous bouter en dangier. Si me » respond : Certes vous dictes vérité, mais à la nécessité » on ne doit laisser pour aulcune chose son prince ; et » mieulx aymerois mourir avecques luy que de mourir » icy de honte. »

sa femme Germaine de Fouez, qui tenoit une merveilleuse audace. Elle fist peu de compte de tous les François, mesmement de son frère le gentil duc de Nemours, dont ceste histoire fera cy-après mention. Le roy de France festoya fort le grand cappitaine Gonssalles Ferrande; et le roy d'Arragon porta gros honneur au cappitaine Loys d'Ars et au bon Chevalier sans paour et sans reproche, et dist au roy de France ces mots : « Monseigneur mon frère, bien est heu- » reux le prince qui nourrist deux telz cheva- » liers. » Les deux princes, après avoir esté quelques jours ensemble, prindrent congé. L'ung alla en Espaigne, et l'autre retourna en sa duché de Milan.

∞

CHAPITRE XXVIII.

Comment l'empereur Maximilian fist la guerre aux Véniciens, où le roy de France envoya le seigneur Jehan Jacques avecques grosse puissance pour les secourir.

Après la prinse de Gennes et la veue des deux Roys à Savonne, celluy de France repassa par sa ville de Milan, où le seigneur Jehan Jacques luy fist ung des triumphans bancquetz qui jamais fut veu pour ung simple seigneur ; car quant on cherchera bien partout, se trouvera qu'il y avoit plus de cinq cens personnes d'as- siète, sans les dames qui estoient cent ou six vingtz ; et n'eust esté possible d'estre mieulx servis qu'ilz furent de metz, entremets, mom- meries, comédies, et toutes autres choses de passetemps.

Après s'en retourna le Roy en France, où l'année ensuyvant fut adverty par les Véniciens qui estoient ses alliez, comment l'empereur Maximilian descendoit en leur pays, et leur vouloit faire la guerre. A ceste cause, par ung leur ambassadeur qui estoit devers luy, appelé messire Anthonio Gondelmarre, luy faisoient supplier leur donner secours, ce qu'il fist vou- lentiers. Et manda au seigneur Jehan Jacques, y aller avec six cens hommes-d'armes et six mille hommes de pied ; à quoy il obéyt, et se vint joindre avec la puissance desditz Véniciens en ung lieu appelé la Pèdre, où l'armée de l'Empereur estoit desjà arrivée, qui eust bien- tost passé plus oultre, n'eust esté la venue dudit seigneur Jehan Jacques qui l'arresta. Et depuis ne fist pas l'armée de l'Empereur grans cho- ses. Véniciens, qui sont subtilz et caulx, advi- sèrent qu'il valloit mieulx appointer que d'en- trer plus avant en guerre : si en cherchèrent le moyen, tant qu'enfin le trouvèrent. Je croy bien qu'ilz fournirent quelque argent, car c'estoit la chose en ce monde dont ledit empereur Maxi- milian estoit le plus souffreteux. Si en fist retour- ner son armée. Le seigneur Jehan Jacques, qui en cest appointement n'avoit aucunement esté appellé, n'en fust pas trop content, et dist bien au providadour de la seigneurie qu'il en ad- vertiroit le Roy son maistre, et que à son oppi- nion trouveroit la chose assez estrange, et n'en seroit pas content. Cela demoura ung peu en suspens où durant ce temps le roy de France Loys douziesme alla faire son entrée en sa ville de Rouen, et sa bonne compaigne la Royne, qui fut fort triumphante ; car si les gentilz- hommes y firent leur debvoir, les enfans de la ville n'en firent pas moins. Il y eut joustes et tournois, par l'espace de huyt jours. Ce pendant se dressa quelque traicté entre le Pape, l'Em- pereur, les roys de France et d'Espaigne, où pour y mettre fin fut, par eulx ou leurs ambassa- deurs, conclud et accordé que l'on se trouver- roit en la ville de Cambray à certain jour par eulx prins. Et y fut envoyé de la part du roy de France le cardinal d'Amboise, légat oudit royaulme, son nepveu, le grand maistre de France, seigneur de Chaumont, et chef des armes de la maison d'Amboise, et plusieurs aultres ; et de chascun des autres princes, ambas- sadeurs avec toute puissance ; à quelle fin ilz conclurent, n'est riens si certain, que ce fut pour ruyner la seigneurie de Venise qui, en grant pompe et à peu de congnoissance de Dieu, vivoit glorieusement et à opulence, faisant peu d'estime des autres princes de la chrestienté : dont peult-estre que Nostre-Seigneur fut cour- roucé, comme il apparut ; car ainsi que ces am- bassadeurs deslogeassent de ladicte ville de Tour- nay, firent aliance, amys d'amys, et ennemys d'ennemys, pour leurs maistres. Et là fut con- clud que le roy de France en personne passeroit après Pasques l'année ensuyvant, qu'on diroit 1509, en Ytalie, et entreroit ou pays des Véni- ciens, quarante jours devant que nul des autres se meissent à la campagne. Je ne sçay à quelle fin ilz avoient posé ce terme, sinon qu'ilz vou- loient taster le gué ; et peult-estre que si le roy de France eust eu du pire, en lieu de courir aux Véniciens, eussent couru sur luy-mesme ; car je n'ay jamais congneu qu'il y ait eu grosse amy- tié entre la maison de France et la maison d'Austriche, et pareillement ne s'accordoient pas bien le Pape et le roy de France. Bref, il me semble, à dire le vray, qu'ilz vouloient faire es- sayer la fortune aux François, et vouloient jouer à ung jeu que jouent petis enfans à l'escolle :

S'il est bon, je le prends, et s'il est mauvais, je le laisse. Toutesfois si bien advint à ce bon roy Loys, qu'il exécuta son entreprise à son grand honneur et au prouffit de ses alliez, comme vous entendrez.

◇◇◇

CHAPITRE XXIX.

Comment le roy de France Loys XII fist marcher son armée en Ytalie contre les Véniciens, et de la victoire qu'il en obtint.

Sur la fin de l'an 1508, vers le moys de mars, fist le roy de France marcher sa gendarmerie en sa duché de Milan, et pareillement ses avanturiers françois, qui estoient en nombre de quatorze à quinze mille, lesquelz il bailla à gouverner et conduyre à de bons et vertueux cappitaines, telz que le seigneur de Moulart, de Richemont, La Crote, le comte de Roussillon, le seigneur de Vendenesse, le cappitaine Odet, le capdat de Duras, et plusieurs autres, lesquelz chascun en leur endroit misrent peine d'avoir des plus gentilz compaignons. Le bon Chevalier sans paour et sans reprouche, en ceste saison, fut envoyé quérir par le Roy, qui luy dist : « Bayart, vous sçavez que
» je m'en vois passer les montz pour avoir la
» raison des Véniciens, qui à grant tort me
» tiennent la conté de Crémonne, Lagéradade,
» et autres pays. Je veulx qu'en ceste entreprise,
» combien que dès à présent vous donne la com-
» paignie du cappitaine Chatelart, qu'on m'a dit
» qui est mort (dont je suis desplaisant), ayez
» soubz vostre charge des gens de pied ; et vos-
» tre lieutenant cappitaine Pierrepont (1), qui
» est très-homme de bien, conduira vos gens-
» d'armes. — Sire, respondit le bon Chevalier,
» je feray ce qu'il vous plaira ; mais combien me
» voulez-vous bailler de gens de pied à con-
» duyre ? — Mille, dist le Roy ; il n'y a homme
» qui en ait plus. — Sire, dist le bon Chevalier,
» c'est beaucoup pour mon sçavoir, vous sup-
» pliant estre contant que j'en aye cinq cens ;
» et je vous jure ma foy, Sire, que je mettray
» peine de les choisir, qu'ils seront pour vous
» faire service : et si me semble que pour ung
» homme seul c'est bien grosse charge, quand
» il veult faire son debvoir. — Bien, dist le Roy,
» allez donc vistement ou Daulphiné, et faictes
» que soyez en mon duché de Milan à la fin de
» mars. » De tous les cappitaines n'y eut celluy qui très-bien ne fournist sa bende ; et en sorte firent que, à la fin de mars ou au commencement d'avril, furent tous passez et logez par garnisons ou duché de Milan.

Les Véniciens, desjà defflez par le hérault Montjoye, délibérèrent eulx deffendre ; et sachans la puissance du roy de France (qui n'estoit point trop grande, car en toutes gens n'avoit que trente mille hommes, dont il povoit avoir vingt mille hommes de pied, comprins six mille Suysses et deux mille hommes-d'armes), dressèrent une fort gaillarde armée, où ilz eurent plus de deux mille hommes-d'armes, et bien trente mille hommes de pied. Leur chef pour les conduyre estoit le comte Pétilane, et le cappitaine-général de leurs gens de pied estoit le seigneur Berthelome d'Alvyano, qui entre autres gens en avoit une bonne bende de ces Bresignelz, qui portoient sa livrée de blanc et rouge, tous gentilz compaignons et nourriz aux armes. Je ne vous feray long récit des courses, allées et venues : mais en fin le roy de France ayant passé les monts, et arrivé en sa ville de Milan, entendit que les Véniciens avoient repris Trévy, une petite villète de la rivière d'Ade, que puis peu de jours devant le grant maistre, seigneur de Chaumont, avoit prise sur eulx, avecques les cappitaines Molart, La Crote, Richemont et le bon Chevalier, qui avecques leurs gens estoient passés des premiers ; en laquelle ville de Trévy, les Véniciens, parce qu'elle s'estoit tournée françoise, misrent le feu, et emmenèrent les gens de cheval tous prisonniers, dont estoit chief le cappitaine Fontrailles : aussi fut prisonnier le cappitaine de La Porte, le seigneur d'Estançon, et deux autres cappitaines de gens de pied, le chevalier Blanc et le cappitaine Ymbault. Ainsi ces nouvelles sceues par ledit seigneur, marcha droit à Cassan, où il fist incontinent sur ceste rivière d'Ade dresser deux ponts sur bateaulx, où par l'ung faisoit passer les gens de cheval, et par l'autre les gens de pied ; et luy-mesmes armé de toutes pièces, y faisoit tenir l'ordre. L'armée passée, le lendemain fut prise une petite ville appellée Révolte, et mise à sac ; et deux jours après, en ung villaige nommé Aignadel, au partir d'ung autre appellé Paudin, se rencontrèrent les deux armées des François et Véniciens. Et combien que les cappitaines conte de Pétilano et seigneur Berthelome d'Alvyano eussent exprès commandement de leur seigneurie ne donner point de bataille au Roy, ains seulement temporiser à garder les villes et chasteaux, affin de les myner par fascherie et longueur de temps, icelluy d'Alvyano, plus

---

(1) Pierre de Pont, fils de Marie de Terrail, sœur de Bayard, tué à la bataille de Pavie.

hardy que bien advisé, se voulut adventurer, pensant en luy-mesmes, comme présumptueux, qu'il ne sçauroit jamais avoir plus grant honneur, à perte ou à gaigne, que d'avoir combatu ung roi de France, et voulant essayer sa fortune, s'en vint droit au combat, où il y eut dur assault et mortel encombre; car, à vray dire, en la première pointe se monstrèrent trèsbien les gens de la seigneurie.

Durant ce combat, le seigneur Berthelome va adviser l'arrière-garde des François, dont estoit le bon Chevalier, qui marchoit d'ung désir merveilleux, en passant fossez plains d'eaue jusques au cul, laquelle luy venoit donner sur ung des costez, qui fort esbayrent luy et sa rotte. N'oncques puis ne firent grant effort, ains furent rompuz et du tout deffaictz. Les rouges et blancs demourèrent sur le champ; et ledit d'Alvyano, après avoir esté blessé en plusieurs lieux, fut pris prisonnier du seigneur de Vendenesse, ung droit petit lyon, frère du gentil seigneur de La Palisse.

Le comte Pétilano, voyant ses gens de pied deffaictz, ne voulut plus tempter la fortune, et à toute sa gendarmerie se retira ung petit bientost. Il eut la chasse; mais peu y en demoura; car les gens de pied amusèrent les François, lesquelz, après avoir fait leur devoir, se retirèrent chascun à son enseigne à peu de dommage. De leurs ennemis en demoura quatorze ou quinze mille sur le camp. Le seigneur Berthelome fut mené prisonnier au logis du Roy, lequel, après disner, fist faire un faulx alarme, pour congnoistre si ses gens seroient diligens si ung affaire venoit. On demanda à ce seigneur d'Alvyano que ce povoit estre. Il fist response en son langaige : « Il fault dire que vous voulez » combatre les ungs contre les autres; car de » noz gens, je vous asseure sur ma vie qu'ilz ne » vous visiteront de quinze jours; » et en se mocquant, congnoissant sa nation, disoit ces parolles. Ladicte bataille fut le quatorziesme jour de mai 1509.

◇◇◇

CHAPITRE XXX.

Comment le roy de France Loys XII gaigna toutes les villes et places des Véniciens jusques à Pesquère.

Le roy de France séjourna ung jour ou deux ou camp de la bataille. Ce pendant le chasteau de Cazavas se voulut faire batre d'artillerie; mais en deux heures il fut emporté, et y eut quelques rustres dedans pris, lesquelz essayèrent si leur col pourroit par force emporter ung créneau. Cela espouvanta ceulx qui estoient aux autres places; de sorte qu'oncques puis ne se trouva ville ny aucune forteresse qui voulsist combatre, excepté le chasteau de Pesquère, dont mal en print à ceulx de dedans, car tous y moururent, ou peu en eschappa, qui furent prins prisonniers, entre lesquelz estoit un providadour de la seigneurie et son filz, qui voulurent payer bonne et grosse rançon; mais cela ne leur servit de riens, car chascun à ung arbre furent tous deux penduz, qui me sembla grande cruaulté. Un fort gaillard gentil-homme, qu'on appelloit Le Lorrain, avoit leur foy, et en eut grosses parolles avecques le grant maistre, lieutenant général du Roy; mais il n'en amenda d'autre chose. Le roy de France se logea audit lieu de Pesquère, après avoir en ses mains toutes les villes et places par luy querellées, comme Crémonne, Crème, Bresse, Bergame, et cent autres petites villes, que toutes il eut en cinq ou six jours, excepté le chasteau de Crémonne, qui tint quelque temps, mais enfin se rendit. Et bien fist davantage ledit prince; car, par le moyen de la bataille qu'il gaigna, fut rendu au pape Julles, Ravenne, Fourly, Ymole, Fayence, et plusieurs autres places que lesditz Véniciens tenoient en Rommaigne; et au roy d'Espaigne, en son royaulme de Naples, Brindis et Otrante; et à luy-mesmes furent présentées les clefs des villes de Véronne, Vincence et Padoue, mais il les mist entre les mains de l'Empereur, qui les querelloit. Toutesfois il ne garda guères bien les aucunes, dont mal luy en print, comme vous verrez cy-après.

Sur ces entrefaictes, le reste de l'armée des Véniciens, bien estonnée, se retira vers le Trévizan et le Fryol, cuydans que tousjours on les deust suyvre, ce qui ne se fist pas; qui fust gros malheur pour l'Empereur, lequel de jour en jour s'attendoit par le roy de France, en ceste petite ville de Pesquère; car promis avoit se trouver dedans ung vaisseau, accompagné comme bon luy eust semblé, sur ung lac qui environne partie de ladicte ville de Pesquère, pour parlementer ensemble plus amplement de leurs affaires; et à ceste cause avoit esté envoyé vers luy le légat d'Amboise jusques à Rouvray, mais oncques ne le sceut amener. Parquoy après son retour, et qu'il eut amené l'évesque de Gurse (1), ambassadeur pour ledit Empereur, devers le roy de France, lequel vint tellement quellement excuser son maistre, s'en retourna

---

(1) Raymond Bérault, cardinal, évêque de Gurtz, aujourd'hui Goritz.

par ses journées à Milan au commencement de juillet. Ce pendant la ville de Padoue, en laquelle l'Empereur avoit seullement envoyé huyt cens lansquenetz pour la garde, laquelle a six milles de tour, fut reprise par les gens de la seigneurie de Venise; et y entra messire André Grit, avecques ung autre cappitaine appellé messire Luce Mallenèche, par une subtilité telle que je vous diray. Tousjours avoient les Véniciens quelque intelligence en la ville; et fault bien noter une chose, qu'oncques seigneurs ne furent sur la terre plus aymez de leurs subjectz qu'ils ont toujours esté, et seullement pour la grande justice en quoy ilz les maintiennent.

Or entendez, sur le commencement de juillet, qui est le temps que pour la seconde fois on fauche les foings en Ytalie, ung mardy matin s'estoient venuz embuscher à ung geet d'arc de ladicte ville (qui est à l'entour plaine d'arbres, tellement qu'on ne sçauroit veoir guères loing), lesditz cappitaines, messire André Grit et messire Luce Mallenèche, avecques quatre cens hommes-d'armes et deux mille hommes-depied. Or, en ceste ville de Padoue, chascun jour se recueilloit ordinairement force foings, et en ce quartier-là font les charrettées grandes, de sorte que, au passer en une porte, elles y entrent quasi à force. Le jour de leur embusche, dès le point du jour ces charrettes commencoient à entrer dedans ladicte ville; quant quatre eurent passé, après la cinquiesme venoient six hommes-d'armes véniciens, et derrière chascun de leurs chevaulx ung homme de pied, garny de hacquebute toute chargée; et parmy eulx avoient une trompette pour sonner incontinent qu'ilz auroient gaigné la porte, affin que la grosse force qui estoit en embusche vînt. Si peu de lansquenetz qui estoient dedans la ville faisoient fort bon guet, et ne tenoient que deux portes ouvertes, où pour le moins y avoit tousjours à chascune trente hommes de garde.

Il y avoit ung gentil-homme de la ville, nommé messire Géralde Magurin, qui estoit adverty par la seigneurie de ceste entreprise, et avoit en charge que quant il verroit l'affaire commencé se devoit mettre en armes, et tous ceulx qui tenoient leur party. Ceste cinquiesme charrette vint à passer, laquelle entrée, ces six hommes-d'armes qui suyvoient commencèrent à crier *Marco, Marco!* Leurs gens de pied se gectèrent à terre, et deschargèrent leurs hacquebutes, de sorte que chascun tua son homme, car ilz tiroient en bute. Les povres lansquenetz, qui se virent surpris, furent bien estonnez: toutesfois ilz se misrent en deffence, et sonnèrent l'alarme. Cela leur valut peu, car incontinent que la trompette eut esté entendue, la grosse flote va venir, faisant ung bruyt merveilleux, en criant *Marco, Marco! Ytalie, Ytalie!* D'une autre part ce gentil-homme, messire Géraldo Magurin, avoit fait son effort en la ville, dont des maisons sortirent plus de deux mil hommes armés avecques rençons et javelines, de façon que les lansquenetz ne sceurent que faire, sinon qu'ils se serrèrent et tous ensemble se vont gecter dans la place, où ilz se mirent en bataille. Ne demoura guères qu'ilz ne feussent assaillis en deux ou trois lieux; mais oncques gens ne se deffendirent mieulx, car ilz furent plus de deux heures devant qu'on les sceust rompre.

Enfin il vint tant de gens qu'ilz ne peurent plus soustenir le fès. Ilz furent ouvers, rompuz, et tous mis en pièces, sans que jamais en feust pris ung à mercy, qui fut grosse pitié: mais ilz vendirent bien leur vie, car d'entre eulx ne peut mourir que ce qui y estoit, mais ilz tuèrent plus de quinze cens hommes, tant de la ville que des gens de guerre. Toutesfois la ville de Padoue fut prise, en laquelle bientost après survint le conte Pétilano, qui mist grosse diligence pour la faire ramparer et fortifier, bien considérant qu'elle feroit bon besoing à la seigneurie. Ces nouvelles vindrent aux oreilles de l'Empereur, qui cuyda désespérer, et fist veu à Dieu qu'il s'en vengeroit, et que luymesme yroit en personne ; ce qu'il fist. Il escripvit unes lettres au roy de France, qui estoit encores à Milan, que son plaisir feust luy ayder de cinq cens hommes-d'armes pour trois moys, à ce qu'il peust mettre les Véniciens à la raison. Ce qui luy fut accordé, et s'en ensuyvit ce que vous orrez.

<><>

CHAPITRE XXXI.

Comment le roy de France envoya le seigneur de La Palisse au secours de l'Empereur, avecques cinq cens hommes-d'armes et plusieurs cappitaines, desquelz estoit le bon Chevalier sans paour et sans reprouche.

Quant le roy de France entendit que Padoue estoit révoltée, fut bien marry, et encores plus de ce que c'estoit par la faulte de l'Empereur, qui pour garder une telle ville avoit seulement envoyé huyt cens lansquenetz. Toutesfois, à la requeste dudit Empereur, commanda au seigneur de La Palisse qu'il prinst cinq cens des plus gaillards hommes-d'armes qui feussent en Ytalie, et qu'il s'en allast au service de l'Empereur, qui descendoit au Padouan. Ledit seigneur, qui ne demandoit que telles commissions, car c'estoit toute sa vie que la guerre, délibéra faire son préparatif; et, ainsi qu'il sortoit du chasteau de Milan, trouva le bon Chevalier, auquel il dit : « Mon compaignon, mon » amy, voulez-vous pas que nous soyons de » compaignie? » Si luy déclara l'affaire plus au long. Il, qui ne demandoit pas mieulx, mesmement d'estre en sa compaignie, gracieusement luy respondit qu'il estoit à luy pour en disposer à son plaisir.

De ceste même entreprise furent le baron de Béarn, qui mena une partie de la compaignie du duc de Nemours; le baron de Conty (1), qui avoit cent hommes-d'armes; le seigneur Théode de Trévolz, le seigneur Julles de Sainct-Severin, le seigneur d'Ymbercourt, le cappitaine La Clayète, le seigneur de La Crote, lieutenant du marquis de Montferrat, et le bon Chevalier. Avecques lesquelz cinq cens hommes-d'armes se mirent en compaignie plus de deux cens gentilz-hommes, et entre autres le filz aisné du seigneur de Bucy, cousin germain du grand-maistre seigneur de Chaumont, qui lui bailla vingt de ses hommes-d'armes et deux gaillars gentilz-hommes, l'ung appellé le seigneur de Bonnet, breton, très-renommé chevalier, et l'autre le seigneur de My Pont, du duché de Bourgongne; lesquelz le bon Chevalier tenoit avecques luy comme ses frères, et fort les honnoroit, pour la grande prouesse qu'il sçavoit en eulx. Le cas du gentil seigneur de La Palisse prest, commencea à marcher avecques ses compaignons, et se tira droit à Pesquère. Ce pendant le roy de France print son chemin à son retour en son royaulme, laissant sa duché et ce qu'il avoit conquis sur ses ennemys paisible. Il fault sçavoir que incontinent que les Véniciens eurent repris Padoue, s'en allèrent courir jusques devant Vincence, qui incontinent se retourna : aussi n'est-elle pas ville pour tenir contre puissance. Ilz en voulurent autant faire de Véronne; mais le bon seigneur de La Palisse, qui en avoit esté adverty, deslogea avecques ses compaignons, deux heures devant le jour, d'ung lieu appellé Villefranche, et se vint présenter devant la ville, qui leur donna craincte, et par ce moyen s'en retournèrent lesditz Véniciens vers Vincence. Mais s'ilz eussent peu gaigner Véronne, le secours du seigneur de La Palisse s'en povoit bien retourner, car la ville est forte, et passe par dedans une rivière fort impétueuse, tellement que sans autre effort que de gendarmerie n'eust pas esté rendue si tost.

Bien en print au seigneur de La Palisse de sa bonne diligence, mesmement de celle du bon Chevalier, qui tousjours menoit les coureurs. Il n'avoit alors que trente hommes-d'armes soubz luy; mais il en y avoit vingt et cinq qui méritoient d'estre cappitaines de cent. Toute ceste troppe de gendarmerie entra dedans Véronne, où l'évesque de Trente, qui y estoit pour l'Empereur, les receut à grant joie, car il avoit eu belle peur. Ilz furent seulement deux jours dedans la ville, fort bien festoyez des habitans; et puis tirèrent vers Vicence, où incontinent que ceulx que la seigneurie y avoit mis le sceurent deslogèrent, et se retirèrent les ungs à Padoue et les autres à Trévize. Dedans Vincence fut le seigneur de La Palisse et ses compaignons cinq ou six jours, attendans quelques nouvelles de l'Empereur, lequel on disoit estre desjà aux champs.

Quant ilz virent qu'il n'approchoit point, partirent de Vincence, et allèrent en ung gros village appellé Castel-Franc, où ilz séjournèrent quinze jours. Cela estoit à dix mille de Padoue. Ce pendant arriva au camp des François le seigneur Du Ru avec quelques hommes-d'armes bourgongnons, et environ six mille lansquenetz que conduysoit ung seigneur d'Almaigne, gentil prince et hardy, entreprenant à merveilles, comme il a monstré tant qu'il a vescu. On l'appelloit le prince de Hanno. Au commencement d'aoust arriva l'Empereur au pied de la montaigne, au dessoubz d'un chasteau appellé Bassan, et tout son équipage après luy; lequel, combien qu'il n'y eust pas grande montaigne à passer, demoura huyt jours entiers avant qu'il feust en la plaine. L'Empereur veit le seigneur de La Palisse et les cappitaines françois, ausquelz il fist très-bonne chère. Ceste veue première fust auprès d'une petite ville appellée Aest, dont les ducz de Ferrare portent le surnom. Pour lors y avoit ensemble une des belles armées qu'on eust veue cent ans auparavant.

◇◇◇

---

(1) Frédéric de Mailly. Il laissa une fille unique, Madelaine de Mailly, dame de Conti, qui épousa Charles de Roye, comte de Roussy, et ne laissa pareillement qu'une fille, Éléonore, dame de Conti, mariée à Charles de Bourbon, duc de Vendôme, dont elle eut Louis Ier. prince de Condé, cousin-germain de Henri IV. (*Note de Guyard de Berville.*)

CHAPITRE XXXII.

Comment l'empereur Maximilian alla mettre le siége devant Padoue, et ce qu'il advint durant icelluy.

L'empereur se fist longuement attendre, dont il ennuyoit aux François; mais vous devez aussi entendre qu'il arriva en la plaine en empereur; et si sa puissance eust bien voulu faire son debvoir, c'estoit assez pour conquester ung monde. Parquoy est bien requis que son équipage soit inscript, qui tel estoit : il avoit cent six pièces d'artillerie sur roue, dont la moindre estoit ung faulcon, et six grosses bombardes de fonte, qui ne se povoient tirer sur affust, mais estoient portées chascune sur une puissante charrette, chargées avecques engins; et quant on vouloit faire quelque baterie, on les descendoit; et quant elles estoient à terre, par le devant avecques ung engin, on levoit ung peu la bouche de la pièce, soubz laquelle on mettoit une grosse pièce de boys, et derrière faisoit-on ung merveilleux taudis, de peur qu'elle ne reculast. Ces pièces portoient bouletz de pierre, car de fonte on ne les eust sceu lever, et ne povoient tirer que quatre fois le jour au plus. Il avoit en sa compaignie, que ducz, contes, marquis, et autres princes et seigneurs d'Almaigne, bien six vingtz, et environ douze mille chevaulx, cinq ou six cens hommes-d'armes bourguignons et hennuyers.

De gens de pied lansquenetz, ilz estoient sans nombre; mais par estimation on les prenoit à plus de cinquante mille. Le cardinal de Ferrare vint pour son frère au secours dudit Empereur, qui amena douze pièces d'artillerie, cinq cens chevaulx, et trois mille hommes de pied, et autant ou peu moins en amena le cardinal de Manthoue. Bref, avecques les hommes d'armes françois, on tenoit au camp à avoir cent mille combatans. Ung grant deffault estoit quant à l'artillerie, car il n'y avoit équipage que pour la moytié; et quant on marchoit, estoit force que partie de l'armée demourast pour la garder, jusques à ce que la première bende feust deschargée au camp où on vouloit séjourner, et puis le charroy retournoit quérir l'autre, qui estoit grosse fascherie. Ledit Empereur se levoit fort matin, et incontinent faisoit marcher son armée, et ne se logeoit voulentiers qui ne feust deux ou trois heures après midy; qui n'estoit pas, veu la saison, pour refreschir les gens-d'armes soubz leur armet.

Le premier camp qu'il fist fut près du palais de la royne de Chippre, distant de Padoue huyt milles, où arriva le seigneur de Meillault, ung jeune gentil-homme de France, hardy et entreprenant cappitaine, filz d'ung vertueux et sage chevalier, le seigneur d'Alègre, avecques bien mille ou douze cens avanturiers françois, tous gens d'eslite et d'escarmouche. En ce camp mesmes fut concluld d'aller mettre le siége devant la ville de Padoue, et pour ceste cause fut assemblé le conseil, où il y eut de diverses oppinions; car l'Empereur avoit ung lieutenant-général de nation grecque, qu'on appelloit le seigneur Constantin, qui vouloit faire toutes choses à sa teste, dont enfin très-mal en print à son maistre, comme vous orrez. Il fut ung peu soupsçonné de trahison, et l'en voulut le seigneur de La Palisse combatre; mais il ne fut possible le faire venir au point. Or laissons ce propos jusques à ce qu'il sera besoing d'en parler. Conclusion fut prise à ce conseil d'aller mettre le siége audit Padoue, et que pour les approuches les gens-d'armes françois feroient la pointe avecques le prince de Hanno et ses lansquenetz, qui estoit la plus triumphante bende de tous les Almans; mais que premier il estoit très-nécessaire prendre une petite ville appellée Montselles, où il y avoit ung chasteau très-fort, à six ou sept milles de Padoue, parce que la garnison qui estoit dedans pour la seigneurie eust peu merveilleusement fascher le camp et les vivres qui y venoient.

Le lendemain matin se partit l'armée, et vint loger à demy-mille de ceste petite ville, qui ne tint point, car guères ne valloit; mais le chasteau estoit deffensable pour ung long temps, si les coquins qui estoient dedans eussent valu : mais le cueur leur faillit incontinent; car les approuches faictes, et que l'artillerie eut fait bien peu de berche et malaisée, fut sonné l'alarme pour aller à l'assault. Il falloit bien monter ung grant gect d'arc; mais ces aventuriers françois du cappitaine Meillault y furent soubdainement, et sembloit qu'ilz n'eussent mangé de huyt jours, tant légiers estoient. Ceulx de dedans firent quelque résistance; mais guères ne continuèrent, car en moins d'ung quart d'heure ilz furent emportez, et tous mis en pièces. Ces aventuriers y firent assez bon butin, et entre autres choses y avoit sept ou huyt vingtz fort beaulx chevaulx. La ville et chasteau furent renduz ès mains du duc de Ferrare, qui les querelloit; mais il presta trente mille ducatz. Deux jours après ceste prinse de Montselles, deslogea l'armée, qui s'en alla droit devant Padoue, où fut assis le siége.

CHAPITRE XXXIII.

Comment l'empereur Maximilian planta son siége devant Padoue; et des gaillardes approuches faictes par les gentilz-hommes françois; et d'une grande hardiesse que monstra le bon Chevalier sans paour et sans reprouche.

Après la prinse de la ville et chasteau de Montselles, et icelluy baillé entre les mains du cardinal de Ferrare, qui là estoit pour son frère, y mist bonne garnison. Le duc de Ferrare estoit d'ung autre costé, faisant la guerre aux Véniciens; et en la mesme année leur donna une rotte sur le Pau, qui ne leur porta guères moins de dommage que le jour qu'ilz perdirent la bataille contre le roy de France; car ainsi que lesditz Véniciens estoient délibérez luy destruire ung quartier de pays sur le Ferraroys, appellé le Polesme de Rovigo, misrent sur le Pau quatorze ou quinze gallères et trois ou quatre mille hommes dedans; et vindrent, partans de Quyoze, jusques à Francolin. Mais le duc de Ferrare avoit fait faire deux bastillons, l'ung à l'endroit de la tour de Loiselin, et l'autre Alpopos, qui sont l'ung devant l'autre; et avoit trois ou quatre mille bons hommes dedans, et quatre bonnes gallères sur le Pau bien armées et équippées. Il sceut que ses ennemys estoient descenduz en terre, où la pluspart il les alla trouver, et les deffist, sans que nul en eschappast.

Depuis avecques ses gallères et autres grosses barques, alla combattre les gallères, qui quasi estoyent toutes desnuées de gens; desquelles deux furent effondrées, et six prises avecques tout l'esquipage et artillerie qui estoit dessus, dont il y avoit trente bonnes pièces de fonte, sans les hacquebuttes. Ce fut une triumphante victoire, et à peu de perte, sinon que le conte Ludovic de La Virandolle y fut tué d'un coup d'artillerie. Les Véniciens y portèrent gros et merveilleux dommage.

Or retournons au camp de l'Empereur. L'armée deslogea de devant Montselles, et tout d'une traicte s'en vint à ung mille de Padoue, qui est une fort grosse cité, et fière à l'aborder. Dedans estoit le conte Pétilano, acompaigné de mille hommes-d'armes, douze mille hommes-de-pied, et bien deux cens pièces d'artillerie. Et quelque siége qu'il y eust, jamais ne leur peut estre osté la voye d'ung canal qui va à Venize, lequel passe par la ville, et y a seullement dix-huit milles de l'une à l'autre. Quant l'armée eut ainsi approché la ville, l'Empereur assembla tous ses cappitaines, mesmement les François, à qui il portoit gros honneur, pour entendre à quelle porte seroit planté le siége. Chacun en dist son advis; mais pour conclusion fut ordonné que le gros camp, ouquel seroit la personne de l'Empereur, se logeroit à la porte qui va à Vincence, et auroit les François avecques luy; à une autre porte plus hault seroit le cardinal de Ferrare, les Bourguignons et Hennuyers, avecques dix mille lansquenetz; et à une au dessoubz seroit le cardinal de Manthoue, le seigneur Jehan de Manthoue son frère (1), et la troppe des lansquenetz du prince de Hanno, affin que chascune desdictes deux bendes feust secourue du gros camp, si besoing estoit. Cela fut trouvé très-bon, et n'y eut plus que du marcher.

Le bon Chevalier sans paour et sans reprouche fut ordonné pour les approches, lequel eut en sa compaignie le jeune seigneur de Bucy et les cappitaines La Clayète et La Crote. Or, pour venir devant ceste porte de Vincence, falloit entrer en ung grant chemin droit comme une ligne, où ilz avoient fait quatre grosses barrières à deux cens pas l'une de l'autre, et à chascune avoit à qui combattre. Des deux costez de ce chemin, comme sçavent ceulx qui ont esté en Ytalie, y avoit fossez, parquoy on ne les povoit prendre que par le devant. Sur les murailles de la ville avoient force artillerie, où ilz batoient sur ce grant chemin, par dessus leurs gens, à la venue des François, si menu et souvent qu'il sembloit gresle. Nonobstant cela, le bon Chevalier et ses compaignons commencèrent à escarmoucher; et vivement vindrent à la première barrière, à laquelle eut fort assault, et y plouvoient les coups de hacquebute: toutesfois elle fut gaignée, et les ennemys repoulsez jusques à la seconde. Si la première fut bien combatue, encores ceste le fut mieulx. Et y fut blessé, d'ung coup de hacquebute au bras, le jeune seigneur de Bucy, et son cheval tué soubz luy; mais nonobstant cela ne fut possible le faire retirer, et croyez que pour ce jour oncques homme ne fist mieulx que luy.

Le cappitaine Meillault arriva à ceste seconde barrière avecques cent ou six vingtz de ses rustres qu'il avoit esleuz, lesquelz firent raige. Or il fault entendre que ces approches se faisoient environ midy, parquoy faisoit assez cler pour veoir les mieulx combatans. Une bonne demye-heure dura l'assault à ceste seconde barrière, qui enfin fut gaignée; et si vivement furent suyviz ceulx qui la gardoient, qu'ilz n'eurent loisir demourer à la troisième, ains leur convint

(1) Ils étaient fils de Frédéric, marquis de Mantoue.

sans combat l'abandonner, et eulx rendre à la quatriesme, où il y avoit mille ou douze cens hommes, et trois ou quatre faulconneaux qui commencèrent à tirer le long de ce grant chemin ; mais peu de mal firent, sinon qu'ilz tuèrent deux chevaulx. Ceste barrière n'estoit que à ung gect de pierre du boulevart de la ville, qui donnoit grant courage aux gens de la seigneurie de bien combatre ; ce qu'ilz firent (car l'assault y dura une heure) à coups de picque et de hacquebute.

Quant le bon Chevalier veit que cela duroit tant, il dist à ses compaignons : « Messeigneurs, » ces gens icy nous amusent trop ; descendons » à pied, et poussons à ceste barrière. » Si descendirent incontinent jusques à trente ou quarante hommes-d'armes qui, la veue levée, vont droit à ceste barrière à poux de lance. Ce gentil prince de Hanno estoit tousjours joignant du bon Chevalier ; et le seigneur de Meillault avecques deux autres, l'ung nommé Grant Jehan Le Picart, et l'autre le cappitaine Maulevrier, qui faisoient raige : mais tousjours aux Véniciens venoient gens fraiz. Quoy voyant par le bon Chevalier, dist tout hault : « Messeigneurs, » ilz nous tiendront tousjours d'icy à six ans en » ceste sorte sans riens faire, car ilz se resfres- » chissent de gens à toute heure. Donnons-leur » ung aspre assault, et puis que chascun face » comme moy. » Ce qui lui fut accordé. Sur cela il dist : *Sonne, trompette !* Et puis, comme ung lyon à qui on a osté ses faons, va avecques ses compaignons livrer ung merveilleux assault, tellement qu'il fist aux ennemys habandonner la barrière de la longueur d'une picque. Alors, en cryant : *Avant, compaignons, ilz sont nostres !* va saulter icelle barrière, et trente ou quarante après luy, qui furent fort bien recueilliz. Toutesfois, quant les François virent le dangier où s'estoient mis leurs compaignons, chascun se mist à passer, et cryant *France, France ! Empire, Empire !* firent une telle charge sur leurs ennemys, qu'ilz leur firent guerpir la place, tournèrent le dos, et tout habandonnèrent, eulx retirans, comme quasi rompuz, en la ville.

Ainsi furent gaignées les barrières de devant Padoue en plain mydy, où les François acquirent gros honneur, tant ceulx de cheval que de pied, mesmement le bon Chevalier, à qui chascun en donnoit la gloire. Si furent faictes les approuches, et l'artillerie amenée sur le bort du fossé, qui y demoura six sepmaines sans partir, et jusques au siége lever, qui fut tel que vous entendrez.

◇◇◇

CHAPITRE XXXIV.

De la grosse et lourde baterie qui fut devant Padoue ; et de la grande berche qui y fut faicte.

Les approuches faictes devant Padoue et l'artillerie assise, chascun se logea en son quartier en trois camps, selon l'ordonnance cy-devant dicte. Et fault entendre qu'il y avoit tant de peuple, que ledit camp tenoit de tous costez plus de quatre mille de pays. Et fut une merveilleuse chose que durant le siége, qui fut de deux moys ou environ, les fourrageurs n'allèrent jamais plus loing que de six milles du camp, pour avoir force foings, bledz, avoynes, chairs, poullailles, vins et autres choses nécessaires, tant pour les hommes que pour les chevaulx ; et si grande habondance y en avoit, que quant on leva le siége, fut bruslé pour cent mil ducatz de vivres dont on avoit fait provision, cuydant que plus longuement durast le siége. C'est ung incident ; venons à la matière.

Le lendemain des approuches, commencèrent les canonniers à faire leur devoir. Et sans cesser dura huyt jours la baterie, qui fut la plus impétueuse et terrible que cent ans auparavant avoit esté veue ; car il y fut tiré des trois camps plus de vingt mille coups d'artillerie. Si l'Empereur ou ses gens servoient bien d'artillerie ceulx de la ville, croyez que de leur part rendoient bien la pareille, et beaucoup mieulx : car pour ung bien qu'on leur faisoit, en rendoient deux. Brief, ladicte ville fut si bien batue, que de toutes les trois berches ne s'en fist que une. Durant ce temps fut pris ung des canonniers de l'Empereur, qu'on trouva, en lieu de tirer en la ville, qu'il tiroit contre ses gens ; et disoit-l'on que le seigneur Constantin le luy faisoit faire, et qui pis estoit, chascun jour advertissoit le conte Pétilano de ce qu'il avoit à faire. Je ne sçay s'il estoit vray, mais le canonnier fut mis sur ung mortier, et envoyé par pièces en la ville : il en fut dit assez d'injures audit seigneur Constantin, mais on ne povoit prouver le faict sur luy. Le seigneur de La Palisse l'appella lasche et meschant, et qu'il l'en combatroit ; mais il ne respondit riens à propos ; et en fist sur l'heure l'Empereur, qui en estoit coyffé l'appointement.

Or ces trois berches mises en une estoient seullement de quatre à cinq cens pas, qui estoit assez beau passage pour donner l'assault ; car quant aux fossez, ce n'estoit pas grant chose. Mais le conte Pétilano avoit si bien acoustré la ville par dedans, que s'il y eust eu cinq cens mille hommes devant, ils n'y feussent pas entrez si ceulx de dedans eussent voulu; et vous déclaireray comment. Derrière la berche, pour entrer en la ville, avoit iceliuy conte Pétilano fait faire une trenchée ou fossé à fons de cuve, de la haulteur de vingt piedz, et quasi autant de largeur : en icelle avoit fait mettre force fagotz et vieil boys, bien enrosez de pouldre à canon; et, de cent pas en cent pas, y avoit boulevart de terre garny d'artillerie, qui tiroient le long de ceste trenchée. Après icelle passée, s'il eust esté possible (comme non sans la grâce de Dieu), toute l'armée des Véniciens estant en ladicte ville, se trouvoit en bataille à cheval et à pied; car il y avoit belle esplanade jusques à mettre vingt mille hommes de pied et de cheval en ordre : et derrière estoient platesformes où on avoit monté vingt ou trente pièces d'artillerie, qui par dessus leur armée eussent tiré, sans leur mal faire, droit à la berche.

De ce terrible dangier furent les François advertiz par aucuns prisonniers qui, aux escarmouches, quelquesfois estoient pris, et par leur rançon payée renduz, ausquelz montroit le conte toutes ces choses, affin qu'ilz le remontrassent au seigneur de La Palisse et aux cappitaines françois; et disoit encore ces parolles à leur départie : « J'espère, mes amys, » avecques l'ayde de Dieu, que le roy de » France et la seigneurie retourneront en ami» tié quelque jour; et, n'estoit les François qui » sont avecques l'Empereur, croyez que, de» vant qu'il fust vingt et quatre heures, je sor» tiroye hors de ceste ville, et si en ferois lever » le siége honteusement. » Je ne sçay comment il eust fait cela, au nombre de gens qu'il avoit devant luy. Bien furent rapportez ces propos aux seigneurs cappitaines de France; mais ilz n'y pensoient autrement, pource que par leur maistre estoient au service de l'Empereur, pour faire ce qu'il ordonneroit. Vous avez ouy cy-dessus la belle berche qui estoit à la ville, qui trop grande estoit : et feust-ce pour aller mille hommes de fronc deux fois, dont l'Empereur fut deuement acertené. Si ce délibéra y donner l'assault, comme vous orrez cy-après; mais premier vous parleray d'une course que fist le bon Chevalier avecques ses compaignons.

CHAPITRE XXXV.

Comment le bon Chevalier sans paour et sans reprouche, durant le siége de Padoue, fist une course avecques ses compaignons, où il acquist gros honneur.

Durant le siége de Padoue, souvent venoient alarmes au camp de l'Empereur, tant des saillies que faisoient ceulx de la ville, que de leurs gens qui estoient en garnison dedans Trévize, bonne et forte ville qui est à vingt ou vingt et cinq milles dudit Padoue. En icelle, entre autres cappitaines, estoit messire Luces Mallevèche, homme de guerre et entreprenant s'il en y avoit point au monde. Deux ou trois fois la sepmaine resveilloit sans trompette le camp de l'Empereur; et s'il voyoit qu'il y fist bon, ne s'espargnoit pas parmy ses ennemys; et par le contraire s'il n'y faisoit bon, fort sagement se retiroit, et ne perdit jamais ung homme.

Tant continua ce train, qu'il fist parler de luy à merveilles. Ceste manière de faire fascha fort au bon Chevalier; et sans grant bruit, par des espies à qui il donnoit tant d'argent que pour mourir ne l'eussent trompé, entendit beaucoup des allées et des venues dudit Mallevèche; de sorte qu'il délibéra l'aller trouver aux champs. Si vint à deux de ses compaignons, et qui estoient logez avecques luy, dont l'ung estoit le cappitaine La Clayète, et l'autre le seigneur de La Crote, tous deux gaillars et triumphans cappitaines, ausquelz il dist : « Messeigneurs, ce cappitaine Mallevèche nous » donne bien de la fascherie; il n'est guères » jour qu'il ne nous viengne resveiller, et ne se » parle sinon de luy : je n'ay pas envye de son » bien faire, mais je suis marry qu'il ne nous » congnoist autrement. J'ay beaucoup entendu » de son affaire. Voulez-vous venir à la guerre? » et vous verrez quelque chose : j'espère que » nous le trouverrons demain au matin, car » deux jours a qu'il ne nous donna alarme. » Ses compaignons respondirent : « Nous yrons » où vous vouldrez. »

« Or faites doncques, dist le bon Chevalier, » à deux heures après mynuyt, armer chascun » trente hommes-d'armes, des plus gentilz ga» lans que vous ayez; et je meneray ma com» paignie et les bons compaignons qui sont » avecques moy, comme Bonnet, Mypont, Cos» sey, Brezon et autres, que congnoissez comme » moy; et, sans sonner trompette ne faire » bruyt, monterons à cheval; et vous suffise » que j'ay fort bonne guyde. » Comme il fut dit, ainsi mis à exécution : et entre deux et trois, ou moys de septembre, montèrent à cheval, leur guyde devant, qui estoit très-bien gardé de quatre archiers; et luy avoit-on promis bon payement s'il faisoit bien son debvoir;

mais aussi où il yroit de tromperie, il luy alloit de la vie. Et cela avoit ordonné le bon Chevalier, parce que souvent espies sont doubles et font tourner la perte où il leur plaist ; mais il fist bien son debvoir, car de nuyt les mena bien dix milles de pays, et tellement que la pointe du jour va apparoistre. Si vont adviser ung grant palais, où il y avoit une longue closture de muraille. Lors l'espie commencea à dire au bon Chevalier : « Monseigneur, si le cappitaine » messire Luces Mallevèche sort aujourd'hui de » Trévize pour aller visiter vostre camp, il » fault de nécessité qu'il passe icy devant : si » bon vous semble de vous cacher en ce logis, » ouquel n'est demouré personne, au moyen de » la guerre, vous le verrez passer, et il ne vous » pourra veoir. » Cela fut trouvé bon par tous les cappitaines ; et se misrent dedans, où ilz furent bien deux heures ou environ qu'ilz ouyrent gros bruyt de chevaulx.

Le bon Chevalier avoit fait monter ung vieil archer de sa compaignie, appelé Monart, autant expérimenté en guerre que homme vivant, dedans ung colombier, affin de veoir quelz gens passeroient et quel nombre. Si veit venir d'assez loing messire Luces Mallevèche, en nombre, selon son jugement, de cent hommes-d'armes l'armet en teste, et bien deux cens Albanoys que conduysoit ung cappitaine nommé Scandrebec, tous bien montez, et à leur contenance gens d'effect. Ilz passèrent à ung gect de boulle du logis où estoient embuschez les François. Quant ilz furent oultre, Monart descendit tout joyeulx et fist son rapport. Qui fut bien aise eut nom chascun. Si dist le bon Chevalier qu'on ressenglast les chevaulx. Or n'y avoit-il page ne varlet en la bende, car ainsi l'avoit-il ordonné. Et dist à ses compaignons : « Messei- » gneurs, il y a dix ans qu'il ne nous vint si » belle adventure : si nous sommes gentilz ga- » lans, ilz sont deux fois plus que nous, mais » ce n'est riens ; allons près. — Allons, allons, » dirent les autres. »

Ainsi eulx remontez à cheval, la porte fut ouverte. Si allèrent le beau trot après leurs gens. Ilz n'eurent pas cheminé ung mille, qu'ils les vont appercevoir sur ung beau grant chemin. Alors, le bon Chevalier dist à la trompette : « Sonne, sonne, trompette ; » qui le fist incontinent. Les cappitaines véniciens, qui n'eussent jamais pensé qu'il y eust eu gens derrière eulx, estimoient que ce feussent encores des leurs qui voulsissent courir. Toutesfois ilz, sans tirer plus avant, s'arrestèrent, et si longuement qu'ilz apperceurent au vray que c'estoyent ennemys. Ilz furent ung peu estonnez, pour se trouver enclos entre le camp de l'Empereur et ceulx qu'ilz voyoient ; et falloit passer par là ou par la fenestre. Cela les confortoit qu'ilz ne voyoient pas grant nombre de gens. Si fist, comme asseuré, le cappitaine messire Luces Mallevèche, à tous ses gens, commandement de bien faire, leur remonstrant que force estoit d'estre deffaictz ou deffaire les autres. Aux deux costez du chemin estoient grans fossez : ung homme-d'armes, sans estre trop bien monté, ne se feust osé adventurer de le saillir, de peur d'y demourer. Ainsi, en quelque sorte que ce feust, force estoit de combatre.

Si commencèrent trompettes à sonner de tous les deux costez ; et environ la portée d'un geet d'arc, se prindrent à courir les ungs sur les autres, en criant par les ungs : *Empire, empire ! France, France !* et les autres, *Marco, Marco !* C'estoit ung droit plaisir de les ouyr. En ceste première charge y en eut beaucoup de portez par terre ; mesmement Bonnet donna ung coup de lance dont il perçea ung homme-d'armes tout oultre. Chascun se mist en debvoir. Les Albanoys s'escartèrent du grant chemin, et habandonnèrent leur gendarmerie, pour cuyder prendre les François par le derrière ; dont bien s'apperceut le bon Chevalier, qui dist au cappitaine La Crote : « Compaignon, gardez le der- » rière, que ne soyons enclos ; cecy est nostre. » Ainsi fut fait. Et quant lesditz Albanoys cuidèrent approucher, furent receuz et bien frotez, tant qu'il en demoura une douzaine par terre, et les autres à gaigner pays à belle fuyte. Guères ne les suivit le gentil cappitaine La Crote, ains retourna au gros affaire ; mais à son arrivée trouva les Véniciens en rotte, et entendoit desjà chascun à prendre son prisonnier. Messire Luces Mallevèche, qui estoit monté à l'avantage, saillit hors du grant chemin, et vingt ou trente des mieulx montez, qui se misrent à la fuyte vers Trévize. Ilz furent suyvis quelque peu ; mais on eust perdu sa peine, car trop bien alloient leurs chevaulx, avec ce que les fuyans y avoient bon vouloir. Si se retirèrent ceulx de la chasse, et se misrent au retour avecques leurs prisonniers, desquelz y avoit plus qu'ilz n'estoient de gens ; car sans nulle faulte en fut bien prins huyt ou neuf vingtz, ausquelz ilz ostèrent leurs espées et masses, et les mirent au meilieu d'eulx.

Et ainsi arrivèrent en leur camp, où ilz trouvèrent l'Empereur qui se pourmenoit à l'entour : lequel, quant il veit ceste grosse poussière, envoya sçavoir que c'estoit par ung gentil-homme françois de sa maison, qu'on appelloit Loys Du Peschin, qui incontinent retourna et dist : « Sire,

» c'est le bon chevalier Bayart et les cappitaines
» La Clayète et La Crote, qui ont faicte la plus
» belle rencontre qui cent ans a fut faicte ; car
» ilz avoient plus de prisonniers qui ne sont
» de gens, et ont gaigné deux enseignes. »
L'Empereur fut aise au possible. Si s'approcha
des François, ausquelz il donna le bon-soir ;
et les François le saluèrent, ainsi que à si hault
prince appartenoit. Si loua chascun cappitaine
en son endroit merveilleusement, puis dist au
bon Chevalier : « Seigneur de Bayart, mon
» frère vostre maistre est bien eureux d'avoir
» ung tel serviteur que vous ; je vouldroys avoir
» donné cent mille florins de rente, et en avoir
» une douzaine de vostre sorte. » Le bon Chevalier respondit : « Sire, vous dictes ce qu'il vous
» plaist, et du loz que me donnez très-humble-
» ment vous remercie. D'une chose vous vueil
» bien adviser, que tant que mon maistre sera
» vostre alyé, ne trouverrez point de meilleur
» serviteur que moy. »
L'Empereur le remercia ; et sur ce luy et ses
compaignons prindrent congé et s'en tirèrent
à leur logis. Jamais tel bruyt ne fut démené en
camp comme il fut de ceste belle entreprinse,
dont le bon Chevalier emporta la pluspart de
l'honneur, combien qu'entre toutes gens en
donnoit le loz entièrement à ses deux compaignons ; car de plus doulx ne courtois chevalier
n'eust-on sceu trouver en tout le monde. Je
feray fin à ce propos, et vous diray d'une autre
course que fist le bon Chevalier tout seul.

<><>

CHAPITRE XXXVI.

D'une autre course que fist le bon Chevalier sans paour et sans reprouche, où il fut pris soixante Albanoys et trente arbalestriers.

Trois ou quatre jours après ceste course qu'a-
voient faicte ensemble les cappitaines La Crote,
La Clayète et bon Chevalier, il fut adverty par
ung de ses espies que, dedans ung chasteau appellé Bassan, s'estoit retiré le cappitaine Scandrebec et ses Albanoys, avecques quelques autres gens de cheval arbalestriers, soubz la conduicte du cappitaine Rynaldo Contarin, gentil-
homme padouan ; et que chascun jour ilz faisoient courses sur ceulx qui venoient au camp,
et sur les lansquenetz qui retournoient en Almaigne pour saulver le bestail qu'ilz avoient
gaigné sur les ennemys, tellement que depuis
deux ou trois jours en avoient deffaict plus de
deux cens, et recouvert plus de quatre ou cinq
cens beufz et vaches, qu'ilz avoient retirez
dedans ce chasteau de Bassan ; et que si par
ung matin se vouloit rencontrer en ung passage au pied d'une montaigne au dessoubz dudit chasteau, ne fauldroit point à les trouver.

Le bon Chevalier, qui tousjours avoit trouvé
l'espie véritable (aussi l'avoit-il enrichy de plus
de deux cens ducatz), délibéra y aller sans en
parler à personne ; car il luy estoit bien advis,
veu qu'il avoit entendu qu'ilz n'estoient pas plus
de deux cens chevaulx-légiers en tout, qu'il les
defferoit bien avecques ses trente hommes-d'armes,
qui estoient tous gens d'eslite. Toutesfois il
avoit encores huyt ou dix gentilz-hommes avecques
luy, et lesquelz étoient venuz en sa compaignie pour leur plaisir au camp de l'Empereur,
seulement pour l'amour qu'ilz portoient au bon
Chevalier ; et eulx avecques sa compaignie n'estoient pas gens pour estre deffaictz en peu
d'heure. Il leur compta son entreprinse, sçavoir
s'ilz en vouloient estre. C'estoit leur vie, et ne
demandoient autre chose. Parquoy une heure
devant jour, par ung samedy ou moys de septembre, montèrent à cheval, et firent bien
quinze milles tout d'une traicte, jusques à ce
qu'ilz viensissent au passage où l'espie les mena ; mais ce fut si couvertement qu'oncques ne
furent apperceuz, et si cela estoit aussi près du
chasteau que la portée d'ung canon. Là s'em-
buschèrent, où guères ne furent qu'ilz ouyrent
une trompette au chasteau qui sonnoit à cheval,
dont ilz furent bien resjouyz.

Le bon Chevalier demanda à l'espie, à son
advis, quel chemin ilz prendroient. Il respondit : « Quelque part qu'ilz veuillent aller, il fault
» par force qu'ilz passent par dessus ung petit pont
» de boys qui est à ung mille d'icy, que deux
» hommes garderoient contre cinq cens ; mais
» qu'ilz ayent passé ce pont, vous envoyerez de
» vos gens quelque peu pour le garder, qu'ilz
» ne retournent au chasteau ; et je vous mène-
» ray, par le derrière de ceste montaigne, à
» ung passage que je sçay : si ne fauldrez point
» à les rencontrer en la plaine entre cy et le
» palais de la royne de Chippre. — C'est bien
» advisé, dist le bon Chevalier. Qui demourera
» à ce pont ? » Le seigneur de Bonnet dist :
« Mon compaignon Mypont et moy le garderons,
» s'il vous plaist, et nous laisserez quelques
» gens avecques nous. — Je le veulx bien,
» dist il. Petit Jehan de La Vergne, et telz et
» telz, jusques au nombre de six hommes-
» d'armes et dix ou douze archiers, vous feront
» compaignie. »

En devisant sur ce propos, vont adviser ces Albannoys et arbalestriers descendre du chasteau, qui sembloient aller aux nopces, et faire aussi beau butin comme ilz avoient fait depuis deux jours; mais il leur alla bien autrement, comme vous orrez. Quant ilz furent passez, Bonnet alla droit au pont avecques ses gens; et le bon Chevalier, avec le reste de sa compaignie, s'en alla droit au passage où l'espie le mena, qui si bien le guyda qu'en moins de demy-heure l'eut rendu en la plaine, où on eût veu ung homme à cheval de six milles loing. Si vont adviser, environ la portée d'une longue couleuvrine, leurs ennemys qui marchoient le chemin de Vincence où ilz pensoient trouver leur proye. Le bon Chevalier appela le bastard Du Fay, son guydon, et luy dist: « Cappitaine,
» prenez vingt de voz archiers, et allez à ces
» gens-là escarmoucher. Quant ilz vous verront
» si petit nombre, ilz vous chargeront, n'en
» faictes doubte; tournez bride, faisant de l'ef-
» frayé, et les amenez jusques icy, où je vous
» attendray à la coste de ceste montaigne, et
» vous verrez beau jeu. » Il ne luy convint pas dire deux fois, car il sçavoit le mestier de la guerre le possible. Si commencea à marcher, tant qu'il fut apperceu des ennemys.

Le cappitaine Scandrebec, joyeulx de ceste rencontre, commencea à marcher fièrement avecques ses gens, tant qu'ilz apperceurent les François aux croix blanches. Si commencèrent à les charger, criant *Marco, Marco!* Le bastard Du Fay, qui sçavoit sa leçon par cueur, commencea à faire l'effrayé et à se mettre au retour. Il fut vivement poursuyvy, et de façon qu'il fut rembarré jusques à l'embusche du bon Chevalier qui, avecques ses gens, l'armet en teste et l'espée au poing, comme ung lyon vint donner dedans, en escryant: *France, France! Empire, Empire!* De ceste première charge y eut de ses ennemys portez par terre plus de trente. Le premier assault fut dur et aspre; mais enfin les Albanoys et arbalestriers se misrent en fuyte le grant galop, cuydans gaigner Bassan, dont ilz sçavoient fort bien le chemin. S'ilz faisoient leur devoir de courir, les François faisoient devoir de chasser: toutesfois trop bien alloient les chevaulx-légiers, et eust le bon Chevalier perdu sa proye, n'eust esté ce pont que gardoit Bonnet, lequel, avecques son compaignon Mypont et les gens qu'ilz avoient, deffendirent le passage aux ennemys.

De façon que le cappitaine Scandrebec congneut bien qu'il falloit combatre ou fuyr à l'adventure: ce qu'ilz aymèrent mieulx eslire, et se misrent en fuyte à bride abatue; mais si bien furent les esprons chaussez, qu'il fut pris soixante Albanoys et trente arbalestriers, avecques les deux cappitaines. Le demourant s'en alla à travers pays vers le Trévizan. En la compaignie du bon Chevalier, puis six jours, avoit esté fait archier ung jeune gentilhomme du Daulphiné, nommé Guigo Guyfray, filz du seigneur de Bontières, lequel n'avoit point plus de seize à dix-sept ans; mais il estoit de bonne rasse, et avoit grant désir d'ensuyvre ses parens. Durant le combat, il veit celluy qui portoit l'enseigne des arbalestriers de Rynaldo Contarin, qui s'estoit gecté au-delà d'ung fossé, et se vouloit sauver.

Le jeune garson se voulut essayer, et passa après luy, et avecques sa demye-lance luy donna si grant coup qu'il le porta par terre, et la rompit; puis mist la main à l'espée, et luy escryoit: « Rends-toy, enseigne, ou je te tueray. » L'enseigne ne vouloit pas encores mourir: si bailla son espée et son enseigne au jeune enfant auquel il se rendit, qui n'en eust pas voulu tenir dix mille escus. Si le fist remonter sur son cheval, et le mena droit où estoit le bon Chévalier, qui faisoit sonner la retraicte; et y avoit tant de prisonniers qu'il ne sçavoit qu'en faire. Bonnet veit venir de loing le jeune Bontières, et dist: « Monseigneur, je vous prie,
» voyez venir Guigo; il a pris ung prisonnier
» et une enseigne. » Et en ces parolles arriva. Le bon Chevalier, quant il le congneut, fut si ayse qu'oncques ne le fut plus, et dist: « Com-
» ment, Bontières, avez-vous gaigné ceste en-
» seigne et prins ce prisonnier? — Ouy, Mon-
» seigneur, puisqu'il a pleu à Dieu. Il a fait que
» sage de se rendre, autrement je l'eusse tué. » Dont toute la compaignie se print à rire, mesmement le bon Chevalier, qui tant avoit d'ayse que merveilles, et dist: « Bontières, mon amy,
» vous avez bon commencement: Dieu le vous
» vueille continuer! »

Aussi a-il fait; car depuis, par ses vertus, a esté lieutenant de cent hommes-d'armes que le roy de France donna audit bon Chevalier après ce qu'il eut si bien gardé la ville de Maizières contre les gens de l'Empereur, comme verrez quant temps sera. Après ces propos, le bon Chevalier dist à Bonnet, à Mypont, au cappitaine Pierrepont, lors son lieutenant, gentil chevalier, sage et hardy, et aux plus apparens: « Messeigneurs, il nous fault avoir ce chasteau,
» car il y a gros butin dedans: ce sera pour noz
» gens. — Ce seroit bien fait, dirent les autres;
» mais il est fort, et n'avons point d'artillerie.
» — Taisez-vous, dist-il; je sçay la manière
» comment je l'auray devant ung quart-d'heure. »

Il fist appeller les cappitaines Scandrebec et Rynaldo Contarin, ausquelz il dist : « Sçavez-vous qu'il y a, Seigneurs? faictes-moy rendre ceste place incontinent, car je sçay bien qu'en avez le povoir ; ou sinon, je faiz veu à Dieu que je vous feray trencher la teste devant la porte tout à ceste heure. » Ils respondirent qu'ilz le feroient s'il leur estoit possible. Ce que ouy, car ung nepveu du cappitaine Scandrebec la tenoit, qui la rendit incontinent que son oncle eut parlé à luy.

Le bon chevalier et tous ceulx de sa compaignie y montèrent, et trouvèrent plus de cinq cens beufz et vaches, et force autre butin, qui fut également party, tant que chascun fut content. Le bestail fut mené vendre à Vincence. Ilz firent très-bien repaistre leurs chevaulx, et y repeurent aussi, car ilz trouvèrent assez de quoy. Le bon Chevalier fist seoir à sa table les deux cappitaines véniciens ; et comme ilz achevoient de disner, vècy arriver le petit Bontières, qui venoit veoir son cappitaine et amenoit son prisonnier, lequel estoit deux fois aussi hault que luy et aagé de trente ans. Quant le bon Chevalier le veit, se print à rire, et dist aux deux cappitaines véniciens : « Messeigneurs, ce » jeune garson, qui devant vous n'a pas six jours » et n'aura barbe de trois ans, a pris vostre » enseigne. C'est ung gros cas ; car je ne sçay » comment vous faictes, mais nous autres Fran-» çois ne baillons pas voulentiers noz enseignes, » sinon aux plus suffisans. » L'enseigne véni-cien eut honte, et se veit à ceste occasion fort abaissé de son honneur ; si dist en son langaige : « Par ma foy, cappitaine, je ne me suis pas rendu » à celluy qui m'a pris par paour de luy, car luy » seul n'est pas pour me prendre prisonnier. » J'eschapperoye bien de ses mains, et de meil-» leur homme de guerre que luy ; mais je ne » povoye pas combatre vostre troppe moy seul. »

Le bon Chevalier regarda Bontières, auquel il dist : « Escoutez que dit vostre prisonnier, » que vous n'estes pas homme pour le prendre. » Le jeune enfant fut bien marry, et comme courroucé respondit : « Monseigneur, je vous » supplie m'accorder ce que je vous demande-» ray. — Ouy vrayement, dist le bon Chevalier : » quesse ? — C'est, dist-il, que je rebailleray à » mon prisonnier son cheval et ses armes, et » je monteray sur le mien ; nous yrons là-bas : » si je le puis conquérir encores une fois, soit » asseuré de mourir, et j'en fais veu à Dieu ; et » s'il peult eschapper, je luy donne sa rançon. » Jamais le bon Chevalier ne fut plus ayse de propos, et dist tout hault : « Vrayement je le vous » accorde. » Cela ne servit de riens, car le Vé-nicien ne voulut pas accepter l'offre, dont il n'eut guères d'honneur, et par le contraire, le petit Bontières beaucoup.

Après disner, le bon Chevalier et les François remontèrent à cheval, et retournèrent au camp, où ilz emmenèrent leurs prisonniers. De ceste belle prise fut bruyt plus de huyt jours, et en fut donné grande louenge au bon Chevalier par l'Empereur et par tous les Almans, Hennuyers et Bourguignons. Mesmement le bon seigneur de La Palisse en fut tant aise que merveilles, auquel fut compté le tour qu'avoit fait le petit Bontières, et l'offre qu'il avoit faicte à son prisonnier. S'il en fut ris par tout le camp, ne fault pas demander. Bien dist le seigneur de La Palisse qu'il congnoissoit de longue main la rasse de Bontières, et que de ceste maison estoient tous gaillards gentilz-hommes. Ainsi alla de ceste adventure au bon Chevalier sans paour et sans reproche pour ceste fois.

◇◇◇

CHAPITRE XXXVII.

Comment l'Empereur délibéra donner l'assault à Padoue, et l'occasion pourquoi il demoura.

Vous avez entendu cy-devant comment l'artillerie de l'Empereur, du duc de Ferrare et marquis de Manthoue avoient fait trois berches toutes mises en une, qui contenoit demy-mille, ou peu s'en falloit ; ce que par ung matin l'Empereur, accompagné de ses princes et seigneurs d'Almaigne, alla veoir. Dont il s'esmerveilla, et se donnoit grande honte, au nombre de gens qu'il avoit, que plustost n'avoit fait donner l'assault ; car jà y avoit trois jours que les canonniers ne tiroient que à pierre perdue en la ville, pource que à l'endroit où ilz estoient n'y avoit plus de muraille. Parquoy, lui revenu à son logis, qui estoit distant de celluy du seigneur de La Palisse d'ung geçt de boulle seulement, appella ung sien secrétaire françois, auquel il fist escripre unes lettres audit seigneur, qui estoient en ceste substance : « Mon cousin, j'ay à ce ma-» tin esté veoir la berche de la ville, que je trouve » plus que raisonnable pour qui vouldra faire son » devoir : j'ai advisé dedans aujourd'huy y faire » donner l'assault. Si vous prie que incontinent » que mon grant tabourin sonnera, qui sera sur » le midy, vous faictes tenir prestz tous les gen-» tilz-hommes françois qui sont soubz vostre » charge à mon service, par le commandement » de mon frère le roy de France, pour aller au-» dit assault aveques mes piétons ; et j'espère,

» avecques l'ayde de Dieu, que nous l'empor-
» terons. »

Par le mesme secrétaire qui avoit escripte la lettre, l'envoya au seigneur de La Palisse, lequel trouva assez estrange ceste manière de procéder; toutesfois il en dissimula. Bien dist au secrétaire : « Je m'esbays que l'Empereur n'a
» mandé mes compaignons et moy pour plus as-
» seurément délibérer de ceste affaire, toutes-
» fois vous luy direz que je les vois envoyer
» quérir, et eulx venuz, leur monstreray la
» lettre. Je croy qu'il n'y aura celluy qui ne soit
» obéissant à ce que l'Empereur vouldra com-
» mander. » Le secrétaire retourna faire son message, et le seigneur de La Palisse manda tous les cappitaines françois, lesquelz vindrent à son logis. Desjà estoit bruyt par tout le camp que l'on donneroit l'assault à la ville sur le midy, ou peu après. Lors eussiez veu une chose merveilleuse; car les prestres estoient retenuz à poix d'or à confesser, pource que chascun se vouloit mettre en bon estat, et y avoit plusieurs gens-d'armes qui leur bailloient leur bourse à garder : et pour cela ne fault faire nulle doubte que messeigneurs les curez n'eussent bien voulu que ceulx dont ils avoient l'argent en garde feussent demourez à l'assault.

D'une chose veulx bien adviser ceulx qui lysent ceste histoire, que cinq cens ans avoit qu'en camp de prince ne fut veu autant d'argent qu'il y en avoit là; et n'estoit jour qu'il ne se desrobast trois ou quatre cens lansquenetz, qui emmenoient beufz et vaches en Almaigne, lictz, bledz, soyes à filer, et autres ustensilles : de sorte que audit Padouan fut porté dommage de deux millions d'escus, qu'en meubles, qu'en maisons et palais bruslez et destruitz. Or revenons à nostre propos. Les cappitaines françois arrivez au logis du seigneur de La Palisse, leur dist : « Messeigneurs, il fault disner, car j'ay à
» vous dire quelque chose que si je le vous di-
» sois devant, par adventure ne feriez-vous pas
» bonne chère. » Il disoit ces parolles par joyeuseté, car assez congnoissoit ses compaignons, qu'il n'y avoit celluy qui ne feust ung autre Hector ou Rolant, et sur tous le bon Chevalier, qui oncques en sa vie ne s'estonna de chose qu'il veist ne ouyst.

Durant le disner ne se firent que gaudir les ungs des autres. Tousjours en vouloit ledit seigneur de La Palisse au seigneur d'Ymbercourt, qui luy rendit bien son change en toutes parolles d'honneur et de plaisir. Je croy que vous avez ouy nommer ci-devant tous les cappitaines françois qui estoient là ensemble, mais je croy qu'en toute la reste de l'Europe on n'en eust pas encores trouvé autant de la sorte. Après le disner, on fist sortir tout le monde de la chambre, excepté les cappitaines, à qui le seigneur de La Palisse communicqua la lettre de l'Empereur, qui fut leue deux fois pour mieulx l'entendre; laquelle ouye, chascun se regarda l'ung l'autre en riant, pour veoir qui commenceroit la parolle. Si dist le seigneur d'Ymbercourt : « Il ne fault point
» tant songer, Monseigneur, dist-il au seigneur
» de La Palice; mandez à l'Empereur que nous
» sommes tous prestz. Il m'ennuye desjà aux
» champs, car les nuytz sont froides, et puis les
» bons vins commencent à nous faillir ; » dont chascun se print à rire.

Il n'y eut celluy de tous les cappitaines qui ne parlast devant le bon Chevalier, et tous s'accordoient au propos du seigneur d'Ymbercourt. Le seigneur de La Palisse le regarda, et veit qu'il faisoit semblant de se curer les dens, comme s'il n'avoit pas entendu ce que ses compaignons avoient proposé. Si luy dist en riant : « Hé puis,
» l'Hercule de France, qu'en dictes-vous ? Il n'est
» pas temps de se curer les dens; il fault respon-
» dre à ceste heure promptement à l'Empereur. »

Le bon Chevalier, qui tousjours estoit coustumier de gaudir, joyeusement respondit : « Si
» nous voulons trestous croire monseigneur
» d'Ymbercourt, il ne fault que aller droit à la
» berche; mais pource que c'est ung passe-temps
» assez fascheux à homme-d'armes que d'aller à
» pied, je m'en excuserois voulentiers : toutes-
» fois, puisqu'il fault que j'en dye mon oppinion,
» je le feray. L'Empereur mande en sa lettre
» que vous faciez mettre tous les gentilz-hommes
» françois à pied pour donner l'assault avecques
» ses lansquenetz. De moy, combien que je n'aye
» guères des biens de ce monde, toutesfois je
» suis gentil-homme; tous vous autres, Messei-
» gneurs, estes gros seigneurs et de grosses mai-
» sons; et si sont beaucoup de noz gens-d'armes.
» Pense l'Empereur que ce soit chose raisonnable
» de mettre tant de noblesse en péril et hazart
» avecques des piétons, dont l'ung est cordoan-
» nier, l'autre mareschal, l'autre boulengier, et
» gens mécaniques, qui n'ont leur honneur en si
» grosse recommandation que gentilz-hommes ;
» c'est trop regardé petitement, sauf sa grâce à
» luy ; mais mon advis est que vous, Monsei-
» gneur, dist-il au seigneur de La Palisse, deb-
» vez rendre response à l'Empereur, qui sera
» telle : c'est que vous avez fait assembler voz
» cappitaines suyvant son vouloir, qui sont très-
» délibérez de faire son commandement selon la
» charge qu'ilz ont du Roy leur maistre, et
» qu'il entend assez que leurdit maistre n'a point
» de gens en ses ordonnances qui ne soient gen-

» tilz-hommes. De les mesler parmy gens de
» pied qui sont de petite condition, seroit peu
» fait d'estime d'eulx : mais qu'il a force contes,
» seigneurs et gentilz-hommes d'Almaigne, qu'il
» les face mettre à pied avecques les gens-d'ar-
» mes de France, et voulentiers leur monstre-
» ront le chemin, et puis ses lansquenetz les
» suyvront s'ilz congnoissent qu'il y face bon. »
Quant le bon Chevalier eut dicte son oppinion,
n'y eut autre chose répliquée; mais fut son
conseil tenu à vertueux et raisonnable. Si fust à
l'Empereur rendu ceste response, qu'il trouva
très-honneste. Si fist incontinent et tout soubdainement sonner ses trompettes et tabourins
pour assembler son rayn, où se trouvèrent tous
les princes, seigneurs et cappitaines, tant d'Almaigne, Bourgongne que Haynault; lesquelz
assemblez, l'Empereur leur déclaira comment il
estoit délibéré d'aller dedans une heure donner
l'assault à la ville, dont il avoit adverty les seigneurs de France, qui tous estoient fort désirans
d'y très-bien faire leur debvoir; et qu'ilz le
prioient que avecques eulx allassent les gentilz-
hommes d'Almaigne, ausquelz voulentiers, pour
eulx mettre les premiers, monstreroient le chemin : « Parquoy, Messeigneurs, je vous prie
» tant que je puis les y vouloir accompaigner, et
» vous mettre à pied avecques eulx ; et j'espère,
» avecques l'ayde de Dieu, que du premier as-
» sault nous emporterons noz ennemys. »

Quant l'Empereur eut achevé son parler, soubdainement se leva ung bruyt fort merveilleux
et estrange parmy ses Almans, qui dura une demye-heure avant qu'il feust appaisé : puis l'ung
d'entre eulx, chargé de respondre pour tous, dist
qu'ilz n'estoient point gens pour eulx mettre à
pied ny aller à une berche, et que leur vray estat estoit de combatre en gentilz-hommes à
cheval. Et autre responce n'en peut avoir l'Empereur ; mais combien qu'elle ne feust pas selon
son désir, et ne luy pleust guère, il ne sonna
mot, sinon qu'il dist : « Bien, Messeigneurs ; il
» faudra doncques adviser comment nous ferons
» pour le mieux ; » et puis sur l'heure appela
ung sien gentil-homme nommé Rocandolf, qui
d'heure en autre venoit parmy les François
comme ambassadeur (et à vray dire la pluspart
du temps estoit avecques eulx), auquel il dist :
« Allez au logis de mon cousin le seigneur de La
» Palisse ; recommandez-moi à luy et à tous
» messeigneurs les cappitaines françois que trou-
» verez avecques luy, et leur dictes que pour ce
» jourd'huy ne se donnera pas l'assault. » Il alla
faire son message, et chascun par ce moyen s'en
alla désarmer, les ungz joyeulx et les autres
marrys. Je suis bien asseuré que les prestres
n'en furent pas trop aises, car il leur fut besoing
rendre ce qu'on leur avoit baillé en garde. Je
ne sçay comment ce fut, ne qui en donna le
conseil, mais la nuyt après ce propos tenu,
l'Empereur s'en alla tout d'une traicte à plus de
quarante milles du camp, et de ce logis là manda
à ses gens qu'on levast le siége : ce qui fut fait,
comme vous entendrez.

CHAPITRE XXXVIII.

Comment l'Empereur se retira du camp de devant Padoue, quand il congneut que ses Almans ne vouloient pas donner l'assault.

Il ne faut pas demander si l'Empereur fut
bien courroucé quant il eut entendu le bon vouloir des cappitaines françois, et que ses gens
d'Almaigne ne vouloient riens faire pour luy :
dont de ceste oppinion n'estoit pas le gentil
prince de Hanno, qui ne demandoit autre
chose, et s'offrit à l'Empereur, et pareillement
se vint excuser et présenter aux cappitaines
françois. Entre autres cappitaines qu'il avoit
parmy ses bendes, y en avoit ung qu'on nommoit le cappitaine Jacob (1), qui depuis fut au
service du roy de France, et mourut à la journée
de Ravenne, comme vous entendrez ; lequel
chascun jour alloit escarmoucher avecques les
François, et de hardiesse et de toute honnesteté estoit acomply à merveilles : mais ces
deux Almans ne povoient pas satisfaire à
tout.

L'Empereur, enflé de courroux et fascherie,
lendemain, deux heures devant jour, sans bruyt
faire, accompaigné de cinq ou six cens chevaulx
de ses plus privez serviteurs, deslogea de son
camp et s'en alla tout d'une traicte à trente ou
quarante milles de là, tirant en Almaigne ; et
manda au seigneur Constantin, son lieutenant-
général, et au seigneur de la Palisse, qu'ilz
levassent le camp le plus honnestement qu'il
seroit possible. Chascun s'esbayt assez de ceste
façon de faire, mais on n'en eut autre chose.
Les cappitaines, tant François, Almans que
Bourguignons, eurent conseil ensemble, où ilz
conclurent lever le siége, qui estoit assez fascheux et malaisé, pour avoir six ou sept vingtz
pièces d'artillerie devant la ville ; et n'y avoit
pas d'esquipage pour en mener la moytié. Les
François furent ordonnez à tenir escorte tant
que l'artillerie seroit levée; mais le gentil prince

(1) Jacob de Emps, gentilhomme de Souabe.

de Hanno, qui assez congnoissoit la turpitude de sa nation, avecques sa bende qui estoit de sept à huyt mille hommes, ne partit oncques d'auprès l'artillerie : qui luy fut tourné à gros honneur, car, depuis le matin au point du jour jusques à deux heures de nuyt, convint tenir bataille ; et si on mangea, ce ne fut guères à son aise, car d'heure en autre y avoit chaulx et aspres alarmes, parce que ceulx de la ville faisoient force saillies et grosses ; aussi qu'il convenoit mener une partie de l'artillerie ou camp où on alloit loger, puis la laisser là, et ramener les chevaulx et beufz quérir le demourant. Sans perte nulle des gens de l'Empereur ni des François se leva le siége. Ung grant mal y eut, que les lansquenetz misrent le feu en tous leurs logis et par tout où ilz passoient.

Le bon Chevalier, par charité, fit demourer sept ou huyt de ses hommes-d'armes en ung beau logis où il s'estoit tenu pendant le siége, pour le sauver du feu, jusques à ce que lesditz lansquenetz fussent passez oultre ; et vous asseure que telz boutefeux ne luy plaisoient guères. De camp en camp vint l'armée jusques à Vincence, où là envoya l'Empereur quelque présent au seigneur de La Palisse et à tous les cappitaines françois, selon sa puissance ; car il estoit assez libéral, et n'estoit possible trouver ung meilleur prince s'il eust eu dequoy donner. Ung mal avoit en luy, qu'il ne se fioit en personne, et tenoit à part luy ses entreprinses si secrètes que cela luy a porté beaucoup de dommage en sa vie. De Vincence s'en retournèrent la pluspart de tous les Almans ; une partie en demoura en la ville pour la garder, avecques le seigneur Du Ru. Si s'en retournèrent le seigneur de La Palisse et tous ses compaignons, environ la Toussainctz, ou duché de Milan, excepté le bon Chevalier sans paour et sans reprouche, qui demoura quelque temps en garnison à Véronne, où il reçeut beaucoup d'honneur, comme vous orrez. Les Véniciens tenoient encores une ville nommée Lignago, où ilz avoient grosse garnison, et qui souvent faisoient courses contre ceulx du Véronnoys.

◇◇◇

CHAPITRE XXXIX.

Comment le bon Chevalier sans paour et sans reprouche, estant à Véronne, fist une course sur les Véniciens, où il fut prins et rescoux deux fois en ung jour ; et quelle en fut la fin.

Le bon Chevalier sans paour et sans reprouche fut ordonné en garnison à Véronne avecques trois ou quatre cens hommes-d'armes que le roy de France presta à l'Empereur, où peu de temps après ceulx qui estoient pour ledit Empereur à Vincence, congnoissans que la ville n'estoit pas pour tenir, s'en vindrent retirer audit Véronne, parce que les Véniciens estoient fors aux champs, et marchoient pour y venir mettre le siége : mais quand ilz la virent habandonnée, tirèrent leur armée jusques à ung village nommé Sainct-Boniface, à quinze ou dix-huit mille dudit Véronne. C'estoit sur le temps de l'yver ; et convenoit aux souldars qui estoient dedans la ville envoyer au fourrage pour leurs chevaulx, aucunesfois bien loing ; tellement que bien souvent se perdoient des varletz et des chevaulx, tant qu'il fut besoing leur donner escorte : mais il n'estoit guères jour qu'ilz ne rencontrassent les ennemys, et se frotoient très-bien l'ung l'autre. De la part des Véniciens y avoit ung cappitaine fort gentil galent et plein d'entreprinses, qui s'appelloit Jehan Paule Moufron, lequel chascun jour faisoit courses jusques aux portes de Véronne, et tant y continua qu'il en fascha au bon Chevalier ; lequel se délibéra, au premier jour que les fourrageurs yroient aux champs, luy-mesmes leur aller faire escorte, et user de quelque subtilité de guerre ; mais si secrètement ne le peut faire que, par ung espie qui se tenoit à son logis, n'en feust adverty le cappitaine Moufron.

Parquoy délibéra, quant il yroit aux champs, mener si bonne force que s'il rencontroit le bon Chevalier, luy feroit recevoir de la honte. Ung jeudy matin furent mis les fourrageurs hors de Véronne, et à leur queue trente ou quarante hommes-d'armes et archiers que conduysoit le cappitaine Pierrepont, lieutenant dudit bon Chevalier, qui estoit sage et advisé : si se gectèrent à l'escart du grant chemin, pour aller chercher les cassines et faire leurs charges. Le bon Chevalier, accompaigné de cent hommes-d'armes, qui ne pensoit point estre descouvert, s'estoit allé gecter en ung village sur le grant chemin, appellé Sainct-Martin, à six milles dudit Véronne, et envoya quelques coureurs pour descouvrir, qui guères ne furent loing sans veoir leurs ennemys en nombre de cinq cens chevaulx ou environ, lesquelz marchoient droit vers ceulx qui alloient en fourrage. Ilz en vindrent faire leur rapport audit bon Chevalier, qui en fut fort joyeux, et incontinent monta à cheval avecques la compaignie qu'il avoit pour les aller trouver.

Le cappitaine Jehan Paule Moufron, qui par l'espie avoit esté adverty de l'entreprise, avoit fait embuscher en ung palais près de là cinq ou six cens hommes de pied, picquiers et hacquebutiers, ausquelz il avoit très-bien chanté leur leçon, et entre autres choses qu'ilz n'eussent à sortir jusques à ce qu'ilz le verroient retirer, et que les François le chasseroient; car il feroit semblant de fuyr, et par ce moyen ne fauldroit point à les enclorre et deffaire. Le bon Chevalier, qui s'estoit mis aux champs, ne fist pas deux milles qu'il ne veist à cler les ennemys. Si commença à marcher droit à eulx, et en criant *Empire et France!* les voulut aller charger. Ilz firent quelque contenance de tenir bon: mais quant ilz les virent approucher, commencèrent à eulx retirer le long d'ung chemin et droit à leur embusche, laquelle ilz trespassèrent d'ung peu, et alors s'arrestèrent tout court, et en criant *Marco, Marco!* se misrent en deffense vaillamment. Les gens de pied sortirent de leur embusche, qui firent ung merveilleux cry, et vindrent ruer sur les Françoys en tirant force hacquebutes, dont d'ung coup fut tué le cheval du bon Chevalier entre ses jambes, qui tomba si mal à point que ung de ses piedz tenoit dessoubz. Ses hommes-d'armes, qui pour mourir ne l'eussent jamais laissé là, firent une grosse envahie; et en descendit l'ung à pied qu'on appelloit Grantmont, lequel gecta son cappitaine de ce péril; mais quelques armes qu'ilz feissent, ne leur purent de tant servir que tous deux ne demourassent prisonniers parmy les gens de pied, qui les vouloient désarmer. Le cappitaine Pierrepont, qui estoit avecques les fourrageurs, ouyt le bruyt; si y courut le grant galop incontinent, et vint en si bonne heure qu'il rencontra son cappitaine et Grantmont en dur party, car desjà les tiroit-on hors de la presse pour les emmener à sauveté. Il ne faut pas demander s'il fut joyeulx; car comme ung lyon frappa sur ceulx qui les tenoient, lesquels soubdain habandonnèrent leur prise et se retirèrent à leur troppe, qui combatoit contre le reste de François furieusement. Le bon Chevalier et Grantmont furent incontinent remontez, et s'en retournèrent droit au secours de leurs gens, qui avoient beaucoup à souffrir, car ilz estoient assailliz devant et derrière; mais, à la revenue dudit bon Chevalier et du cappitaine Pierrepont, furent beaucoup soulagez. Toutesfois le jeu estoit mal party, car les Véniciens estoient quatre contre ung; et puis les hacquebutiers faisoient beaucoup de mal aux François.

Si commença le bon Chevalier à dire au cappitaine Pierrepont: « Cappitaine, si nous ne gai» gnons le grant chemin, nous sommes affollez; » et si nous sommes une fois là, nous nous reti» rerons en despit d'eulx: et si n'aurons point » de perte, aydant Dieu. — Je suis bien de cest » advis, dist le cappitaine Pierrepont. » Si commencèrent, tousjours combatans, à eulx retirer sur ce grant chemin, où ilz parvindrent; mais ce ne fut pas sans beaucoup souffrir. Néantmoins encores n'avoient point perdu de gens, mais si avoient bien les ennemys comme quarante ou cinquante hommes de pied et sept ou huyt de cheval. Quant le bon Chevalier et les François furent sur ce grant chemin qui tiroit à Véronne, se serrèrent et misrent à la retraicte tout doulcement, et de deux cens pas en deux cens pas retournoient sur leurs ennemys tant gaillardement que merveilles. Mais ilz avoient ces gens de pied à leurs aesles, qui tiroient coups de hacquebute menu et souvent: de façon que à la dernière charge fut encores tué le cheval du bon Chevalier qui, le sentant chanceler, se gecta à pied l'espée au poing, où il fist merveilles d'armes; mais bientost fut encloz, et eust eu mauvais party, quant le bastard Du Fay, son guydon, avecques ses archiers, vint faire une charge si furieusement que, au meillieu de la troppe des Véniciens, recouvra son cappitaine, et le remonta à cheval en despit d'eulx; puis se serroit avecques les autres. Jà approchoit la nuyt; parquoy commanda le bon Chevalier qu'on ne chargeast plus, et qu'il suffisoit bien se retirer à leur grant honneur; ce qu'ilz firent jusques à Sainct-Martin, dont le matin estoient partiz. Il y avoit ung pont garny de barrières, au bout duquel ilz s'arrestèrent.

Le cappitaine Jehan Paule Moufron congneut bien que plus ne leur sçauroit porter dommage, et puis qu'ilz pourroient estre secouruz de Véronne. Si fist sonner la retraicte, et se mist au retour vers Sainct-Boniface, ses gens de pied devant lui, qui estoient fort lassez de ceste journée, où ilz avoient combatu quatre ou cinq heures; et voulurent séjourner en ung village à quatre ou cinq milles dudit Sainct-Boniface, dont le cappitaine Jehan Paule Moufron n'estoit pas d'oppinion; et s'en retourna avecques ses gens de cheval bien despit, dont il avoit esté si bien gallopé, et par si peu de nombre de gens. Le bon Chevalier et ses gens pour ce soir se logèrent en ce village de Sainct-Martin, où ilz firent grant chère de ce qu'ilz avoient, en parlant de leur fort belle retraite; car ils n'avoient perdu que ung archier et quatre chevaulx tuez; et leurs ennemys avoient porté lourde perte au pris. En ces entrefaictes, ung de leurs espies va arriver, lequel venoit dudict Boniface. Il fut mené devant le bon Chevalier, qui luy demanda que faisoient les ennemys. Il respondit: « Riens autre

» chose : ils sont en grosse troppe dedans Sainct-
» Boniface, et entre eulx font courir bruit que
» bientost auront Véronne, et tiennent qu'ilz ont
» grosse intelligence dedans. Comme j'en vouloye
» partir, est arrivé le cappitaine Moufron, bien
» eschauffé et bien courroucé; car j'ay ouy qu'il
» disoit qu'il venoit de la guerre, et que les dyables
» d'enfer avoit trouvez, et non pas hommes : en
» m'en venant à quatre ou cinq milles d'icy, suis
» passé en ung village, où j'ay laissé tout plain
» de leurs gens de pied qui y sont logez ; et sem-
» ble advis, à les veoir, qu'ilz soient bien las. »
Alors dist le bon Chevalier : « Je vous donne ma
» vie, si ce ne sont leurs gens de pied que nous
» avons aujourd'huy combatus, qui n'ont pas
» voulu aller jusques à Sainct-Boniface. Si vous
» voulez, ilz sont nostres. La lune est clère, fai-
» sons repaistre nos chevaulx, et sur les trois ou
» quatre heures allons les resveiller. »

Son oppinion fut trouvée bonne. On fist penser les chevaulx le mieulx qu'on peut ; et après avoir assis le guet, chascun se mist au repos. Mais le bon Chevalier, qui taschoit d'achever son entreprise, ne reposa guères : ains, environ les trois heures après minuyt, sans faire bruit, monta à cheval avecques ses gens, et s'en vint droit à ce village, où estoient demourez les gens de pied véniciens, lesquelz ilz trouvèrent endormys comme beaulx pourceaulx, sans aucun guect ; au moins s'il y en avoit, il fut très-mauvais. Eulx arrivez, commencèrent à crier : *Empire, Empire ! France, France ! à mort, à mort !* A ce joyeulx chant, s'esveillèrent les rustres, qui sortoient des maisons les ungs après les autres ; mais on les assommoit comme bestes. Leur cappitaine, acompaigné de deux ou trois cens hommes, se gecta sur la place du village, où là se cuydoit assembler et fortiffier ; mais on ne luy en donna pas le loysir, car il fut chargé par tant d'endroitz que luy et tous ses gens furent rompuz et deffaitz, et n'en demoura que trois en vie, dont l'ung fut le cappitaine, et deux autres gentils-hommes qui estoient frères ; pour lesquels, en les relaschant, on retira deux autres gentilz-hommes françois prisonniers ès-prisons de la seigneurie de Venise.

Quant le bon Chevalier eut, du tout et à son grant honneur, achevé son entreprise, ne voulut plus séjourner, doubtant nouvel inconvénient. Si se retira avecques tous ses gens dedans Véronne, où il fut receu à grant joye. Et au contraire les Véniciens, quant ilz sceurent la perte de leurs gens, furent bien marris ; et en voulut messire André Grit, providadour de la seigneurie, blasmer le cappitaine Jehan Paule Moufron de ce qu'il les avoit laissez derrière ;

mais il s'excusa très-bien, disant qu'il n'avoit esté à luy possible les tirer du village où ilz avoient esté deffaictz ; et de l'inconvénient les avoit très-bien advisez, mais jamais ne les avoit sceu renger à congnoistre la raison. Toutesfois en luy-mesmes se pensa bien venger en peu de jours ; mais il acreut sa honte, ainsi que vous entendrez.

CHAPITRE XL.

Comment le bon Chevalier cuyda estre trahy par ung espie qui avoit promis au cappitaine Jehan Paule Moufron le mettre entre ses mains ; et ce qu'il en advint.

Sept ou huyt jours après ceste belle course, le cappitaine Jehan Paule Moufron, bien desplaisant de ce que si lourdement avoit esté battu et repoussé, ses gens mors et perduz, sans aucunement ou moins que riens avoir dommagé ses ennemys, délibéra de se venger en quelque sorte que ce feust. Il avoit ung espie, lequel alloit et venoit souvent de Véronne à Sainct-Boniface, et servoit à luy et au bon Chevalier, donnant à entendre à chascun des deux qu'il ne taschoit que à leur faire service ; mais tousjours ont ces espies le cueur à l'ung plus que à l'autre beaucoup, comme cestuy mesmes avoit au cappitaine Moufron, qui, par ung jour qu'il eut ung peu pensé à son affaire, luy dist : « Il fault que tu
» ailles à Véronne, et donnes à entendre au cap
» pitaine Bayart que la seigneurie de Venise a
» escript au providadour qu'il m'envoye dedans
» Lignago pour la garde de la place, pource
» qu'on envoye quérir le cappitaine qui y est,
» pour l'envoyer en Levant avecques un nombre
» de gallères ; que tu scez certainement que je
» partiray demain au point du jour avecques
» trois cens chevaulx-légiers, et que de gens de
» pied je n'en mène point. Je suis asseuré qu'il
» a le cueur si hault qu'il ne me laissera jamais
» passer sans me venir escarmoucher ; et s'il y
» vient, j'espère qu'il ne s'en retournera point
» qu'il ne soit mort ou pris, par ce que je mène
» ray deux cens hommes d'armes et deux mille
» hommes de pied, que je feray embuscher à
» Yzolle de l'Escalle, vers lequel lieu, s'il me
» vient veoir, veulx estre rencontré ; t'advisant
» que si tu scez bien faire ta charge, te prometz
» ma foy donner cent ducatz d'or. » Les espies, comme chascun scez, ne sont créez que par dame avarice, et aussi ont-ilz pour ce bien ung autre prison ; car, de six qu'on en prent, s'il en eschappe ung, doit bien louer Dieu ; car la vraye

médecine qu'ilz portent pour le mal qui les tient, c'est ung cordeau.

Or ce galant promist au cappitaine Jehan Paule Moufron qu'il sçauroit bien faire le cas. Si s'en vint incontinent à Véronne, droit au logis du bon Chevalier ; car léans estoit assez congneu de tous les serviteurs, pour qu'ilz cuydoient certainement qu'il feust totalement au service de leur maistre. Ilz le luy amenèrent ainsi qu'il achevoit de soupper ; lequel, incontinent qu'il le veit, luy fist ung fort bon recueil, et luy dist : « Vizentin, tu soyes le bien venu ; tu ne viens pas sans cause : quelles nouvelles ? » Lequel respondit : « Très-bonnes, Monseigneur, » Dieu mercy. » Si se leva incontinent le bon Chevalier de table, et tira l'espie à part pour sçavoir que c'estoit. Il luy compta de point en point le faict, et le luy fist trouver si bon, qu'oncques homme ne fut plus joyeulx. Si commanda qu'on menast soupper Vizentin, et qu'on luy fist grosse chère ; puis après tire à part le cappitaine Pierrepont, le cappitaine La Varenne qui portoit son enseigne, le bastard Du Fay, et ung cappitaine de Bourgongne qui ce soir souppoit avecques luy, qui s'appelloit monseigneur de Sucre, ausquelz il compta ce que l'espie luy avoit dit, et comment le cappitaine Jehan Paule Moufron se retiroit dedans Lignago lendemain, et ne menoit que trois cens chevaulx : parquoy s'ilz se vouloient moustrer gentilz compaignons, son voyage ne s'achèveroit point sans coup ruer, et que la matière requéroit briefve yssue. A son dire chascun trouva goust ; et sur l'heure fut conclusion prise qu'ilz partiroient au point du jour, et mèneroient deux cens hommes d'armes ; dont de l'entreprise esleurent le seigneur de Couty, et l'en advertirent, à ce qu'il se tiensist prest comme les autres ; lequel ne s'en fist guères prier, car c'estoit ung très-gentil chevalier. Cela délibéré, tout le monde se retira à son logis pour faire acoustrer son cas pour le matin, mesmement le cappitaine Sucre, qui assez loing estoit du sien : qui fut bonne adventure, car, ainsi qu'il s'en retournoit, va adviser l'espie qui estoit venu parler au bon Chevalier, lequel sortoit de la maison d'un gentil-homme de Véronne qu'on estimoit estre fort mauvais impérial, et par le contraire avoit *Marco* escript dedans le cueur, qui le fist doubter de trahyson. Si vint prendre l'espie au colet, et luy demanda dont il venoit : il ne sceut promptement respondre, et changea de couleur, qui le fist doubter de plus en plus ; et tourna tout court, saisy de l'espie, droit de là où il venoit de soupper. Luy arrivé, trouva que le bon Chevalier se vouloit mettre dedans le lict. Toutesfois il prist une robbe de nuyt, et s'assirent auprès du feu eulx deux ensemble et seulletz, car ce pendant fut baillé l'espie en bonne garde.

Le cappitaine sur ce déclaira au bon Chevalier l'occasion de son soubdain retour, qui estoit pour avoir trouvé l'espie sortant de la maison de messire Baptiste Voltège, qui estoit le plus grant marquesque qui feust ou monde ; et par ce doubtoit qu'il y eust de la meschanceté : « car, » dist-il, quant je l'ay surpris, est devenu es- » tonné à merveilles. » Quant icelluy bon Chevalier eut entendu ce propos, ne fut pas sans doubte, non plus que le cappitaine Sucre. Il fist venir l'espie, auquel il demanda qu'il estoit allé faire au logis de Baptiste Voltège. Il dist premièrement qu'il y estoit allé veoir ung parent qu'il y avoit ; après il tint ung autre propos, et enfin fut trouvé en cinq ou six parolles. On apporta des grésillons esquelz on luy mist les deux poulces, pour le veoir parler d'une autre sorte. Le bon Chevalier luy dist : « Vizentin, dictes la » vérité sans rien céler, et je vous prometz, en » foy de vray gentil-homme, que quelque chose » qu'il y ait, je ne vous feray faire nul mal, » quant bien ma mort y seroit conspirée : mais » par le contraire, si je vous trouve en men- » songe, vous feray pendre et estrangler de- » main au point du jour. »

L'espie congneut bien qu'il estoit pris ; si se gecta à deux genoulx, demandant miséricorde, qui luy fust asseuréement promise. Si commencea à compter de point en point la trahyson, et comment le capitaine Jehan Paule Moufron avoit fait embuscher à Yzolle de l'Escalle deux cens hommes-d'armes et deux mille hommes de pied pour deffaire le bon Chevalier ; et qu'il venoit du logis de messire Baptiste pour l'advertir de l'entreprinse, et aussi l'adviser comment il pourroit trouver moyen, par quelque nuyt, livrer une des portes de la ville au providadour messire André Grit. Et plusieurs autres choses dist ce vaillant espion. Bien déclaira que messire Baptiste Voltège luy avoit dit qu'il ne se mesleroit jamais de telle meschanceté, et que puisqu'il estoit soubz l'Empereur, qu'il y vouloit vivre et mourir.

Quant il eut fait son beau sermon, le bon Chevalier luy dist : « Vizentin, j'ay mal em- » ployé les escuz que je vous ay donnez, et de- » dans vostre corps repose le cueur d'ung lasche » et meschant homme, combien que jamais ne » vous ay guère estimé autre. Vous avez bien » desservy la mort, mais puisque je vous ay » promis ma foy, vous n'aurez nul mal, et » vous feray mettre hors de la ville seurement. » Mais gardez que tant que je y seray n'y soyez

« veu, car tout le monde ne vous sauveroit pas que je vous feisse pendre et estrangler. » Il fut emmené de devant eulx, et enfermé en une chambre, jusques à ce qu'on en eust à besongner. Le bon Chevalier dist au cappitaine Sucre : « Mon amy, que ferons-nous à ce cappitaine Jehan Paule Moufron, qui nous cuyde avoir par finesses ? Il luy fault donner une venue, et si vous povez faire ce que je vous diray, nous ferons une des gorgiases choses qui fut faicte cent ans a. » Sucre respondit : « Monseigneur, commandez et vous serez obéy. — Allez doncques, dist-il, tout à ceste heure au logis du prince de Hanno, et me recommandez humblement à sa bonne grâce ; déclairez-luy cest affaire bien amplement, et faictes tant qu'il soit d'accord de nous bailler demain au matin deux mille de ses lansquenetz, et nous les mènerons avecques nous le beau pas, et les laisserons quelque part en embusche, où, avant que tout soit desmeslé, si ne voyez merveilles, prenez-vous en à moy. »

Le cappitaine Sucre part incontinent, et s'en alla droit au logis du prince, qui jà dormoit. Il le fist esveiller, puis alla parler à luy, et luy compta tout ce que vous avez ouy cy-dessus. Le gentil prince, qui n'aymoit rien tant que la guerre, et entre tous gentilz-hommes avoit prins une telle amour au bon Chevalier pour sa prouesse, que la chose eust esté bien estrange quant il l'en eust reffusé, si dist qu'il estoit bien desplaisant que plus tost n'avoit sceu ceste entreprinse, car luy-mesmes y feust allé, mais que de ses gens le bon Chevalier en povoit mieulx disposer que luy-mesmes. Et sur l'heure envoya son scribe en advertir quatre ou cinq cappitaines, qui furent, pour faire le compte court, aussi prestz au point du jour que les gens-d'armes qui l'avoient sceu dès le soir, et se trouvèrent à la porte quant et les gens-d'armes, qui donna tiltre d'esbahyssement au seigneur de Conty, car riens ne luy en avoit esté mandé le soir. Si s'enquist au bon Chevalier que ce povoit estre, lequel luy déclaira bien au long tout le démené. « Sur ma foy, dist le seigneur de Conty, se Dieu veult, nous ferons aujourd'huy une belle chose. » La porte ouverte, se misrent en chemin vers Yzolle de l'Escalle. Le bon Chevalier dist à Sucre : « Il fault que vous et les lansquenetz demourez embuschez à Servode (c'estoit ung petit village à deux mille d'Yzolle), et ne vous souciez point, car je vous attireray noz ennemys jusques à vostre nez, parquoy aurez aujourd'huy assez honneur si vous estes gentil compagnion. » Comme il fut dist ainsi fut fait, car arrivez audit village, les lansquenetz demourèrent en embusche, et le bon Chevalier, le seigneur de Conty et leur troppe s'en vont vers Yzolle, faignant ne sçavoir riens de ce qui estoit dedans.

Cela regardoit en une belle plaine, où de tous costez on veoit assez loing. Si vont choisir le cappitaine Moufron avecques quelques chevaulx-légiers. Le bon Chevalier y envoya son guydon, le bastard Du Fay, avecques quelques archiers, pour les ung petit escarmoucher, et luy marchoit après le beau pas, avecques les gens-d'armes. Mais il ne fut guères loing, quant il veit saillir de la ville de Yzolle de l'Escalle les gens de pied de la seigneurie, et une troppe d'hommes-d'armes. Il fist ung peu de l'estonné, et dist à la trompette qu'il sonnast à l'estandart. Quoy oyant par le bastard Du Fay, selon la leçon qu'il avoit, se retira avecques la grosse troppe, qui se serrèrent très-bien ; et faignans d'eulx retirer droit à Véronne, s'en vont le petit pas vers ce village où estoient leurs lansquenetz, et desjà estoit allé un archier dire au cappitaine Sucre qu'il sortist en bataille.

La gendarmerie de la seigneurie, qui à leur esle avoient ceste troppe de gens de pied, chargeoient menu et souvent les François, et faisoient tel bruyt qu'on n'eust pas ouy Dieu tonner, pensant entre eulx que ce qu'ilz voyoient ne leur povoit eschapper. Les François ne se desrotoient point, et escarmouchoient sagement : de façon qu'ilz furent près de Servode, à ung gect d'arc, où ilz apperceurent les lansquenetz qui venoient le beau pas et tous serrez, lesquelz se vont descouvrir aux Véniciens, qui furent bien estonnez. Le bon Chevalier dist alors : « Messeigneurs, il est temps de charger ; » ce que chascun fist, et donnèrent dedans les Véniciens, qui se monstrèrent gens de bien. Toutesfois il en fut beaucoup porté par terre : leurs gens de pied ne povoient fuyr, car ilz estoient trop loing de saulveté. Ilz furent pareillement chargez des lansquenetz, dont ilz ne peurent porter les fès, et furent ouvers, reversez et tous mis en pièces, sans en prendre ung prisonnier : ce que veit devant ses yeulx le cappitaine Jehan Paule Moufron, qui très-bien faisoit son debvoir. Toutesfois il congnoissoit assez que s'il ne jouoit de la retraicte, il seroit mort ou prins. Si commencea se retirer le grant galop vers Sainct-Boniface, où il y avoit bonne traicte. Il fut assez bien suyvy ; mais le bon Chevalier fist sonner la retraicte : parquoy tout homme s'en revint, mais ce fut avecques gros gaing de prisonniers et de chevaulx ; le butin y fut fort beau. Les Véniciens y firent grosse perte, car tous leurs deux mille hommes de pied et bien vingt-cinq hommes-d'armes y moururent; et y en eut environ soixante de prisonniers, qui furent menez à Véronne, où les François, Bourguignons et lansquenetz furent receuz joyeusement de leurs compaignons, lesquelz estoient bien marriz qu'ilz n'avoient esté avecques eulx.

Ainsi alla de ceste belle entreprinse pour ceste fois, qui fut grosse fortune au bon Chevalier, et eut de tous en général grande louenge. Luy revenu à son logis, envoya quérir l'espie, auquel il dist : « Vizentin, suyvant ma promesse tu » t'en yras au camp des Véniciens, et deman» deras au cappitaine Jehan Paule Moufron si » le cappitaine Bayart est aussi subtil que luy » en guerre; et que quant il vouldra pour le » pris, le trouverra aux champs. » Il commanda à deux de ses archiers le conduyre hors de la ville; ce qu'ilz firent. Il s'en alla droit à Sainct-Boniface, où le seigneur Jehan Paule Moufron l'apperceut, qui le fist prendre, pendre et estrangler, disant qu'il l'avoit trahy; ne excuse qu'il sceust faire ne luy servit en riens.

Les Véniciens tenoient encores ceste ville nommée Lignago, où ilz avoient grosse garnison; et souvent faisoient courses ceulx du Véronnoys et eulx, les ungs contre les autres; et tout l'yver demourèrent en ceste sorte.

Sur le commencement de l'année 1510, et bientost après Pasques, print congé du roy de France Loys douziesme son nepveu le gentil duc de Nemours, dont, de si peu de vie qu'il eut, cette histoire fera ample mention, car il mérite bien estre cronicqué en toutes sortes. Lequel passa en Ytalie, et en sa compaignie mena le cappitaine Loys d'Ars, vertueux et hardy chevalier; où eulx arrivez, furent receuz, chascun selon sa qualité, du seigneur de Chaumont, grant maistre de France et gouverneur de Milan, et de tous les cappitaines estans en Ytalie, honnestement que possible ne seroit de mieulx; et sur tout du bon Chevalier sans paour et sans reproche, qui tant aymé estoit du duc de Nemours, et de son premier cappitaine Loys d'Ars. Par le commandement du roy de France, estoit encores passé le seigneur de Molart avecques deux mille adventuriers, et plusieurs autres cappitaines. Si alla ledit grant maistre seigneur de Chaumont mettre le siége devant ceste ville de Lignago, que tenoient les Véniciens; et affin qu'elle ne fust aucunement secourue de gens ny de vivres, fut envoyé le seigneur d'Alègre, avecques cinq cens hommes d'armes et quatre ou cinq mille lansquenetz qui estoient soubz la charge de ce gentil prince de Hanno, à Vincence, qui avoit encore soubz luy ce cappitaine Jacob, qui depuis fut au roy de France. Ceste place de Lignago se fist fort battre : aussi y avoit-il bonne artillerie, mesmement celle du duc de Ferrare, qui entre autres avoit une longue coulevrine de vingt piedz de long, que les aventuriers nommoient *le grant dyable*. Enfin furent la ville et le chasteau pris, et mis à mort tout ce qui estoit dedans, ou la pluspart. En ceste prise, le seigneur de Molart et ses aventuriers se portèrent fort bien, et y eurent gros honneur; car ilz n'eurent jamais le loisir d'attendre que la berche fust raisonnable pour y donner l'assault. Le seigneur de Chaumont y commist pour la garder le cappitaine La Crote, avec cent hommes-d'armes dont il avoit la charge soubz le marquis de Montferrat, et mil hommes de pied soubz deux cappitaines, l'ung nommé l'Hérisson, et l'autre Jacomo Corse, neapolitain.

Durant ce siége de Lignago eut nouvelles le seigneur de Chaumont de la mort de son oncle le légat d'Amboise, où il fit une grosse et lourde perte, car il avoit esté moyen de l'eslever ès honneurs où il estoit; et pareillement avoit fait avoir de grans biens à tous ceulx de sa maison tant en l'Eglise que autrement, car c'estoit tout le gouvernement du roy de France Loys douziesme, et du royaulme. Il avoit esté ung très-sage prélat et homme de bien en son temps, et ne voulut jamais avoir que ung bénéfice, et à son trespas estoit seulement archevesque de Rouen. Il en eust eu assez d'autres s'il eust voulu. Ceste piteuse mort porta le seigneur de Chaumont dedans son cueur aigrement, car il ne vesquit guères après, combien que devant les gens n'en monstroit pas grant semblant, et n'en laissoit à bien et sagement conduire les affaires de son maistre.

Quand il eut donné ordre à Lignago, s'en vint assembler avec les gens de l'Empereur pour marcher sur le pays des Véniciens, et essayer de les mettre à la raison. Le roy d'Espaigne avoit puis peu de jours envoyé au secours de l'Empereur, soubz la charge du duc de Termes, quatre cens hommes-d'armes espaignolz et neapolitains, qu'il faisoit merveilleusement bon veoir : mais pource qu'ilz estoient travaillez, on les envoya séjourner dedans Véronne. Le camp, tant de l'Empereur que du roy de France, marcha jusques à ung lieu nommé Saincte-Croix, où il séjourna quelque temps, car on pensoit que l'Empereur voulsist descendre; mais non fist. Durant ce camp la chaleur fut par trop véhémente, et pource fut de la pluspart de ceulx qui y estoient appelé *le camp chault*.

Au desloger de là, et près d'un gros village appellé Longare, y eut une merveilleuse pitié; car comme chascun s'en estoit fuy pour la guerre en une cave qui estoit dedans une montaigne, laquelle duroit ung mille ou plus, s'estoient retirez plus de deux mille personnes tant hommes que femmes, et des plus apparens du plat pays, qui y avoient force vivres, et y avoient porté quelques harnois de guerre et des hacquebutes pour deffendre l'entrée qui les vouldroit forcer, laquelle estoit quasi imprenable, car il n'y povoit venir que ung homme de fronc. Les adventuriers, qui sont voulentiers coustumiers d'alier piller, mesmement ceulx qui ne vallent rien pour la guerre, vindrent jusques à l'entrée de ceste cave, qui en langaige ytalien, s'appelloit la crote de Longare. Je croy bien qu'ilz vouloient entrer dedans; mais doulcement on les pria qu'ilz se déportassent, et que léans ne pourroient rien gaigner, parce que ceulx qui y estoient avoient laissé leurs biens à leurs maisons. Ces coquins ne prindrent point ces prières en payement, et s'efforcèrent d'entrer, ce qu'on ne voulut permettre, et tira-l'on quelques coups de hacquebute qui en firent demourer deux sur le lieu. Les autres allèrent quérir leurs compaignons qui, plus près de mal faire que autrement, tirèrent ceste part. Quant ilz furent arrivez, congneurent bien que par force jamais n'y entreroient: si advisèrent d'une grande lascheté et meschanceté; car au droit du pertuys misrent force boys, paille et foin avecques du feu, qui en peu de temps rendit si horrible fumée dedans ceste cave, où il n'y avoit air que par là, que tous furent estouffez et mors à martyre, sans aucunement estre touchez du feu. Il y avoit plusieurs gentilz-hommes et gentilles femmes qui, après que le feu fut failly et qu'on entra dedans, furent trouvez estainctz, et eust-on dit qu'ilz dormoient. Ce fut une horrible pitié; mesmement eust, on veu à plusieurs belles dames sortir les enfans de leur ventre tous mors. Lesditz adventuriers y firent gros butin. Mais le seigneur grant maistre et tous les cappitaines en furent à merveilles desplaisans, et sur tous le bon Chevalier sans paour et sans reprouche, qui tout au long du jour mist peine de trouver ceulx qui en avoient esté cause, desquelz il en prist deux, dont l'ung n'avoit point d'oreilles, et l'autre n'en avoit que une. Il fist si bonne inquisition de leur vie, que par le prévost du camp furent menez devant ceste crote, et par son bourreau penduz et estranglez; et y voulut estre présent le bon Chevalier. Ainsi, comme ilz faisoient cest exploict, quasi par miracle va sortir de ceste cave ung jeune garson de l'ange de quinze à seize ans, qui mieulx sembloit mort que vif, et estoit tout jaulne de fumée. Il fut amené devant le bon Chevalier, qui l'enquist comme il s'estoit sauvé. Il respondit que quant il veit la fumée si grande, il s'en alla tout au fin bout de la cave, où il disoit avoir une fente du dessus de la montaigne bien petite, par où il avoit pris l'air. Et dist encores une piteuse chose, c'est que plusieurs gentilz-hommes et leurs femmes, quant ilz apperceurent qu'on vouloit mettre le feu, vouloient sortir, en congnoissant aussi bien qu'ilz estoient mors; mais les vilains qui estoient avecques eulx, et beaucoup les plus fors, ne le voulurent jamais consentir, et leur venoient au-devant avecques la pointe des ronçons, en disant qu'ilz mourroient aussi bien que eulx: et ainsi les pauvres gens furent assaillis du feu, et des leurs mesmes.

De ce lieu de Longare marcha le camp droit à Montselles, que les Véniciens avoient repris et remparé, et dedans logé mille ou douze cens hommes. En chemin furent rencontrez par les seigneurs d'Alègre et bon Chevalier, avecques le seigneur Mercure et ses Albanoys, qui estoient pour lors à l'Empereur, quelques chevaulx-légiers de ceulx de la seigneurie qu'on appeloit Corvaz, et sont plus turcs que chrestiens; lesquelz venoient voir s'ilz gaigneroient quelque chose sur le camp; mais ilz firent mauvais butin, car tous ou la plupart y demourèrent, et furent bien ung quart d'heure prisonniers. Entre lesquelz le seigneur Mercure va congnoistre le cappitaine qui estoit, ainsi qu'il dist depuis, son cousin germain, et l'avoit gecté de son héritage en Corvacie, lequel il tenoit et occupoit par force, et estoit le plus grant ennemy qu'il eust en ce monde. Si luy vint à ramentevoir toutes les meschancetez qu'il luy avoit faictes, et que à présent estoit bien en luy d'en prendre vengeance. L'autre dist qu'il estoit vray, mais qu'il avoit esté pris en bonne guerre, et que par raison devoit sortir en payant rançon selon sa puissance, dont il offroit six mille ducatz et six beaulx et excellens chevaulx turcs. « Nous parlerons de cela plus à loysir, dist le » seigneur Mercure; mais, par ta foy, si tu me » tenois ainsi comme je te tiens, que feroys-tu » de moy? » Lequel respondit : « Puisque si » fort me presses que de ma foy, je t'advise que » si tu estois en ma mercy comme je suis en la » tienne, tout l'or du monde ne te sauveroit pas » que je ne te feisse mettre en pièces. — Vraye- » ment, dist le seigneur Mercure, je ne te fe- » ray pas pis. »

Si commanda à ses Albanoys, en son langaige,

à jouer des cousteaulx; lesquelz soubdainement misrent leurs cymeterres en besongne, et n'y eut cappitaine ne autre qui n'eust dix coups après sa mort; puis leur couppèrent les testes, qu'ilz picquoient au bout de leurs estradiotes, et disoient qu'ilz n'estoient pas chrestiens. Ilz avoient estrange habillement de teste, car il estoit comme ung chapperon de damoyselle; et où ilz mettoient la teste, cela estoit garny de cinq ou six gros papiers colez ensemble, de façon que une espée n'y faisoit nemplus de mal que sur une secrette (1).

Le siége de Montselles, qui se fist canonner l'espace de quatre ou cinq jours, et n'eust jamais esté pris, veu la fortiffication qu'on y avoit faicte, n'eust esté que ceulx qui estoient dedans sortoient pour venir à l'escarmouche, et bien souvent jusques à ung bon gect de pierre de leur fort, contre les adventuriers françois, qui vouluntiers eussent esté veoir quel il faisoit en la place.

Par une après-disnée que l'on n'y pensoit point, les gens du cappitaine Molart, avecques ung gentil-homme qui se nommoit le baron de Montfaucon, allèrent escarmoucher ceulx du chasteau, qui gaillardement y vindrent, et faisoient merveilles: tellement que deux ou trois repoulsèrent assez lourdement les adventuriers, et une fois entre autres les chassèrent trop loing, tellement que quant ilz se cuidèrent retirer se trouvèrent lassez; dont lesditz adventuriers s'apperceurent qui les chassèrent vivement, et de façon qu'ilz entrèrent pesle mesle parmy les ennemys dedans la place. Quant ceulx qui la gardoient virent qu'ilz estoient perduz, se retirèrent en une grosse tour, où incontinent ilz furent assiégez; et bouta-on le feu au pied. La pluspart s'y laissa brusler plustost que se rendre; les autres sortoient par les créncaulx, qui estoient receuz sur la pointe des picques par les adventuriers. Brief, il en eschappa bien peu en vie. Il y fut tué, du costé des François, ung gentil-homme nommé Camican, et le baron de Montfaucon blessé à la mort: toutesfois il en eschappa, mais ce fut à bien grant peine.

On fist remparer la place, et y mist-on grosse garnison, cuydant aller mettre le siége à Padoue; mais nouvelles vindrent que le pape Julles estoit révolté, et qu'il alloit faire la guerre au duc de Ferrare, lequel estoit allyé du roy de France, auquel ledict duc en avoit amplement escript pour estre secouru. A quoy le Roy voulut bien obtempérer, et escripvit au grant maistre, son lieutenant-général, luy bailler secours. Ce qu'il fist, car il envoya les seigneurs de Montoison, de Fontrailles, Du Lude, et le bon Chevalier, avecques trois ou quatre mille hommes de pied françois, et huyt cens Suysses qu'avoit tirez du pays, comme adventuriers, ung cappitaine nommé Jacob Zemberc. Eulx arrivez à Ferrare, furent fort bien receuz du duc, de la duchesse et de tous les habitans.

Le grant maistre, avecques son armée qui luy resta, se retira au duché de Milan, parce qu'il fut adverty que les Suysses, qui ung peu auparavant avoient laissé l'aliance du Roy son maistre, y faisoient une descente, et estoient desjà au pont de La Treille. Quant il arriva, il ne séjourna point à Milan; ains avecques sa gendarmerie, les deux cens gentilz-hommes et quelque petit nombre des gens de pied, les alla attendre en la plaine de Galezas, et leur fist oster tous ferremens de moulins et tous vivres de leur chemin; et qui pis est, à ce qu'on disoit, avoit fait empoisonner tous les vins estans audit lieu de Galezas, jusques où vindrent les Suysses, et en beurent tout leur saoul: mais au dyable celluy qui en eut mal. Guères ne furent aux champs que vivres ne leur faillissent; parquoy leur en convint retourner en leur pays, où ilz furent tousjours conduitz de près, affin qu'ils ne meissent le feu en nulz villages. Il alla des adventuriers françois audit lieu de Galezas, qui voulurent boire du vin qu'on avoit empoisonné pour les Suysses; mais il en mourut plus de deux cens. Il fault dire que Dieu s'en mesla, ou que l'espice estoit demourée au fons du tonneau.

Or je laisseray ung peu ceste matière, et retourneray à la guerre du Pape et du duc de Ferrare. Mais premier je déclaireray une merveilleuse et périlleuse adventure qui advint à ceulx de Lignago, en la mesme année.

◇◇◇

CHAPITRE XLI.

Comment ceulx de la garnison de Lignago firent une course sur les Véniciens par l'advertissement de quelques espies qui les trahirent; parquoy ils furent deffaictz.

Quant le gentil chevalier de La Crote se fut mis en ordre dedans Lignago, peu demoura de jours qu'il ne tumbast malade, et fut en grant dangier de mort. Il avoit tout plain de jeunes gens vouluntaires, dont entre autres estoit ung gentil-homme appellé Guyon de Cantiers, fort hardy, et courageux plus que de conduicte. Les Véniciens venoient aucunesfois courir jusques devant ceste place de Lignago; mais ceulx de

(1) Arme défensive.

dedans icelle, mis en garnison, n'osoient sortir, car il leur estoit seulement enchargé de la garder seurement. Ce Guyon de Cantiers avoit des espies deçà et delà, et fist tant qu'il print congnoissance à quelqu'un de la ville de Montaignane, distant de Lignago douze ou quinze milles, lequel venoit bien souvent veoir icelluy de Cantiers en sa place, et luy tenoit tousjours propos que si quelquefois vouloit sortir avecques nombre de gens de cheval et de pied, non pas trop grant, il ne fauldroit point de prendre prisonnier le providadour de la seigneurie de Venize, messire André Grit, car souvent venoit audit Montaignane avecques deux ou trois cens chevaulx-légiers; et que estant icelluy de Cantiers et ses compaignons embuschez auprès de la ville, par ung matin avant jour ne fauldroient point, ainsi que le providadour sortiroit, de le prendre et quant et quant la ville, et icelle piller, et se faisoit fort le galant d'advertir seurement le jour qu'il y feroit bon.

Cantiers, qui grand désir avoit de faire courses et aussi d'attraper ce beau butin, l'asseura qu'il n'y auroit point de faulte, mais qu'il feust adverty au vray: ce que l'autre luy promist assez, et puis s'en retourna à Montaignane, où luy arrivé donna à entendre, à celluy qui l'avoit en garde pour la seigneurie, la menée qu'il avoit faicte à ceulx de Lignago; et que s'ilz vouloient bien jouer leur personnage, ne fauldroient point d'avoir à leur mercy la pluspart de ceulx de la garnison, et par ainsi aysément reprendre la place, qui leur estoit de merveilleuse importance. Le cappitaine de Montaignane trouva cest advis très-bon, et incontinent le fist entendre par homme exprès au providadour messire André Grit, qui amena trois cens hommes-d'armes, huyt cens chevaulx-légiers, et deux mille hommes de pied. De ceste bende, à deux ou trois milles dudit Montaignane luy arrivé, envoya deux cens hommes-d'armes et mille hommes de pied en embusche, lesquelz furent instruitz laisser passer ceulx qui sortiroient de Lignago, et puis après leur clorre le passage.

Ilz ne misrent pas en oubly ce qu'on leur avoit chargé, aussi jouèrent-ilz fort bien leur roolle. L'espie de Montaignane retourna pour parler à Guyon de Cantiers, qui luy fist grosse chère, luy demandant qui le menoit; lequel en homme asseuré respondit: « Bonnes nouvelles pour vous » si vous voulez; car à ce soir arrive en nostre » ville messire André Grit, avec deux cens che» vaulx seullement: si vous voulez partir une » heure ou deux devant jour, je vous conduiray, et ne fauldrez point de l'empoigner. » Qui fut bien aise, ce fut Cantiers, lequel s'en vint incontinent à ses compaignons, mesmement à ung gentil-homme qu'on appelloit le jeune Malerbe, qui portoit leur enseigne, et leur compta l'affaire de point en point. Jamais chose ne fut trouvée meilleure; et quant à leur vouloir, n'estoit question que de partir, mais il convenoit avoir congé. Le cappitaine La Crote gardoit encores sur jour quelque peu le lict, pour n'estre pas trop bien revenu de sa maladie.

Si allèrent vers luy lesditz seigneurs de Cantiers et Malerbe luy supplier leur donner cong de faire une course, où ilz auroient gros honneur et grant prouffit. Si luy comptèrent l'entreprinse d'ung bout en autre. Quant il eut ouy leurs raisons, respondit en sage et advisé chevalier, et dist: « Messeigneurs, vous sçavez que » j'ay ceste place sur ma vie et sur mon hon» neur, pour la garder seulement. S'il advenoit » que eussiez rencontre autre que bonne, je se» rois destruit et perdu à jamais; et davantage » le reste de mes jours ne vivroys qu'en mélan» colie: parquoy ne suis pas délibéré de vous » donner congé. » Ilz commencèrent à luy faire des plus belles remonstrances du monde, en disant qu'il n'y avoit nul dangier, et que leur espie estoit asseuré. Et tant luy en dirent d'unes et d'autres, que moitié de gré, moitié par importunité, leur donna congé; mais au vray dire c'estoit quasi à force. Cela ne leur donnoit riens, car le cerveau bouilloit encore dedans leur teste; et, à quelque péril que blé se vendist, voulurent essayer leur mauvaise fortune.

Ilz en advertirent tous leurs compaignons qu'ilz tirèrent à leur cordelle; et quant ilz congneurent que l'heure approchoit, en firent monter jusques à cinquante à cheval, tous hommes-d'armes, que Malerbe menoit, et environ trois cens hommes de pied, que conduysoit Guyon de Cantiers. Sur les deux heures après minuyt partirent de Lignago, leur double espie avecques eulx, qui les conduysoit à l'escorchouer. Il n'est riens si certain que c'estoit toute fleur de chevalerie ce qui sortit de Lignago, quant à hardiesse; mais jeunesse estoit avecques eulx de compaignie. Ilz se misrent ensemble le long du grant chemin qui alloit dudit Lignago à Montaignane, les gens de pied devant, et ceulx de cheval à leur esle. Tant allèrent, qu'ils approchèrent la première embusche des gens de la seigneurie, qui estoient en ung petit village; mais, ne se doubtant de rien, passèrent oultre, et poussèrent jusques à ung petit mille de Montaignane.

Alors leur dist l'espie: « Messeigneurs, laissez» moy aller, et vous tenez ici tous serrez; je » voys sçavoir dedans la ville quel il y fait, pour

35.

» vous en advertir. » Ilz le laissèrent aller ; mais trop mieulx leur eust valu luy avoir couppé la teste, car il ne fut pas si tost arrivé qu'il n'allast au seigneur messire André Grit, auquel il dist : « Seigneur, je vous ay amené, la corde au » col, la pluspart de ceulx de Lignago ; et n'est » possible qu'il s'en peust saulver ung seul si » vous voulez, car desjà ont-ilz passé vostre » embusche, et sont à ung mille d'icy. » Messire André Grit fut incontinent à cheval, et tous ses gens pareillement, tant de cheval que de pied ; et se gectant hors de la ville, envoya environ cent hommes de cheval pour escarmoucher, qui bientost trouvèrent les François, lesquelz furent joyeulx à merveilles, pensant qu'il n'y eust autre chose, et que le providadour feust en ceste troppe. Les François à cheval commencèrent à charger, et les autres tournèrent le dos, jusques à ce qu'ilz feussent sur la grosse troppe, laquelle quant ilz l'apperceurent s'estonnèrent beaucoup, et retournèrent aux gens de pied, ausquelz ilz dirent : « Nous sommes trahiz, car ilz sont trois » mille hommes ou plus ; il fault essayer à nous » sauver. » Ceulx de la seigneurie les suyvoient à grosse furye, criant : *Marco, Marco ! acarne, acarne !* et chargèrent rudement les François, lesquelz misrent leurs gens de pied devant, et leurs gens de cheval sur leur queue, pour les soustenir. Et de fait reculèrent sans perte jusques au village où estoit la première embusche des Véniciens qui, au son de la trompette, suyvant la charge qu'ilz avoient, commencèrent à sortir, et se gectèrent entre Lignago et les François. Par ainsi furent enclos et assailliz par deux costez. Et fault entendre que depuis que Dieu créa ciel et terre, pour le nombre des gens, ne fut mieulx combatu pour ung jour ; car le combat dura plus de quatre heures, sans ce que les François, qui tousjours se retiroient, peussent estre deffaits.

D'une chose s'advisa messire André Grit : c'est qu'il fist gecter sur les esles quelques arbalestriers de cheval, qui vindrent donner dedans les gens de pied ; de sorte qu'ilz leur firent rompre une partie de leur ordre. Toutesfois tousjours se retirèrent vers leur place, laquelle ilz approchèrent à quatre milles : mais là les convint demourer, car ilz furent chargez par tant d'endroitz et de telle sorte que la pluspart des hommes-d'armes furent mis à pied, car leurs chevaulx furent tuez. Quant Guyon de Cantiers veit que tout estoit perdu, comme ung lyon eschauffé va entrer dedans les gens de pied de la seigneurie, où il fist merveilles d'armes, car il en tua de sa main cinq ou six ; mais il avoit trop petit nombre au pris des autres. Si luy fut force là demourer abatu et tué aveccques tous ses trois cens hommes, sans que nul en eschappast vif. Le cappitaine Malerbe s'estoit, aveccques si peu de gens à cheval qu'il avoit, encores tiré aux champs, où il combatit l'espace d'une grosse heure ; mais enfin il fut prins prisonnier et vingt et cinq de ses compaignons ; le demourant y mourut. Et pour conclusion, il n'eschappa homme vivant pour en aller dire les nouvelles à Lignago.

Quant messire André Grit vit du tout la victoire sienne, se va adviser d'une subtilité : c'est qu'il fist tous les gens de pied françois qui estoient mors despouiller et désarmer, et en feit vestir des siens autant, prent les habillemens des gens-d'armes, leurs chevaulx et plumailz, et les baille à de ses gens. Et davantage leur bailla cent ou six-vingtz de ses hommes, qu'ilz emmenoient comme prisonniers, et leur faisoit conduyre trois faulcons que ceulx de Lignago avoient menez ; puis leur dist : « Allez en ceste » sorte jusques à Lignago ; et quand serez au- » près cryez : *France, France ! victoire, vic- » toire !* Ceulx de dedans penseront que ce » soyent leurs gens qui ayent gaigné. Et pour » encores mieulx leur donner à congnoistre, » oultre leurs enseignes emporterez encores » deux ou trois des nostres ; je ne fais nulle » doubte qu'ilz ne vous ouvrent la porte : sai- » sissez-vous-en ; et je seray à ung gect d'arc » de vous, et, au son de la trompette, je me » rendray là incontinent. Ainsi aujourd'huy, » si sçavez bien conduyre l'affaire, reprendrons » Lignago qui est de telle importance à la sei- » gneurie que sçavez. »

Ce qui leur fut commandé fut très-bien exécuté ; et menant feste et joye, approchèrent d'ung gect d'arc Lignago, sonnant trompettes et clérons. Le seigneur de La Crote avoit ung lieutenant en la place qui s'appelloit Bernard de Villars, ancien sage chevalier, et qui avoit beaucoup veu. Il monta sur la tour du portail pour veoir venir ses gens, qui démenoient si grant joye, affin de leur faire ouvrir la porte. Il regarda de loing leur contenance dont il s'esbahyt, et dist à ung qui estoit auprès de luy : « Velà les chevaulx et les acoustremens de noz » gens ; mais il m'est advis que ceulx qui sont » dessus ne chevauchent point à nostre mode, » et ne sont point des nostres, ou je suis déceu. » Il y pourroit bien avoir du malheur en nostre » endroit, et le cueur le me juge. Je vous prie, » descendez, et faictes abaisser la planchette » du pont, et puis dictes qu'on la retire. Si ce » sont noz gens, vous en congnoistrez assez ; » si ce sont ennemys, pensez de vous saulver à

» la barrière. J'ay ici deux pièces chargées; s'il
» est besoing, en serez secouru. » Au dire du
cappitaine Bernard, descendit le compaignon,
qui sortit hors de la place, cuydant venir au-
devant de ses gens, en demandant: *Qui vive?
où est le cappitaine Malerbe?* Ilz ne respondirent riens : mais, cuydans que le pont feust
abaissé, commencèrent, à course de cheval,
marcher. Ledit compaignon se saulva tellement quellement en la barrière. Alors furent
tirées les deux pièces d'artillerie, qui les arresta
sur le cul. Ainsi fut saulvée la place de Lignago
pour ceste fois; mais les François y eurent
grosse honte et perte, dont plusieurs s'apper-
çeurent. Quant le povre seigneur de La Crote
eut entendu le piteux affaire, il cuyda mourir
de dueil. Le roy de France en fut desplaisant à
merveilles, et luy en cuyda faire faire ung
mauvais tour, mais cela s'appaisa par le moyen
du seigneur Jehan Jacques, qui estoit pour lors
venu en France pour tenir sur fonds madame
Renée, fille du roy Loys douziesme et de Anne
sa femme, duchesse de Bretaigne, lequel luy
fist plusieurs remonstrances à la descharge dudit seigneur de La Crote.

Or laissons ce propos, et retournons au pape
Julles second, qui marchoit vers Ferrare.

◇◇◇

CHAPITRE XLII.

*Comment le pape Julles vint en personne en la
duché de Ferrare ; et comment il mist le
siége devant la Myrandolle.*

Le pape Julles, qui désiroit à merveilles recouvrer la duché de Ferrare qu'il prétendoit
estre de l'Eglise, dressa une grosse armée qu'il
fist en Boulenoys, pour l'amener en ladicte
duché; et s'en vint, de journée en journée, loger en ung gros village qu'on appelle Sainct-
Félix, entre la Concorde et la Myrandolle.
Le duc de Ferrare et tous les François qui estoient avecques luy, s'estoient venuz loger à
douze milles de Ferrare, entre deux bras du
Pau, en ung lieu dit l'Ospitalet, où il fist dresser
ung pont de bateaulx qu'il faisoit très-bien
garder, car par là souvent ses ennemys estoient
escarmouchez. Le Pape, arrivé à Sainct-Félix,
manda à la contesse de la Myrandolle, qui fille
naturelle estoit du seigneur Jehan Jacques de
Trévolz, alors veufve, qu'elle voulsist mettre
sa ville de la Myrandolle entre ses mains, parce qu'elle luy estoit nécessaire pour son entreprinse de Ferrare. La contesse, qui, suyvant le
cueur de son père, estoit toute françoise, et
sçavoit très-bien que le roy de France favorisoit
et secouroit le duc de Ferrare, ne l'eust fait
pour mourir. Elle avoit ung sien cousin germain, appellé le conte Alexandre de Trévolz,
avecques elle, qui ensemble firent response à
celluy qui estoit venu de par le Sainct-Père; et
luy fut dit que quant il luy plairoit s'en pourroit bien retourner, et dire a son maistre que
pour riens la contesse de la Myrandolle ne
bailleroit sa ville; qu'elle estoit sienne, et que,
Dieu aydant, la sçauroit bien garder contre
tous ceulx qui la luy vouldroient oster. De ceste
response fut courroucé merveilleusement le
Pape, et jura sainct Pierre et sainct Paul qu'il
l'auroit par amour ou par force. Si commanda
à son nepveu le duc d'Urbin, cappitaine-général
de son armée, que le lendemain il allast mettre
le siége.

Le conte Alexandre de Trévolz, qui n'en
pensoit pas moins, envoya devers le duc de
Ferrare et les cappitaines françois à l'Ospitalet,
qui n'estoit que à douze milles, leur supplier,
pource qu'il ne se sentoit pas bien garny de
gens pour l'heure, et qui de jour en autre espéroit le siége, qu'on luy envoyast jusques à cent
bons compaignons et deux canonniers. La chose
luy fut aiséement accordée, car la perte de la
Myrandolle estoit de grosse importance au duc
de Ferrare, qui estoit ung gentil prince, saige
et vigillant à la guerre, et qui sect quasi tous
les sept ars libéraulx, et plusieurs autres choses
mécanicques, comme fondre artillerie, dont il
est aussi bien garny que prince son pareil de
tout le monde, et si en sect très-bien tirer,
faire les affutz et les boulletz. Or laissons ses
vertus là, car assez en avoit et a encores. Par
l'advis des cappitaines françois il envoya à la
Myrandolle les deux canonniers et les cent compaignons qu'on demandoit; et avecques eulx
allèrent deux jeunes gentilz-hommes, l'ung du
Dauphiné, appellé Monchenu, nepveu du seigneur de Montoison, et l'autre nepveu du seigneur Du Lude, qu'on appelloit Chantemerle,
du pays de la Beausse, ausquelz, au partir, le
bon Chevalier sans paour et sans reproche
dist : « Mes enfans, vous allez au service des
» dames ; monstrez-vous gentilz compaignons
» pour acquérir leur grâce, et faites parler de
» vous. La place où vous allez est très-bonne et
» forte; si le siége y vient, vous aurez honneur
» à la garder. » Et plusieurs autres joyeulx
propos leur disoit le bon Chevalier, pour leur
mettre le cueur ou ventre. Si monta luy-mesmes
à cheval avecques sa compaignie, pour leur
faire escorte ; et si bien les conduysit qu'ilz entrèrent dedans la ville où ilz furent receuz de la

contesse et du conte Alexandre très-honnestement. Ilz n'y furent jamais trois jours que le siége ne feust devant, et l'artillerie plantée sur le bort du fossé, qui commença à tirer fort et roydə. Et ceux de la ville, qui ne monstroient pas tiltre d'esbahissement, leur rendoient la pareille au mieulx qu'ilz povoient.

Le bon Chevalier, qui ne plaignit jamais argent pour sçavoir que faisoient ses ennemys, avoit ses espies, qui souvent luy rapportoient nouvelles du camp et du Pape, qui estoit encores à Sainct-Félix, et comment il se délibéroit de partir dedans ung jour ou deux pour aller au siége qu'il avoit fait metre devant la Myrandolle. Il renvoya encore ung desdits espies à Sainct-Félix, dont ils n'estoient que à dix milles, pour entendre au vray quant le Pape partiroit. Il fist si bonne inquisition, qu'il sceut pour vray que le lendemain yroit en son camp. Si en vint advertir le bon Chevalier, qui en fut bien ayse, car il avoit telle chose pensée, qu'il espéroit prendre le Pape et tous ses cardinaulx; ce qu'il eust fait, n'eust esté ung inconvénient qui advint, comme vous orrez.

CHAPITRE XLIII.

Comment le bon Chevalier sans paour et sans reprouche cuyda prendre le Pape entre Sainct-Félix et la Myrandolle; et à quoy il tint.

Le bon Chevalier s'en vint au duc de Ferrare et au seigneur de Montoison, ausquelz il dist : « Messeigneurs, je suis adverty que demain matin le Pape veult desloger de Sainct-Félix pour aller à la Myrandolle : il y a six » grans milles de l'ung à l'autre. J'ay advisé une » chose, si la trouvez bonne, dont il sera mémoire d'icy à cent ans. A deux milles de » Sainct-Félix y a deux ou trois beaulx palais » qui sont habandonnez pour l'occasion de la » guerre; je suis délibéré toute ceste nuyt m'en » aller loger avec cent hommes-d'armes; sans » paige ne varlet, dedans l'ung de ces palais; et » demain au matin, quand le Pape deslogera » de Sainct-Félix (je suis informé qu'il n'a que » ses cardinaulx, évesques et prothonotaires, » et bien cent chevaulx de sa garde), je sortiray de mon embusche, et n'y aura nulle faulte » que je ne l'empoigne; car l'alarme ne sçauroit estre si tost au camp que je ne me sauve, » veu qu'il n'y a que dix milles d'icy là; et prenez le cas que je feusse poursuivy, vous, Monseigneur, dist-il au duc de Ferrare, et mon» seigneur de Montoison, passerez le matin le » pont avecques tout le reste de la gendarmerie, et me viendrez attendre à quatre ou cinq » milles d'icy pour me recueillir, si par cas fortuit m'advenoit inconvénient. »

Oncques chose ne fut trouvée meilleure que la parolle du bon Chevalier; ne restoit que à l'exécuter : ce que guères ne tarda, car toute la nuyt, après avoir bien fait repaistre les chevaulx, print cent hommes-d'armes, tous esleuz; et puis après que chascun fut en ordre, comme pour attendre le choc, s'en va avecques son espie, le beau pas, droit à ce petit village. Si bien luy advint qu'il ne trouva homme ne femme pour estre descouvert, et se logea environ une heure devant jour. Le Pape, qui estoit assez matineux, estoit desjà levé; et quant il veit le jour, monta en sa lictière pour tirer droit en son camp. Et devant estoient prothonotaires, clercs et officiers de toutes sortes, qui alloient pour prendre le logis, et sans penser aucune chose s'estoient mis à chemin.

Quant le bon Chevalier les entendit, ne fist autre demeure, ains sortit de son embusche, et vint charger sur les rustres qui, comme fort effrayez de l'alarme, retournèrent, piequans à bride abatuë, dont ilz estoient partiz, crians : *Alarme, Alarme!* mais tout cela n'eust de riens servy. Le Pape, ses cardinaulx et évesques eussent esté prins, sans ung inconvénient qui fut très-bon pour le Sainct-Père, et fort malheureux pour le bon Chevalier : c'est qu'ainsi que le Pape fut monté en sa lictière, et sorty hors du chemin de Sainct-Félix, ne fut pas à ung gect de boulle, qu'il ne tumbast du ciel la plus aspre et véhémente neige qu'on eust veu cent ans devant : mais c'estoit par telle impétuosité, que l'on ne voyoit pas l'ung l'autre. Le cardinal de Pavye, qui estoit alors tout le gouvernement du Pape, luy dist : « *Pater Sancte*, il n'est pas possible » d'aller par ce pays pendant que cecy durera; » il est plus que nécessaire, et me semble que » devez sans tirer oultre, retourner; » ce que le Pape accorda, qui ne sçavoit riens de l'embusche; et de malheur, ainsy que les fuyans retournoient, et le bon Chevalier à pointe d'espron les chassoit, sans se vouloir arrester à prendre personne, car là ne s'estendoit point son courage, sur le point qu'il arrivoit à Sainct-Félix, le Pape ne faisoit qu'entrer dedans le chasteau; lequel, au cry qu'il ouyt, eut telle frayeur, que subitement et sans ayde sortit de sa lictière, et luy-mesme ayda à lever le pont: qui fut fait d'homme de bon esperit, car s'il eust autant demouré qu'on mectroit à dire ung *Pater noster*, il estoit croqué.

Qui fut bien marry ce fut le bon Chevalier ; car, encores qu'il sceust le chasteau n'estre guères fort, et qu'en ung quart d'heure se pourroit prendre, si n'avoit-il nulle pièce d'artillerie ; et puis d'ung autre costé pensoit bien qu'il seroit descouvert incontinent à ceulx du camp de la Myrandolle, qui luy pourroient faire recevoir une honte. Si se mist au retour, après qu'il eut pris tant de prisonniers qu'il voulut ; où entre autres y avoit deux évesques portatifz, et force muletz de cariage que ses gens-d'armes emmenèrent. Mais oncques homme ne retourna si mélancolié qu'il estoit d'avoir failly si belle prinse, combien que ce ne fut pas sa faulte, car jamais entreprinse ne fut mieulx ne plus subtilement conduicte. Quant il fut arrivé vers le duc de Ferrare, le seigneur de Montoison et ses autres compaignons, qu'il trouva à six milles de leur pont pour le recevoir et secourir si besoing en eust eu, et qu'il leur eut compté sa deffortune, furent bien marris ; toutesfois ilz le reconfortèrent le mieulx qu'ilz peurent, luy remonstrant que la faulte n'estoit pas venue de luy, et que jamais homme ne fist mieulx. Ainsi l'emmenèrent, tousjours devisans de joyeuses parolles, et preschans avecques leurs prisonniers, dont dessus le chemin en renvoyèrent à pied la pluspart. Les deux évesques payèrent quelque légière rançon, et puis s'en retournèrent.

Le Pape demoura dedans le chasteau de Sainct-Félix, lequel, de la belle paour qu'il avoit eue, trembla la fiebvre tout au long du jour, et la nuyt manda son nepveu le duc d'Urbin, qui le vint quérir avecques quatre cens hommes-d'armes, et le mena en son siége, où il fut tant que la Myrandolle fut prise. Bien y demoura trois sepmaines devant, et ne l'eust jamais eue sans ung inconvénient qui advint : c'est qu'il neigea bien six jours et six nuytz sans cesser, et tellement que la neige estoit dedans le camp, de la haulteur d'ung homme. Après la neige il géla si fort que les fossez de la Myrandolle le furent de plus de deux grands piedz ; en sorte que dessus le bort tumba ung canon avecques son affust, qui ne rompit point la glace. L'artillerie du Pape avoit fait deux bonnes et grandes berches. Ceulx qui estoient dedans n'espéroient aucunement que de part du monde on leur allast lever le siége ; car le seigneur de Chaumont, grant maistre de France, et gouverneur de Milan, avecques le reste de l'armée du Roy son maistre, se tenoit à Rége, laquelle il faisoit remparer chascun jour, doubtant que le Pape, après la prise de la Myrandolle, n'allast là ; lequel avoit grosse puissance, car la pluspart de l'armée du roy d'Espaigne estoit avecques luy, et celle des Véniciens, qui jà avoient prins son aliance. Si eut conseil le conte Alexandre et la contesse de rendre la ville, les vies franches, mais le Pape vouloit tout avoir à sa mercy. Toutesfois cela se traicta par le moyen du duc d'Urbin, qui avoit tousjours le cueur françois, car le roy de France Loys douziesme l'avoit nourry en jeunesse, et sans luy le Sainct-Père n'eust pas esté si gracieux.

Quant les nouvelles de la prise de la Myrandolle furent sceues ou camp du duc de Ferrare, toute la compaignie en fut desplaisante à merveilles. Le duc se doubta que bientost seroit assiégé à Ferrare. Si deffist son pont et se retira avecques toute son armée en sa ville, délibéré jusques au derrenier jour de sa vie la garder. Le Pape ne daigna entrer dedans la ville de la Myrandolle par la porte : il fist faire ung pont par dessus le fossé, sur lequel y passa, et entra dedans par une des berches. Il s'y tint quelques jours, où par tous les moyens du monde advisoit comment il pourroit dommager le duc de Ferrare.

⊗

CHAPITRE XLIV.

Comment le Pape envoya une bende de sept à huyt mille hommes devant une place du duc de Ferrare, nommée la Bastide ; et comment ilz furent deffaictz, par l'advis du bon Chevalier sans paour et sans reprouche.

Quant le Pape fut dedans la Myrandolle, fist ung jour assembler son nepveu et tous les cappitaines, tant de cheval que de pied, ausquelz il dist comment il vouloit, sans plus autre chose entreprendre, aller mettre le siége devant Ferrare. Si vouloit sur ce avoir leur advis, et comment la chose se pourroit le plus seurement conduire ; car il sçavoit ladicte ville forte à merveilles, bien garnye de bonnes gens de guerre et d'artillerie, et que à grant peine, sans faulte de vivres, l'auroit-il qu'elle ne luy coustast beaucoup : mais par ce point les feroit-il venir à la raison, considéré qu'il avoit le moyen de leur coupper le passage du Pau ; que au dessus de Ferrare ne leur viendroit riens ; et du dessoubz, que les Véniciens aussi garderoient bien qu'ilz n'en auroient point. Il n'y eut celluy qui n'en dist son opinion, tant que ce fut à parler à ung cappitaine de la seigneurie de Venise, qu'on appelloit Jehan Fort, qui en son langaige, et en s'adressant au Pape, dist : « Très Sainct-Père,

» j'ay ouy les oppinions de tous messeigneurs
» qui sont icy en présence ; et, à les ouyr, con-
» cluent, suyvant ce qu'avez proposé, que en
» gardant que par le Pau n'entrent vivres de-
» dans Ferrare, et que par l'isle soit assiégée,
» en peu de jours sera affamée. Je congnois le
» pays, et en a beaucoup et de bon le duc de
» Ferrare : par Argente luy pourront vivres
» venir, et en habondance, mais à cela pourvoy-
» roit-on bien. D'autre part, il a ung pays qu'on
» appelle le Polesme de Sainct-George, qui tant
» est garny de biens, que quant d'ailleurs n'en
» viendroit à Ferrare, il est suffisant la nourrir
» ung an; et est bien difficile de garder qu'il
» n'en eust de là sans prendre une place à vingt
» et cinq milles dudit Ferrare, qu'on appelle la
» Bastide : mais si elle estoit prise, je tiendrois
» la ville affamée en deux moys, au grant peu-
» ple qui est dedans. »

A grant peine eut le cappitaine Jehan Fort achevé son propos, que le Pape ne dist : « Or » acoup il faut avoir ceste place; je ne seray » jamais à mon aise qu'elle ne soit prise. » Si furent ordonnez deux cappitaines espaignolz avecques deux cens hommes-d'armes, ce cappi- taine Jehan Fort avecques cinq cens chevaulx- légiers et cinq ou six mille hommes de pied, pour aller exécuter ceste entreprise, acompai- gnez de six pièces de grosse artillerie. Eulx assemblez, se mirent à chemin, et allèrent sans rencontre trouver jusques devant la place. Quant le cappitaine qui en avoit la garde veit si grosse puissance, eut frayeur, et non sans cause, car il n'estoit pas à l'heure fort bien garny de gens de guerre : toutesfois il délibéra de faire son debvoir, et d'advertir le duc son maistre de son inconvénient. Les gens du Pape ne firent autre sejour, sinon, après eulx estre logez, asseoir leur artillerie; et commencea à batre la place à force. Le cappitaine avoit fait secrètement partir ung homme par lequel il mandoit au duc son affaire, et que s'il n'estoit secouru en vingt et quatre heures, il se voyoit en dur party, parce qu'il n'avoit pas gens de- dans pour deffendre à la puissance qu'il avoit devant luy. Le messager fist extrême diligence, et fut environ midy à Ferrare; ainsi ne mist point six heures.

Le bon Chevalier estoit allé à l'esbat à une porte par où entra le messagier, qui fut enquis à qui il estoit, et amené devant luy, qui luy demanda dont il venoit, lequel respondit asseu- réement : « Monseigneur, je viens de la Bas-
» tide, laquelle est assiégée de sept ou huyt
» mille hommes; et m'envoye le cappitaine dire
» au duc que s'il n'est secouru, il ne sçauroit
» tenir demain tout au long du jour, au moins
» s'ilz luy livrent assault. — Comment, mon
» amy, est si mauvaise la place? — Non, dist le
» messagier, ains une des bonnes d'Italye; mais
» il n'a que vingt-cinq hommes de guerre de-
» dans, qui n'est pas pour la deffendre contre la
» force des ennemys. — Or, venez doncques,
» mon amy, je vous meneray devers le duc. »
Ilz estoient luy et le seigneur de Montoison en- semble sur leurs mules en la place de la ville, devisans des affaires. Ilz veirent venir le bon Chevalier, qui amenoit cest homme, et eurent ymagination que c'estoit une espie. Si dist le seigneur de Montoison, s'adressant au bon Chevalier : « Mon compaignon, vous aymeriez
» mieulx estre mort, que ne feissiez tous les
» jours quelque prinse sur noz ennemys; com-
» bien vous payera ce prisonnier pour sa ran-
» çon ? — Sur ma foy, respondit le bon Cheva-
» lier, il est des nostres, et nous apporte
» d'estranges nouvelles, comme il dira à mon-
» seigneur. » Lors le duc l'enquist, et puis re- garda les lettres que le cappitaine de La Bastide luy escripvoit. En les lisant, chascun le voyoit blesmir et changer de couleur ; et quand il eut achevé de lire, haulsa les espaules, et dist :
« Si je pers la Bastide, je puis bien haban-
» donner Ferrare, et je ne voy pas bien le
» moyen qu'elle soit secourue dedans le terme
» que celluy qui est dedans me rescript ; car il
» demande secours dedans demain pour tout le
» jour, et il est impossible. — Pourquoy ? res-
» pondit le seigneur de Montoison. — Dist le
» duc : Parce qu'il y a vingt et cinq milles
» d'icy là ; et davantage, au temps qu'il fait, il
» fault passer par ung chemin où, l'espace de
» demy-mille, fault aller l'ung après l'autre. Et
» encores y a-il une autre chose, c'est que si
» noz ennemys estoient advertis d'ung passage
» qu'il y a, vingt hommes garderoient dix mille
» de passer ; mais je croy qu'ilz ne le sçavent
» pas. »

Quant le bon Chevalier sans paour et sans reproche veit le duc ainsi esbahy, et non sans cause, luy dist : « Monseigneur, quant il est
» question de peu de chose, la fortune est aisée
» à passer ; mais quant il y va de sa destruction,
» on y doit pourvoir par tous les moyens qu'il
» est possible. Les ennemys sont devant la
» Bastide, et cuydent estre bien asseurez, par-
» ce que, au moyen de ce que la grosse armée
» du Pape est près d'icy, leur est advis que
» n'oserions partir ceste ville pour leur aller
» lever le siège. J'ay pensé une chose qui sera
» fort aisée à exécuter ; et si le malheur n'est
» trop contre nous, en viendrons à honneur.

» Vous avez en ceste ville quatre ou cinq mille
» hommes de pied, gentilz compaignons et gens
» aguerriz le possible. Prenons-en deux mille,
» avecques les huyt cens Suisses du cappitaine
» Jacob, et les faisons, sur la nuyt, en bateaulx
» mettre sur l'eaue. Vous estes encores seigneur
» du Pau jusques à Argente. Ilz nous yront at-
» tendre à ce passage que vous dictes. S'ilz y
» sont les premiers, ilz le prendront, et la gen-
» darmerie qui est en ceste ville yra par terre
» toute ceste nuyt. Nous aurons bonnes guydes,
» et ferons de façon que y serons au point du
» jour; et ainsi nous joindrons les ungs avecques
» les autres. Noz ennemys ne se doubteront ja-
» mais de ceste entreprinse. Il n'y a du passage
» que vous dictes sinon trois milles, ou moins
» encores, jusques à la Bastide. Devant qu'ilz
» se soient mis en ordre de combatre, leur
» yrons livrer la bataille aigrement; et le cueur
» me dit que nous les defferons. »

S'on eust donné cent mille escuz au duc, n'eust pas esté plus joyeux. Si respondit en soubzriant : « Par ma foy, Monseigneur de » Bayart, il ne vous est riens impossible; mais » je vous promets, sur mon honneur, que si » messeigneurs qui sont icy trouvent vostre op- » pinion bonne, je me fais doubte que ne facions » de noz ennemys ce que vous dictes; et de ma » part les en supplie tant que je puis. » Lors mist le bonnet hors de la teste.

Le seigneur de Montoison, hardy et vertueux cappitaine respondit : « Monseigneur, nous n'a- » vons mestier de prieres en vostre endroit, et » ferons ce que commanderez, car ainsi l'avons » en charge du Roy nostre maistre. » Autant en dirent le seigneur Du Lude et le cappitaine Fontrailles, bien délibérez de faire leur debvoir. Ilz envoyèrent quérir les cappitaines des gens de pied, ausquelz ilz déclarèrent l'affaire, qui leur fut advis estre en paradis. Le duc fist se- crètement apprester force barques, sans bruyt quelconque; car il y avoit des gens en la ville qui estoient fort bons papalistes. Les barques prestes sur le soir, se mirent les gens de pied dedans, qui eurent bons et seurs mariniers.

Les gens de cheval, où le duc estoit en per- sonne, partirent sur le commencement de la nuyt. Ilz avoient bonnes guydes, et, quelque mauvais temps qu'il fist, furent seurement con- duytz; et si bien leur advint que demye-heure devant jour arrivèrent lesditz gens de cheval au passage, où ilz ne trouvèrent nul empesche- ment, dont ilz furent très-joyeulx; et ne de- moura pas demye-heure que les barques, les- quelles amenoient les gens de pied, n'arri- vassent. Si descendirent, et puis après le petit pas allèrent droit à ce mauvais passage, qui estoit ung petit pont où ne povoit passer que ung homme-d'armes de front; et estoit sur ung canal assez profond, entre le Pau et la Bastide. Ilz misrent bien une grosse heure à passer, tellement qu'il estoit jour tout cler, dont le duc eut mauvaise oppinion : et par ce qu'il n'oyoit point tirer l'artillerie, doubtoit que sa place feust perdue. Mais ainsi qu'il en parloit aux cappitaines françois, va ouyr trois coups de ca- nons tout d'une bende, dont luy et toute la belle et bonne compaignie furent fort joyeulx. Il n'y avoit pas plus d'ung mille jusques aux ennemys.

Si commença à dire le bon Chevalier : « Messeigneurs, j'ay ouy tousjours dire que » celluy est fol qui n'estime son ennemy. Nous » sommes près des nostres; ilz sont trois contre » ung. S'ilz sçavoient nostre entreprise, sans » nulle faulte nous aurions de l'affaire et beau- » coup; car ilz ont artillerie, et nous n'en » avons point. Davantage, j'ay entendu que ce » qui est devant la Bastille est toute la fleur de » l'armée du Pape; il les fault prendre en dé- » sarroy qui pourra. Je suis d'oppinion que le » bastard du Fay, mon guydon, qui est homme » sçavant en telles matières, par le costé où sont » venuz les ennemys leur aille dresser l'alarme » avecques quinze ou vingt chevaulx; et le cap- » pitaine Pierrepont sera à ung gect d'arc avec- » ques cent hommes-d'armes, pour luy tenir » escorte s'il est repoussé; et luy baillerons » le cappitaine Jacob Zemberc avecques ses » Suysses. Vous, Monseigneur, dist-il au duc, » monseigneur de Montoison, messeigneurs mes » compaignons et moy, yrons droit au siége, où » je yray devant leur faire ung alarme. Si celluy » du bastard du Fay est premier dressé, et ilz » voisent tous là, nous les enclorrons entre luy » et nous; et si le nostre est le premier levé, le » cappitaine Pierrepont et sa bende de Suysses » en feront autant de leur costé. Cela les eston- » nera tant, qu'ilz ne sçauront que faire; car » ilz estimeront que nous soyons trois fois plus » de gens que ne sommes, et surtout que toutes » noz trompettes sonnent à l'aborder. »

Oncques chose ne fut trouvée meilleure; car il fault que tous lisans ceste histoire sachent que ce bon Chevalier estoit ung vray registre des batailles; parquoy tout homme, pour sa grande expérience, se tenoit à ce qu'il disoit. Or venons au point. Les deux bendes deslo- gèrent : l'une alla par le chemin qu'estoient venuz les ennemys, ainsi que ordonné avoit esté, et les autres droit à la place; laquelle ilz approchèrent, sans estre aucunement apperceuz, de la portée d'ung canon en bute. Si dressa le bastard Du Fay ung aspre et chault alarme, qui estonna merveilleusement ceulx du camp : toutesfois ilz commencèrent à eulx armer, monter à cheval, et aller droit où estoit ledit alarme. Leurs gens de pied se mettoient ce pendant en bataille ; et s'ilz se feussent une fois rengez tous ensemble, il y eust eu combat mortel et dangereux pour les Ferraroys, pour le gros nombre qu'ilz estoient. Mais deux inconvéniens leur advinrent tout à ung coup : c'est que quant ceulx qui repoussoient le bastard Du Fay furent à deux cens pas loing, rencontrèrent le cappitaine Pierrepont, qui les rembarra à merveilles, et donna dedans eulx fièrement.

Les Suysses commencèrent à marcher, qui desjà vindrent trouver leurs gens de pied en bataille, et en gros nombre, comme de cinq à six mille. Si furent lourdement repoussez lesditz Suysses, et eussent esté rompuz n'eust esté la gendarmerie qui les secourut, laquelle donna aux ennemys par les flancs. Ce pendant vont arriver le duc, les seigneurs de Montoison, Du Lude, de Fontrailles et le bon Chevalier, avecques leurs gens de cheval et deux mille hommes de pied, qui par le derrière vont envahir lesditz ennemys, de sorte que tout fut poussé par terre. Le cappitaine Fontrailles et le bon Chevalier apperceurent une troppe de gens de cheval en nombre de trois à quatre cens, qui se vouloient ralyer ensemble. Si appellèrent leurs enseignes, et tournèrent ceste part ; et en cryant *France, France! duc, duc!* les chargèrent en façon que la pluspart alla par terre.

Lesditz ennemys combatirent une bonne heure, mais enfin perdirent le camp, et qui se peut saulver se saulva ; mais il n'y en eut pas beaucoup. Le duc et les François y firent une merveilleuse boucherie, car il mourut plus de quatre ou cinq mille hommes de pied, plus de soixante hommes-d'armes, et plus de trois cens chevaulx prins, ensemble tout leur bagage et artillerie : tellement qu'il n'y avoit celluy qui ne feust bien empesché d'emmener son butin. Je ne sçay comment les cronicqueurs et historiens n'ont autrement parlé de ceste belle bataille de la Bastide ; mais cent ans devant n'en avoit point esté de mieulx combatue, ne à plus grant hasart. Toutesfois ainsi le convenoit faire, ou le duc et les François estoient perduz, lesquelz s'en retournèrent glorieux et triumphans dedans la ville, ou ung chascun leur donnoit louenge inestimable. Sur toutes personnes, la bonne duchesse, qui estoit une perle en ce monde, leur fist singulier recueil ; et tous les jours leur faisoit banquetz et festins à la mode d'Ytalie, tant beaulx que merveilles. Bien ose dire que de son temps, ne beaucoup devant, ne s'est point trouvé de plus triumphante princesse ; car elle estoit belle, bonne, doulce et courtoise à toutes gens. Elle parloit espaignol, grec, ytalien et françois, quelque peu très-bon latin, et composoit en toutes ces langues ; et n'est rien si certain que combien que son mary feust sage et hardy prince, ladicte dame, par sa bonne grâce, a esté cause de luy avoir fait faire de bons et grans services.

CHAPITRE XLV.

De la mort du seigneur de Montoison ; et de plusieurs menées que firent le pape Julles et le duc de Ferrare l'ung contre l'autre, où le bon Chevalier se monstra vertueux.

Après ceste gaillarde bataille de la Bastide, le gentil seigneur de Montoison ne vesquit guères ; car une fièvre continue l'empoigna, qui ne le laissa jusques à la mort : ce fut ung gros dommage, et y fist France lourde perte. Il avoit esté en sa vie ung des acomplis gentilz-hommes qu'on eust sceu trouver, et avoit fait de belles choses, tant en Picardie, Bretaigne, Naples, que Lombardie. C'estoit ung droit esmérillon, vigillant sans cesse, et quant il estoit en guerre, toujours le cul sur la selle : au moyen de quoy estoit à l'heure de son trespas fort usé et cassé ; mais tant proprement et mignonnement se contenoit, qu'il sembloit ung homme de trente ans. De sa piteuse desconvenue furent le duc, la duchesse de Ferrare, le bon Chevalier et tous les autres cappitaines françois si très-dolens que merveilles. Mais c'est une chose où on ne peult remédier.

Le Pape estoit encores à la Myrandolle, que quant il sceut les nouvelles de La Bastide et la deffaicte de ses gens, cuyda désespérer, et jura Dieu qu'il s'en vengeroit, et que pour cela ne demoureroit point qu'il n'allast assiéger Ferrare, à quoy soubdainement vouloit entendre ; mais les cappitaines et gens de guerre qu'il avoit avecques luy, mesmement le duc d'Urbin, son nepveu, qui eust bien voulu estre le roy de France et luy eussent esté amys, l'en destournoient tant qu'ilz povoient, luy remonstrant que Ferrare, garnye comme elle estoit, et de telz cappitaines, mesmement le bon Chevalier, à qui nul ne se comparoit, ne se prendroit pas aiséement ; et que si son armée entroit en l'isle pour l'assiéger, vivres y viendroient à grant peine. Ce conseil ne trouvoit pas bon le Pape, car cent fois le jour disoit : *Ferrare, Ferrare, l'avro al corpo de Dio.* Si s'advisa d'ung autre moyen, et mist en son entendement qu'il praticqueroit quelques gentilz-hommes de la ville, par le moyen desquelz il la pourroit avoir, car d'une nuyt luy pourroient livrer une porte par où ses gens entreroient. Il y envoya plusieurs espies, et avoient charge de parler à aucuns gentilz-hommes : mais le duc et le bon Chevalier faisoient faire si bon guet, qu'il n'en entroit pas ung qui ne feust empoigné, et en fut pendu six ou sept. Toutesfois le duc fut en souspeçon d'aucuns gentilz-hommes de sa ville, lesquelz il fist mettre prisonniers par adventure à tort, entre lesquelz fut le conte Boors Calcagnyn, qui avoit logé chez luy le bon Chevalier, qui fut desplaisant de sa détencion : mais parce que les choses estoient fort doubteuses, ne s'en voulut mesler que bien à point.

Quant le Pape veit qu'il ne viendroit point à ses attainctes par ce moyen, s'advisa d'une terrible chose ; car il mist en son entendement, pour se venger des François, qu'il praticqueroit le duc de Ferrare. Il avoit ung gentil-homme lodezan, du duché de Milan, à son service, qu'on appelloit messire Augustin Guerlo ; mais il changeoit son nom. C'estoit ung grant faiseur de menées et de trahysons, dont mal luy en print à la fin, car le seigneur d'Aubigny luy fist coupper la teste dedans Bresse, où il le voulut trahir. Ung jour fut appelé ce messire Augustin par le Pape, lequel luy dist : « Viença, » il fault que tu me faces ung service. Tu t'en » yras à Ferrare, devers le duc, auquel tu di- » ras que s'il se veult despescher des François » et demourer mon alyé, je luy bailleray une » de mes niepces pour son filz aisné, le quic- » teray de toutes querelles, et davantage le fe- » ray confanonnyer et cappitaine général de » l'Eglise. Il ne fault sinon qu'il dye aux Fran- » çois qu'il n'a plus que faire d'eulx, et qu'ilz se » retirent. Je suis asseuré qu'ilz ne sçauroient » passer en lieu du monde que je ne les aye à » ma mercy, et n'en eschappera pas ung. »

Ce messager, qui ne demandoit que telles commissions, dist qu'il feroit fort bien l'affaire ; et s'en alla à Ferrare droit s'adresser au duc, qui estoit ung sage et subtil prince, et lequel escouta très-bien le galant, faisant myne qu'il entendroit voulentiers ce que le Pape luy mandoit : mais il eust mieulx aymé estre mort de cent mille mors, car trop avoit le cueur noble et gentil. Bien le monstra, parce que, après avoir fait faire bonne chière à messire Augustin, et icelluy enfermé en une chambre dedans son palais, dont il print la clef, s'en vint avecques ung gentil-homme seulement au logis du bon Chevalier, auquel, de point en point, compta tout l'affaire, qui se seigna plusieurs fois, et ne povoit penser que le Pape eust si meschant vouloir d'achever ce qu'il mandoit. Mais le duc luy dist qu'il n'estoit riens si vray, et que s'il vouloit, le mettroit bien en ung cabinet dedans son palais, où il entendroit toutes les parolles que le galant luy avoit dictes. Toutesfois, il sçavoit que ce n'estoit point mensonge, aux enseignes mesmes qu'il luy avoit baillées ; mais que plustost aymeroit estre tout vif desmembré à quatre chevaulx, que d'avoir seullement pensé consentir à une si grande lascheté, remonstrant de combien il estoit tenu à la maison de France, et que à son grant besoing le Roy l'avoit si bien secouru.

Le bon chevalier disoit : « Monseigneur, il » n'est jà besoing vous excuser de cela ; je vous » congnois assez. Sur mon ame, je tiens mes » compaignons et moy aussi asseurez en ceste » vostre ville, que si nous estions dedans Pa- » ris, et n'ay pas paour, aydant Dieu, que au- » cun inconvénient nous adviegne, au moins » que ce soit de vostre consentement. — Mon- » seigneur de Bayart, dist le duc, si nous fai- » sions une chose ? Le Pape veult icy user d'une » meschanceté ; il luy fault donner la pareille. » Je m'en vois encores parler à son homme, et » verray si je le pourrai gaigner et tirer à ma » cordelle, de façon qu'il nous puisse faire » quelque bon tour. — C'est bien dit, respon- » dit le bon Chevalier. » Et sur ces parolles s'en retourna le duc en son palais, tout droit en la chambre où il avoit laissé messire Augustin Guerlo ; auquel de bien loing entama plusieurs propos, et de plusieurs sortes, pour venir à son poinct, qu'il sceut très-bien faire venir en jeu quant temps fut, comme vous orrez, disant : « Messire Augustin, j'ay pensé toute » ceste matinée au propos que me mande le » Pape, où je ne puis trouver fondement ne » grant moyen, pour deux raisons : l'une, que » je ne me doy jamais fier de luy, car il a dit » tant de fois que s'il me tenoit qu'il me feroit » mourir, et que j'estoye l'homme vivant qu'il » hayoit le plus ; et sçay bien qu'il n'y a chose » en ce monde qu'il désire autant que d'avoir » ceste ville et mes autres terres, parquoy je » ne voy point d'ordre que je deusse avoir seu- » reté en luy : l'autre, que si je dis au seigneur » de Bayart à présent que je n'ay plus que faire » de luy ny de ses compaignons, que pourra-il » penser ? Une fois il est plus fort en la ville que » je ne suis : peult-estre qu'il me respondra que

» voulentiers en advertira le roy de France son
» maistre, ou monseigneur le grant maistre,
» son lieutenant-général deçà les montz, qui
» cy l'a envoyé; et selon leur response, il verra
» qu'il aura à faire. En ces entrefaictes seroit
» grandement difficile qu'ilz ne congneussent
» mon fait; et par ainsi, comme la raison se-
» roit, comme ung meschant m'abandonne-
» roient, et je demourerois entre deux selles le
» cul à terre, dont je n'ay pas besoing. Mais,
» messire Augustin, le Pape est d'une terrible
» nature, comme assez sçavez, colère et vin-
» dicatif au possible; et quelque chose qu'il
» vous déclaire de ses secretz affaires, ung de
» ces matins vous fera faire quelque mauvais
» tour, et m'en croyez. Oultre plus, s'il vient à
» mourir, qu'esse que de ses serviteurs? Ung
» autre pape viendra, qui n'en retirera pas
» ung; et est ung très-mauvais service, qui ne
» veult estre d'Eglise. Vous sçavez que j'ay des
» biens, et beaucoup, grâces à Nostre-Sei-
» gneur : si vous me voulez faire quelque bon
» service, et m'ayder à me deffaire de mon en-
» nemy, je vous donneray si bon présent et as-
» signeray si bonne intrade, que toute vostre
» vie serez à vostre aise; et en soyez hardye-
» ment asseuré. »

Le lasche et meschant paillart avaricieux, quant il eut entendu le duc parler, son cueur mua soubdainement, et respondit, quasi gaigné : « Sur mon ame, Monseigneur, vous dictes vé-
» rité; aussi y a-il plus de six ans que j'avoye
» vouloir d'estre à vostre service. Je vous veux
» bien asseurer qu'il n'y a homme, à l'entour de
» la personne du Pape, qui puisse mieulx faire
» ce que demandez que moy; car la nuyt et le
» jour je suis auprès de luy, et bien souvent
» prent sa colacion de ma main, qu'il n'y a que
» nous deux quant il me devise de ses trafiques.
» Si vous me voulez bien traicter, devant qu'il
» soit huyt jours il ne sera pas en vie; et ne veulx
» riens que je n'aye fait ce que je vous prometz.
» Ainsi, Monseigneur, je vouldrois bien n'estre
» point mocqué après. — Non, non, dist le duc,
» sur mon honneur. »

Si convindrent de marché devant que partir de là : ce fut que le duc luy bailleroit deux mille ducatz content, et cinq cens ducatz d'intrade. Ce fait, fut messire Augustin tousjours bien traicté, que le duc laissa en sa chambre, et retourna devers le bon Chevalier, qui s'estoit allé esbattre sur les rempars de la ville, et s'amusoit à faire nectoyer une canonnière. Il veit venir le duc, au devant duquel il alla, et se prindrent par la main; et eulx se promenans sur les remparts, loing de gens, commença le duc à dire :

« Monseigneur de Bayart, il ne fut jamais au-
» trement que les trompeurs en fin ne feussent
» trompez. Vous avez bien entendu la meschan-
» ceté que le Pape m'a voulu faire faire vers vous
» et les François qui sont icy; et à ceste occa-
» sion m'a envoyé ung homme, comme sçavez.
» Je l'ay si bien gaigné, et renversé son propos,
» qu'il fera du Pape ce qu'il vouloit faire de
» vous; car dedans huyt jours, pour le plus-
» tard, m'a asseuré qu'il ne sera pas en vie. »

Le bon Chevalier, qui n'eust jamais pensé au faict, respondit : « Comment cela, Monseigneur?
» il a doncques parlé à Dieu? — Ne vous souciez,
» dist le duc; mais il sera ainsi. » Et tant vindrent de parolle en parolle, qu'il luy dist que messire Augustin luy avoit promis d'empoisonner le Pape; desquelles parolles le bon Chevalier se seigna plus de dix fois, et en regardant le duc luy dist : « Hé, Monseigneur, je ne croy-
» roye jamais que ung si gentil prince comme
» vous estes consentist à une si grande trahyson;
» et quant je le sçauroye, de vray je vous jure
» mon ame, que, devant qu'il feust nuyt, en ad-
» vertiroye le Pape; car je crois que Dieu ne
» pardonneroit jamais ung si horrible cas. » —
» Comment dist le duc, il en a bien autant voulu
» faire de vous et de moy; et jà sçavez-vous que
» nous avons fait pendre sept ou huyt espies ?
» — Il ne m'en chault, dist le bon Chevalier;
» il est lieutenant de Dieu en terre, et le faire
» mourir d'une telle sorte, jamais ne m'y con-
» sentiroye. » Le duc haulsa les espaulles, et en crachant contre terre dist ces parolles : « Par le
» corps de Dieu, monseigneur de Bayart, je
» vouldrois avoir tué tous mes ennemys en fai-
» sant ainsi; mais puisque ne le trouvez pas bon,
» la chose demourera, dont, si Dieu n'y mect
» remède, vous et moy nous repentirons. —
» Nous ferons, si Dieu plaist, dist le bon Che-
» valier. Mais je vous prie, Monseigneur, bail-
» lez-moy le galant qui veult faire ce beau chef-
» d'œuvre; et si je ne le fais pendre dedans une
» heure, que je le soye en son lieu. — Non,
» monseigneur de Bayart, dist le duc, je l'ai
» asseuré de sa personne; mais je le vois ren-
» voyer : » ce qu'il fist incontinent qu'il fut retourné à son palais. Je ne sçay, quant il fut devers le Pape, qu'il fist ne qu'il dist; mais il n'exécuta nulles de ses entreprinses. Si demoura-il tousjours à l'entour de la personne du Sainct-Père, qui estoit bien marry de ne povoir trover moyen de venir au dessus de ses affaires. Il fut encores quelque temps à la Myrandolle, et là à l'entour; puis se retira à Boulongne, et fist loger son armée ès garnisons vers Modène.

Environ ceste saison, le duc d'Urbin, sou

nepveu, qui tousjours avoit esté bon François, et à qui il desplaisoit à merveilles de la guerre que le Pape avoit levée contre le roy de France, tua le cardinal de Pavye (1), légat à Boulongne, qui gouvernoit le Pape entièrement, et lequel en fut très-grandement courroucé; mais il convint qu'il s'appaisast. L'occasion pourquoy ce fut, l'on rapporta audit duc d'Urbin que le cardinal de Pavye avoit dit au Pape qu'il estoit plus serviteur des François que de luy, et qu'il les advertissoit chascun jour de son gouvernement. Cela y peut bien ayder, mais la principalle racine estoit que celluy cardinal de Pavye avoit esté le premier qui avoit conseillé au Pape de commencer la guerre. Il en fut payé en mauvaise monnoye.

Je laisseray ce propos, et parleray de ce qui advint durant deux ans en Ytalie.

. ⟨⟩⟨⟩

CHAPITRE XLVI.

De plusieurs choses qui advinrent en Ytalie en deux ans.

Pource que ceste histoire est principallement fondée sur les vertus et prouesses du bon Chevalier sans paour et sans reprouche, laisseray beaucoup de choses à desmesler, s'ilz ne sont requises y estre mises. Toutesfois je veulx en gros déclairer ce qui advint durant deux ans en Ytalie, et jusques à la mort du bon seigneur de Chaumont, gouverneur de Milan, auquel gouvernement succéda le gentil prince duc de Nemours, Gaston de Foix.

L'Empereur demanda encores secours au roy de France pour la conqueste du Fryol, que les Vénicens tenoient. C'est ung très-bel et bon pays; et par là entre-l'on en la Germanie en deux ou trois endroitz, et par l'ung bout en l'Esclavonnie. Sa demande luy fut accordée; et escripvit ledit seigneur, à son lieutenant-général ledit seigneur de Chaumont, qu'il envoyast le seigneur de La Palisse oudit pays de Friol, accompagné de douze cens hommes-d'armes et de huyt mille hommes de pied : ce qui fut fait. Et y alla avecques tout plain de gentilz cappitaines, tant de cheval que de pied. Vous pouvez penser qu'il ne laissa pas le bon Chevalier, son parfait amy, derrière. Ils trouvèrent l'armée de l'Empereur à Véronne; si marchèrent ensemble. Pour lors, et en ceste mesme armée, estoit lieutenant pour l'Empereur ung gentil-homme almant, qu'on nommoit messire George Destin. Ils entrèrent bien avant, et allèrent pour assiéger Trévize, mais ils n'y firent riens; et aux approches fut tué ung gaillart gentil-homme, le seigneur de Lorges, qui estoit alors lieutenant du cappitaine Bonnet, qui avoit mille hommes de pied. Et en son lieu le fut ung sien jeune frère, qui depuis a fait de belles choses. De là ilz tirèrent jusques sur le bort d'une rivière qu'on appelle la Pyave, qui sépare le Fryol et le Trévizan, et y fut dessus fait ung pont sur bateaulx. Le bon Chevalier et le cappitaine Fontrilles passèrent oultre avecques leurs bendes.

Or depuis ung peu avoit le bon Chevalier soubz sa charge cent hommes-d'armes, dont le roy de France avoit fait don au gentil duc de Lorraine, par condition que le bon Chevalier les conduyroit, comme son lieutenant : mais pas mieulx ne demandoit le bon prince, car en tout le monde n'en eust sceu avoir de meilleur. Si allèrent ces deux vaillans cappitaines, avecques quelques Almans, devant Gradisque et devant Gorisse, qui sont sur les confins de l'Esclavonnie : toutesfois les Véniciens les tenoient. Elles furent prinses et mises entre les mains de l'Empereur. Et puis s'en retournèrent au camp, où ils trouvèrent le seigneur de La Palisse, qui avoit longuement demouré sans grans choses faire, par la mauvaise conduicte des gens de l'Empereur. Et si jamais povres gens de guerre n'eurent autant de mal, car ilz furent six jours durant sans manger pain ne boire vin, et assez d'autres nécessitez ilz eurent en ce malheureux voyage : de sorte que le roy de France y perdit plus de quatre mille hommes de pied de maladie et meschanceté, et plus de cent hommes-d'armes. Et entre autres gens il y avoit environ deux mille cinq cens Grisons, qui, quant le pain leur faillit, mangèrent force raisins, car c'estoit ou moys de septembre : ung flux de ventre les print, de façon qu'ilz mouroient cent pour jour; et fut une chose bien estrange que, des deux mil cinq cens, quant ilz retournèrent en leur pays n'estoient que deux. L'ung fist le cappitaine, et l'autre portoit l'enseigne de sergens de bende pour faire tenir l'ordre : ils demourèrent ou Fryol. Bref, de tous les gens que le seigneur de La Palisse avoit menez avecques luy, n'en eust sceu mettre de sains trois cens hommes-d'armes à cheval, ne trois mille hommes à pied.

Quant il veit ceste malheureté, il s'en voulut retourner : que les gens de l'Empereur ne trouvoient pas bon, et y eut entre eulx de grosses parolles. Toutesfois il s'en vint jusques à ung lieu nommé Sainct-Boniface (c'est le village où

---

(1) Le duc d'Urbin ne tua le cardinal de Pavie qu'après la prise de Bologne par Trivulce.

les Véniciens, en l'année précédente, avoient si longuement tenu leur camp), et là firent séjour quelque peu, durant lequel, ainsi que le seigneur Du Ru, bourguignon, alloit visiter ung chasteau que luy avoit donné l'Empereur, il fut prins des Albanoys de la seigneurie de Venize. On disoit que le seigneur Mercure, qui pareillement estoit audit Empereur, luy avoit donné ceste trousse, pource qu'il querelloit la place comme luy. Je m'en rapporte à ce qu'il en fut.

Le seigneur Jehan Jacques en ces deux ans reconquesta, avecques l'armée du roy de France, La Myrandole, et repoussa l'armée du Pape jusques devant Boulongne, où elle fut deffaicte sans mettre espée en la main, et cuyda estre prins le Pape dedans. Jamais ne fut veu si grosse pitié de camp, car tout leur bagaige y demoura, artillerie, tentes et pavillons; et y avoit tel François qui luy seul amenoit cinq ou six hommes-d'armes du Pape, ses prisonniers; et en fut ung qui avoit une jambe de boys, appelé La Baulme, qui en avoit trois lyez ensemble. Ce fut une grosse deffaicte, et gentement exécutée. Le bon Chevalier sans paour et sans reproche y eut honneur merveilleux, car il menoit les premiers coureurs; et luy fist cest honneur, le soir de la deffaicte, le seigneur Jehan Jacques, en souppant, de dire que après Dieu le seigneur de Bayart debvoit avoir l'honneur de la victoire. Il y avoit beaucoup de vaillans cappitaines quant il proféra les parolles, et estoit si sage et vertueux qu'il ne les eust point dictes s'il n'y eust eu grande raison.

Au retour, le gentil duc de Nemours alla veoir le duc et la duchesse de Ferrare, où il fut receu à grant joye, et luy fut faict force festins à l'usage du pays; car la gentille duchesse en sçavoit trop bien la manière.

Luy estant là, se fist ung combat de deux Espaignolz, que je vueil bien réciter.

CHAPITRE XLVII.

Comment deux Espaignolz combatirent à oultrance en la ville de Ferrare.

Le jour mesmes que ce gentil duc de Nemours arriva à Ferrare, le baron de Béarn luy dist que, s'il vouloit, auroit le passe-temps de veoir ung combat à oultrance de deux Espaignolz, dont l'ung s'appelloit le cappitaine Saincte-Croix, et avoit esté coulonnel des gens de pied du Pape; l'autre se nommoit le seigneur Azévédo, qui avoit aussi eu quelque charge desdicts gens de pied. L'occasion de leur combat estoit que ledit Azévédo disoit que le cappitaine Saincte-Croix l'avoit voulu faire tuer meschamment et en trahison, et qu'il l'en combatroit; l'autre respondoit qu'il avoit menty et qu'il s'en deffendroit. Parquoy estoit venu ledit Azévédo à Ferrare pour soy présenter au duc de Nemours, affin de luy faire donner le camp; ce qu'il fist, après que ledit baron de Béarn le luy eut donné à congnoistre. Ainsi Azévédo, bien aise d'estre asseuré du camp, le manda incontinent à son ennemy Saincte-Croix, qui ne fist pas longue demoure. En attendant sa venue, fut dressé le camp devant le palais; et deux jours après que fut arrivé Saincte-Croix, lequel vint bien accompaigné (car il avoit bien cent chevaulx de compaignie, dont le principal, et qu'il avoit prins pour son parrain, estoit domp Pédro de Coignes, chevalier de Roddes et prieur de Messine, domp Françoys de Beaumont, qui peu auparavant avoit laissé le service du roy de France et autres), délibéra parfaire ses armes; et entrèrent en camp une journée de mardy, environ une heure après midy. Premier entra l'assaillant, qui estoit Azévédo, avecques le seigneur Fédéric de Bazolo, de la maison de Gonzago, qu'il avoit prins pour son parrain; et si ne sçavoit pas encores comment son ennemy, ny en quelles armes il vouloit combatre : toutesfois, comme bien conseillé, s'estoit garny de tout ce qui luy estoit nécessaire en hommes-d'armes, à la genète et à pied, en toutes les sortes qu'il povoit ymaginer qu'on sceust combatre. Peu après qu'il fut entré, va devers luy le prieur de Messine, qui fait porter deux secrettes, deux rapières bien trenchantes et deux poignars, lesquelz il présenta au seigneur Azévédo pour choisir. Il print ce qui luy estoit besoing; et ce fait, se mist Saincte-Croix dedans le camp.

Tous deux se gectèrent à genoulx pour faire leurs oraisons à Dieu. Après furent tastez par les parrains, sçavoir s'ilz avoient nulles armes soubz leurs vestemens. Ce fait, chascun vuyda le camp, qu'il n'y demoura fors les deux combatans, leurs deux parrains et le bon Chevalier sans paour et sans reproche, qui par le duc de Ferrare, et pour plus l'honnorer, aussi qu'il n'y avoit homme on monde qui mieulx s'entendist en telles choses, fut ordonné maistre et garde du camp. Le hérault commencea à faire son cry, tel qu'on a accoustumé faire en telz cas, que nul ne fist signe, crachast ne toussast, ne autres choses dont nul desdits combatans peust estre advisé. Ce fait, marchèrent l'ung contre l'autre. Azévédo en la main droicte mist sa rappière, et en l'autre son poignart; mais

Saincte-Croix mist son poignart au fourreau, et tint seulement sa rappière. Or vous povez penser que le combat estoit bien mortel, car ilz n'avoient nulles armes sur eulx pour les couvrir. Sagement se gectèrent plusieurs coups, et avoient chascun bon pied et bon œil, et bon besoing leur estoit. Or, après plusieurs coups, Saincte-Croix en rua ung dangereux droit au visage, que Azévédo deffendit subtilement de sa rappière; et en descendant, son coup luy couppa tout le hault de la cuysse jusques à l'os, dont incontinent jaillit le sang à grosse habondance, toutesfois que Saincte-Croix cuyda marcher en avant pour se venger, mais il tumba. Quoy voyant par icelluy Azévédo, bien joyeulx s'approcha de son ennemy, en luy disant en son langage : « Rends-toy, Saincte-Croix, ou je te tueray. » Mais il ne respondoit riens; ains se mist sur le cul, tenant son espée au poing et faisant ses exclamations, délibéré plustost mourir que de se rendre. Alors Azévédo luy dist : « Leive-toy doncques, Saincte-Croix, je ne te frapperoys jamais ainsi. » Aussi il y faisoit dangereux, comme à ung homme désespéré; et de grant cueur qu'il avoit se releva et marcha deux pas en avant, cuydant enferrer son homme, qui recula ung pas, rabattant son coup.

Si tumba pour la seconde fois Saincte-Croix, quasi le visage contre terre, et eut Azévédo l'espée levée pour luy coupper la teste; ce qu'il eust bien fait s'il eust voulu, mais il retira son coup. Et pour tout cela ne se vouloit point rendre Saincte-Croix. La duchesse de Ferrare, avecques laquelle estoit le gentil duc de Nemours, le prioit à joinctes mains qu'il les fist départir. Il répondoit : « Madame, je le vouldrois bien pour l'amour de vous; mais honnestement je ne puis ne doibz prier le vaincqueur contre la raison. » Saincte-Croix perdoit tout son sang; et si plus guères y feust demouré, mort estoit sans nul remède. Parquoy le prieur de Messine, qui estoit son parrain, s'en vint à Azévédo, auquel il dist : « Seigneur Azévédo, je congnois bien au cueur du cappitaine Saincte-Croix qu'il mourroit plustost que se rendre; mais voyant qu'il n'y a point de moyen en son fait, je me rendz pour luy. » Ainsi demoura victorieux. Si se mist à deux genoulx, et fort humblement remercia Nostre-Seigneur. Incontinent vint ung cyrurgien, qui estancha la playe de Saincte-Croix; et ses gens le prindrent entre leurs bras et l'emportèrent hors du camp avecques ses armes, lesquelles Azévédo envoya demander; mais on ne les vouloit rendre. Si s'en vint plaindre au duc de Ferrare, qui le dist au bon Chevalier, lequel eut la commission d'aller dire à Saincte-Croix que s'il ne vouloit rendre les armes comme vaincu, que le duc le feroit rapporter dedans le camp où luy seroit sa playe décousue, et le mettroit-on en la sorte que son ennemy l'avoit laissé quant son parrain s'estoit rendu pour luy. Quant il veit que force luy estoit, rendit ses armes au bon Chevalier, qui, comme le droit le donnoit, les bailla au seigneur Azévédo, lequel, avecques trompettes et clérons, fut mené au logis du seigneur duc de Nemours. On luy fist beaucoup d'honneur; mais depuis il en récompensa mal les François, qui luy fut grosse lascheté.

Peu de temps après s'estoit fait ung autre combat à Parme entre deux autres Espaignolz : l'ung, nommé le seigneur Péralte, qui autrefois avoit esté au service du roy de France, et fut tué d'ung coup de faulcon au camp de la Fosse, ainsi que le seigneur Jehan Jacques chassoit l'armée du Pape; et l'autre, le cappitaine Aldano. Leur combat fut à cheval, à la genète, la rappière, le poignart, et chascun trois dartz en la main, avecques une targuète. Le parrain de Péralte fut ung Espaignol, et celluy de Aldano fut le gentil cappitaine Molart. Il avoit tant neigé que leur combat se fist en la place de Parme où on l'avoit relevée, et n'y avoit autres barrières que de neige. Chascun des deux combatans fist très-bien son devoir; et enfin le seigneur de Chaumont, qui avoit donné le camp, les fist sortir en pareil honneur.

Les Véniciens en ce temps vindrent assiéger Véronne, où estoit le seigneur Du Plessis pour le roy de France, qui la tenoit en gaige pour aucuns deniers qu'il avoit prestez à l'Empereur. Toutesfois ilz n'y firent riens; et alla lever le siége le seigneur de Chaumont, gouverneur de Milan.

L'armée du Pape et des Espaignolz vindrent aussi assiéger Boulongne; mais le siége en fut levé parcillement, et se retirèrent les ennemys en la Rommaigne.

Quelque temps après, en ung lieu dit Conrège, alla de vie à trespas le bon seigneur de Chaumont, ce gentil chevalier qui, par l'espace de dix ou douze ans, avoit si bien gardé la Lombardie à son maistre le roy de France. Ce fut en son vivant ung sage, vertueux et advisé seigneur, de grande vigilance et bien entendant ses affaires. Mort le prist ung peu bientost, car lors de son trespas n'avoit que trente et huyt ans, et si n'en avoit pas vingt et cinq quant on luy bailla le gouvernement de la duché de Milan. Dieu par sa grâce lui face pardon, car il fut homme de bien toute sa vie.

Peu après envoya le roy de France en Ytalie le seigneur de Longueville, son lieutenant-général ; lequel fist faire nouvel serment à tous ceulx qui tenoient les villes et places du duché de Milan au Roy son maistre, et à sa fille aisné, madame Claude de France. Il y demoura quelques jours, puis s'en retourna ; et ne tarda guères après que ce gentil duc de Nemours ne feust lieutenant-général, en la sorte que l'estoit ledit feu seigneur de Chaumont. Il ne demoura guères en cest estat, car mort le surprint, qui fut gros dommage à toute gentillesse.

Sur la fin de l'année 1511, et vers Noël, descendit une grosse troppe de Suysses, au devant desquelz fut ledit duc de Nemours et quelque nombre de gens ; mais il n'estoit pas puissant pour les combatre à la campaigne, parce que la pluspart de ses gens estoient ès garnisons forcées, comme Véronne, Boulongne et autres. Chascun jour se faisoit des escarmouches ; toutesfois les François furent rembarrez jusques dedans Milan, où le jour mesmes le seigneur de Conty, cappitaine de cent hommes-d'armes, alla faire une course, en laquelle il n'eut pas du meilleur, car il perdit huyt ou dix hommes-d'armes, et si fut fort blessé, de façon que en la ville de Milan mourut. Le lendemain, le bon Chevalier sans paour et sans reproche, son grand compaignon et amy, le vengea bien, car il fut aux champs et deffit cinq cens Suysses au lieu mesmes où receut les coups de la mort icelluy seigneur de Conty. Quelques jours furent les Suysses devant Milan, mais vivres leur faillirent ; parquoy furent contrainctz venir à quelque appointement, et eulx en retourner. Ledit appointement se fist par leur cappitaine général, et qui les avoit amenez, que l'on nommoit le baron de Saez, avecques le duc de Nemours, en ung lieu près Milan, dit Sainct-Ange. Lesditz Suysses s'en retournèrent ; mais ceste descente fist gros dommage en la duché, car ilz bruslèrent quinze ou vingt gros villages.

Peu après s'en alla ledit duc de Nemours, parce qu'il entendit que l'armée d'Espaigne approchoit Boulongne pour l'assiéger, en un village près de Ferrare, nommé Fynal, où il assembla toute l'armée et la logea là à l'entour.

Ainsi que ladicte armée marchoit droit à ce Fynal, passa le noble duc de Nemours par une petite ville appelée Carpy, avecques la pluspart des cappitaines, mesmement ceulx en qui plus se fioit et qu'il aimoit le mieulx. Il y séjourna deux jours, et y fut fort bien receu, avecques sa compaignie, du seigneur de la ville, qu'on estimoit homme de grand sçavoir, tant ès-lettres grecques que latines. Il estoit cousin-germain de Picus Myrandula, et luy s'appelloit Albertus Myrandula, conte de Carpy. Il souppa, le soir de l'arrivée dudit duc de Nemours, avecques luy et les cappitaines françois, où il y eut plusieurs devis, et entre autres d'ung astrologue que aucuns autres appelloient devyn, lequel estoit en ceste ville de Carpy ; et que c'estoit merveilles de ce qu'il disoit des choses passées, sans en avoir jamais eu congnoissance ; et encores, qui plus fort estoit, parloit des choses à venir. Il n'est riens si certain, que tous vrais chrestiens doivent tenir qu'il n'y a que Dieu qui sache les choses futures. Mais cest astrologue de Carpy a dit tant de choses, et à tant de sorte de gens, qui depuis sont advenues, qu'il a mis beaucoup de monde en resverie.

Quant le gentil duc de Nemours en eut ouy parler, ainsi que jeunes gens appètent de veoir choses nouvelles, pria au conte qu'il l'envoyast quérir : ce qu'il fist, et vint incontinent. Il povoit estre de l'aage de soixante ans ou environ, homme sec et de moyenne taille. Le duc de Nemours luy tendit la main, et en ytalien luy demanda comment il se portoit ; il luy respondit très-honnestement. Plusieurs propos furent tenuz ; et entre autres luy fut demandé par le seigneur de Nemours si le visroy de Naples et les Espaignolz attendroient la bataille. Il dist que ouy, et que, sur sa vie, elle seroit le vendredy-sainct ou le jour de Pasques, et si seroit fort cruelle. Il luy fut demandé qui la gaigneroit. Il respondit ces propres motz : « Le camp demourera aux François, et y feront les Espaignolz » la plus grosse et lourde perte qu'ils firent cent » ans a ; mais les François n'y gaigneront guères, » car ilz perdront beaucoup de gens de bien et » d'honneur, dont ce sera dommage. » Il dist merveilles. Le seigneur de La Palisse luy demanda s'il demourroit point à ceste bataille. Il dist que nenny ; qu'il vivroit encores douze ans pour le moins, mais qu'il mourroit en une autre bataille. Autant en dist au seigneur d'Imbercourt ; et au capitaine Richebourg, qu'il seroit en grand dangier d'estre tué de fouldre. Brief, il n'y eut guères de gens en la compaignie qu'ilz ne s'enquissent de leur affaire.

Le bon Chevalier sans paour et sans reproche estoit présent, qui s'en ryoit ; et le gentil duc de Nemours lui dist : « Monseigneur de » Bayart, mon ami, je vous prie, demandez ung » peu à nostre maistre que ce sera de vous ? — » Il ne faut pas, respondit-il, que je demande, » car je suis asseuré que ce ne sera jamais grant » chose ; mais puisqu'il vous plaist, je le vueil » bien. » Et commença à dire à l'astrologue : « Monsieur nostre maistre, je vous prie, dictes-

» moy si je serai une fois grant riche homme. » Il respondit : « Tu seras riche d'honneur et de » vertu, autant que cappitaine fut jamais en » France ; mais des biens de fortune tu n'en au- » ras guères : aussi ne les cherches-tu pas, et si » te veulx bien adviser que tu serviras ung au- » tre roy de France après cestuy-cy qui règne et » que tu sers, lequel t'aymera et estimera beau- » coup ; mais les envieux t'empescheront qu'il » ne te fera jamais de grands biens, ne te met- » tra pas aux honneurs que tu auras méritez : » toutesfois croy que la faulte ne procédera pas » de luy. — Et de ceste bataille que dictes estre » si cruelle, en eschapperay-je ? — Ouy, dist- » il ; mais tu mourras en guerre dedans douze » ans pour le plus tard, et seras tué d'artillerie, » car autrement n'y finirois-tu pas tes jours, » parce que tu es trop aymé de ceulx qui sont » soubz ta charge, qui, pour mourir, ne te lais- » seroient en péril. »

Brief, ce fut une droicte farce des propos que chascun luy demanda. Il voyoit qu'entre tous les cappitaines le duc de Nemours faisoit grande privaulté au seigneur de La Palisse et au bon Chevalier. Il les tira tous deux à part, et leur dist en son langaige : « Messeigneurs, je voy » bien que vous aymez fort ce gentil prince icy, » lequel est vostre chief : aussi le mérite-il » bien, car sa face à merveilles démonstre sa » bonne nature. Donnez-vous garde de luy le jour » de la bataille, car il est pour y demourer. » S'il eschappe, ce sera ung des grans et esle- » vez personnages qui jamais sortist de France ; » mais je trouve grosse difficulté qu'il en puisse » eschapper. Et pour ce pensez-y bien, car je » veulx que vous me tranchez la teste si jamais » homme fut en plus grand hazart de mort qu'il » sera. » Hélas ! mauldit soit l'heure de quoy il dist si bien vérité. Le bon prince de Nemours leur demanda en soubzriant : « Qu'esse qu'il » vous dit, Messeigneurs ? » Le bon Chevalier respondit qui changea de propos : « Monsei- » gneur, c'est monseigneur de La Palisse qui luy » fait une question, sçavoir mon s'il est autant » aymé de Reffuge que Vivarolz : il lui dit que » non, dont il n'est pas fort content. »

De ce joyeux propos se print à rire monseigneur de Nemours, qui n'y pensa autrement. Sur ces entrefaictes arriva ung adventurier en la compaignie, qu'on disoit estre gentil compaignon, mais assez vicieux, qu'on appelloit Jacquyn Caumont, et portoit quelque enseigne ès-bandes du cappitaine Molart. Il se voulut faire de feste comme les autres, et vint à l'astrologue, qu'il tira à part, et commença à luy dire : « Viença, bougre, dy-moy ma bonne adven-

» ture. » L'autre se sentit injurié, et respondit en homme corroucé : « Va, va, je ne te diray » riens, et si as menty de ce que tu me dis. » Il y avoit beaucoup de gentilz-hommes en présence, lesquelz dirent à Jacquyn : « Cap- » pitaine, vous avez tort, vous voulez tirer du » passe-temps de luy, et luy dictes injure. » Alors il revint peu à peu, et parla beaucoup plus doulcement, en luy disant : « Maistre, mon » amy, si j'ay dit quelque folle parolle, je te » prie, pardonne moi ; » et fist tant qu'il le rapaisa. Et puis luy montra sa main, car ledit astrologue regardoit le visaige et les mains. Quant il eut veue celle de Jacquyn, il luy dist en son langaige : « Je te prie, ne me demandes » riens, car je ne te diroye chose qui vaille. » Toute la compaignie qui estoit là se print à rire ; et Jacquyn, bien marry de ce que les autres ryoient, dist encore à l'astrologue : « C'est tout » ung, dis-moy que c'est ; je sçay bien que je » ne suis pas cocu, car je n'ay point de femme. » Quand il se veit ainsi pressé, il luy dist : « Veulx-tu sçavoir de ton affaire ? — Ouy, dist » Jacquyn. — Or, pense doncques à ton ame de » bonne heure, dist l'astrologue ; car devant » qu'il soit trois moys tu seras pendu et estran- » glé. » Et de rire par les escoutans de plus belle, lesquelz n'eussent jamais pensé que le cas adviensist, car il n'y avoit nulle apparence, pource qu'il estoit en crédit parmy les gens de pied, et aussi qu'ilz pensoient que le maistre l'eust dist, pource que Jacquyn l'avoit du commencement injurié : mais il ne fut riens si vray, et, comme on dit en ung commun proverbe, *qui a à pendre ne peult noyer*, je vous diray ce qui advint de luy.

Deux ou trois jours après que le duc de Nemours fut arrivé au Fynal, qui est ung gros village au meillieu duquel passe ung canal qui va cheir au Pau, assez parfond, et y avoit ung pont de boys pour aller d'ung costé à l'autre ; de jour en jour en ce canal arrivoient plus de cent barques qui venoient de Ferrare, et apportoient toutes manières de victuailles aux François. Ung jour, par adventure, que Jacquyn eut bien souppé, vint environ neuf heures de nuyt, à force torches et tabourins de Suysse, au logis de monseigneur de Molart, son cappitaine, armé de toutes pièces, et monté sur ung fort beau coursier, en ordre comme ung sainct George ; car de sa soulde ou de pillage il estoit fort bien vestu, et avoit trois ou quatre grans chevaulx, espérant que après la guerre faillie se mettroit des ordonnances.

Quant monseigneur de Molart le veit en ceste sorte, et veu l'heure que c'estoit, se print à rire, congnoissant bien que la malvésye luy avoit quelque peu troublé le cerveau. Si luy dist : « Comment, cappitaine Jacquyn, voulez-vous laisser la picque? — Nenny non, dist-il, Monseigneur; mais, je vous supplie, menez-moy au logis de monseigneur de Nemours, et que devant luy il me voye rompre ceste lance que je tiens, affin qu'il ait congnoissance si ung saute-buysson ne courra pas ung boys aussi bien que ung haridelle. » Le cappitaine Molart congneut bien que la matière valloit bien venir jusques à la fin, et que le seigneur duc de Nemours et toute la compaignie s'en pourroient resjouyr. Si mena Jacquyn, qui passa tout à cheval par dessus ce pont de boys qui traversoit le canal, car les gens de pied estoient logez d'ung costé, et les gens de cheval de l'autre. Or, venu qu'il feust devant le logis du prince duc de Nemours, qui desjà en estoit adverty et descendu de sondit logis, ensemble la compaignie qui estoit avecques luy, pour en avoir leur passe-temps; quant ilz furent sur la rue, Jacquyn, mieulx garny de vin que d'autres choses, avecques force torches, en sorte qu'on y voyoit comme en plein midy, se mist sur les rencs.

Lors le duc de Nemours luy escrie : « Cappitaine Jacquyn, esse pour l'amour de vostre dame, ou pour l'amour de moy, que voulez rompre ceste lance? » Il respondit en parlant de Dieu, à la mode des aventuriers, que c'estoit pour l'amour de luy, et qu'il estoit homme pour servir le Roy à pied et à cheval. Si baissa la veue, et fist sa course tellement quellement, mais il ne sceut rompre sa lance; il recourut encores ung coup, mais il en fist autant; et puis la tierce et quarte fois. Quant on veit qu'il ne faisoit autre chose, il fascha la compaignie, et le laissa-on là. Bien ou mal fait par luy, se mist au retour à son logis le beau pas. Il avoit fort eschauffé son cheval, et de sorte qu'il alloit tousjours saultelant; joinct aussi qu'il ne le menoit guères bien, luy donnant de l'espron sans propos; de façon que quant il fut sur ce pont de boys, le chatoilloit tousjours. Il avoit ung peu pluvyné; de sorte que, en faisant par le cheval ung petit sault, les quatre piedz luy vont fouyr, et tumbèrent homme et cheval dedans le canal, où pour le moins y avoit demy-lance d'eaue. Ceulx qui estoient de sa compaignie s'escrièrent : *A l'ayde, à l'ayde!* D'en hault ne luy povoit-on donner secours, car ce canal estoit fait comme ung fossé à fons de cuve; et sans le grant nombre des barques qui estoient là, on n'en eust veu jamais pied ne main. Le cheval se deffist de son homme, et nagea plus de demy-quart d'heure avant qu'il sceust trouver moyen d'eschapper : enfin il se trouva à ung lieu qu'on avoit baissé pour abreuver les chevaulx, et se saulva.

Le cappitaine Jacquyn, le vaillant homme-d'armes, grenoilla en l'eaue longuement; mais enfin comme par miracle fut saulvé, et pesché par ceulx qui estoient ès barques, mais plus mort que vif. Incontinent fut désarmé et pendu par les piedz, où en peu de temps gecta par la bouche deux ou trois seaulx d'eau, et fut plus de six heures sans parler. Toutesfois les médecins de monseigneur de Nemours le vindrent veoir, et fut si bien secouru que dedans deux jours fut aussi sain et gaillart que jamais. Il ne fault pas demander si de ses compaignons adventuriers fut mocqué à double carillon; car l'ung luy disoit : « Hé! cappitaine Jacquyn, vous souviendra-il une autresfois de courir la lance à neuf heures de nuyt en yver? » L'autre luy disoit : « Il vault encores trop mieulx estre saultebuysson que haridelle, on ne tumbe pas de si hault. » Bref, il fut mené comme il luy appartenoit; mais cela ne me fait point tant esmerveiller comme de ce qu'il se saulva de dedans ce canal, et armé de toutes pièces; et c'est ce qui m'a fait mettre cest incident en ceste histoire, à propos de l'astrologue de Carpy, qui luy avoit dit qu'il seroit pendu et estranglé; comme il fut le mardy d'après Pasques ensuyvant, qu'avoit esté la furieuse journée de Ravenne, comme vous orrez.

Estant ce gentil duc de Nemours au Fynal, attendant tousjours quelques nouvelles des ennemys, se partit une journée entre les autres, et alla visiter le duc et la duchesse de Ferrare en leur ville, lesquelz, s'ilz luy avoient fait bonne chière par le passé, encores la luy firent-ilz meilleure. Il y demoura cinq ou six jours en joyeulx et honnestes passe-temps, et en rapporta les couleurs de la duchesse, qui estoient de gris et noir; et puis s'en retourna en son camp, où il eut certaines nouvelles que, sans secourir la ville de Boulongne, elle et ceulx qui estoient dedans s'en alloient perduz; parquoy assembla tous les cappitaines pour y adviser : si fut conclud qu'on yroit lever le siège. Il faisoit assez mauvais chevaucher, comme en la fin du moys de janvier; toutesfois il partit du Fynal, et print son chemin droit à Boulongne, où durant son voyage advint ung gros inconvénient, car la ville de Bresse fut reprinse par les Véniciens, comme vous entendrez.

CHAPITRE XLVIII.

Comment messire André Grit, providadour de la seigneurie de Venise, par le moyen du comte Loys Advogadre, reprint la ville de Bresse.

Les Véniciens taschoient tous les jours, entre autres choses, de trouver le moyen à remettre la ville de Bresse entre les mains de la seigneurie, qui est une des belles citez de l'Europe, des plus fortes, et garnye de tous vivres que l'on sçauroit souhaiter pour nature substanter. Dedans icelles ourdent tant de belles fontaines, que c'est ung droit paradis terrestre. Il y a trois vallées qui viennent entre les montaignes eulx joindre à ladicte ville, dont l'une vient des Almaignes, et les deux autres d'entre le Fryol et Venise, et s'appellent la Val Camonègue, la Val Tropye et la Val Zobye; et par l'une de ces trois se peult tousjours donner secours à la ville, laquelle estoit garnie des gens du roy de France; et en estoit pour lors gouverneur le seigneur Du Ludde, et cappitaine du chasteau ung gentil-homme du pays de Bascoz, nommé Hergoye.

La grande voulenté qu'avoient les Véniciens de reprendre Bresse n'estoit pas fondée sans raison, car par là affamoient ceulx qui estoient dedans Véronne, et faisoient barbe à ceulx qui vouldroient partir de Milan pour leur en faire porter; mais ilz ne povoient trouver moyen de la ravoir, ny aussi surprendre ceulx qui la gardoient, sans avoir intelligence dedans à quelque gros personnage: et combien que les habitans feussent bons à Sainct-Marc, personne ne s'osoit aventurer, parce que le feu seigneur de Conty et le bon Chevalier, pour une surprise qui leur cuyda estre faicte peu de temps devant, avoient fait coupper la teste à ung des plus apparens de la ville et de la plus grosse maison, nommé le conte Jehan Marie de Martinango, qui en estoit le chef; et plusieurs autres furent confinez en France. Toutesfois le dyable, ennemy de tout repos humain, voulut user de sa science, et va semer une discention en ladicte ville entre deux grosses maisons, l'une de Gambre et l'autre Advogadre; mais celle de Gambre estoit beaucoup plus favorisée des François.

Ung jour s'esmeut ung débat entre deux des enfans du conte de Gambre et du conte Loys Advogadre; de sorte que celluy de Gambre, qui estoit bien acompaigné, blessa oultrageusement l'autre. Ledit conte Loys Advogadre ne s'en feust sceu venger, car la force n'estoit pas sienne en la ville, si s'en estoit venu à Milan. Aucun temps avoit esté devers le duc de Ne- mours pour en avoir la justice et réparation. Le bon prince le vouloit, et en commanda commissions pour en faire l'information, affin de rendre à chascun son droit. Je ne sçay comment il alla, mais enfin n'en eut autre chose; parquoy, comme homme injurié à tort, sans en povoir avoir raison, se désespéra et déliberá de retourner à son naturel, et faire semblant d'aller huyt ou dix jours à une sienne possession, s'en va jusques à Venize devers le duc et la seigneurie, les induyre à regaigner et remettre entre leurs mains la bonne ville de Bresse; et de ce leur bailla les moyens qu'il falloit tenir, qui pour l'heure sortirent à bon effect. S'il fut le bien venu, ne fault pas demander, car ladicte ville de Bresse estoit la fillole de Sanct-Marco. Il fut festoyé trois ou quatre jours comme ung roy, durant lequel temps prindrent conclusion en leur affaire; et luy fut promis, au jour par eulx prins et assigné, qu'il n'y auroit nulle faulte que messire André Grit ne se trouvast devant la ville avecques sept ou huyt mille hommes de guerre, sans les villains des montaignes qui descendroient; et que ce pendant il allast gaigner gens en la ville, et faire ses préparatifz. Il s'en vint, et secrètement gaigna et tira à sa cordelle la pluspart des habitans.

Le seigneur Du Ludde (1) ne se fioit pas trop en eulx, et faisoit chascun jour bon guet; mais il estoit bien mal acompaigné pour se deffendre contre la commune s'ilz eussent eu mauvais vouloir, comme tous eurent, ou la pluspart; car cinq ou six jours après, à ung matin au point du jour, vindrent les Véniciens à une des portes, qu'ilz trouvèrent garnye de gens pour la deffendre. Si firent sonner l'alarme. Le seigneur Du Ludde se mist incontinent en ordre pour là y cuyder donner; mais, en amusant les François à la porte, partie des ennemys rompirent certaines grisles de fer par où sortaient les immundices de la ville, et commencèrent à entrer dedans, criant: *Marco, Marco!* Quant et quant le conte Loys Advogadre se mist sus, et tous ceulx de sa faction; de sorte qu'on eust veu toute la ville en armes. Quant le povre seigneur Du Ludde veit qu'il estoit trahy, feist sonner la retraicte à ses gens; et, au mieulx qu'il luy fut possible, avecques eulx se retira au chasteau; mais tous les chevaulx, harnois et habillemens y demourèrent. La contesse de Gambre, qui estoit Françoise, et tous ceulx qui tenoient le party du roy de France, s'y saulvèrent. Sur ces entrefaictes, furent les portes ouvertes, et

---

(1) Jacques de Daillon. Il fut sénéchal d'Anjou et capitaine de cinquante hommes-d'armes.

mis le seigneur messire André Grit dedans. Une grosse pitié fut; car tous les François qui furent trouvez dedans, sans en prendre ung à mercy, furent mis en pièces; mais ilz le comparurent après, comme vous verrez.

La première chose que fist faire le conte Loys Advogadre quant il veit sa force, ce fut d'aller aux maisons de ceulx de Gambre, lesquelles il fist toutes ruyner et desmolir. Le providadour, messire André Grit, congneut bien que ce n'estoit pas le plus fort d'avoir eu la ville, s'il n'avoit le chasteau; car par là pourroit estre aiséement reprinse. Si l'envoya par une trompette sommer incontinent; mais il perdit sa peine, car trop estoit garny de gaillarde chevalerie. Toutesfois au peuple qui y estoit entré les vivres n'eussent guères duré; et davantage le providadour fist canonner la place à merveilles, et y eut grosse berche faicte. Davantage, fist soubdainement dresser deux engins en manière de grues pour approcher de la place, lesquelz portoient bien chascun cent hommes de front; bref, ilz firent tout ce que possible estoit de faire pour prendre le chasteau. Le seigneur Du Ludde et le cappitaine Hérigoye, bien estonnez de ceste trahison, despeschèrent ung homme devers le duc de Nemours, qui estoit allé avecques toute sa puissance à Boulongne, en l'advertissant de leur inconvénient; et davantage que s'ilz n'estoient secouruz dedans huyt jours, ils estoient perduz.

Le messagier, combien que tous les passages feussent gardez, eschappa, et fist si bonne diligence qu'il arriva devant Boulongne le jour mesmes que le gentil duc avoit levé le siége, et refreschy la ville de gens et de vivres. Les lettres luy furent présentées, que le bon prince ouvrit et leut. Il fut bien esbahy quant il entendit l'inconvénient de Bresse; car c'estoit, après le chasteau de Milan, la place que les François eussent en Ytalie de plus grosse importance. Les cappitaines furent assemblez, et conclurent tous ensemble que à toute diligence falloit retourner, et la reprendre s'il estoit possible; ce qu'ilz pensoient aisé à exécuter, pourveu que le chasteau ne se perdist point. Après ceste conclusion, n'y eut plus de procès; mais chascun fist trousser son cas, et se misrent à chemin.

◇◇◇

CHAPITRE XLIX.

De la grande diligence que fist le gentil duc de Nemours pour reprendre Bresse; et comment il deffist le cappitaine-général des Véniciens en chemin, et cinq ou six mille hommes.

Quant messire André Grit fut maistre et seigneur de la ville de Bresse, et qu'il eut assiégé le chasteau comme avez entendu, ne se tint pas à tant; mais bien congnoissant que dès ce que le duc de Nemours, qui estoit allé lever le siége de Boulongne, en seroit adverty, soubdain retourneroit, parquoy, s'il ne se trouvoit fort dedans la ville et aussi puissant que pour combatre aux champs, seroit en dangier d'estre perdu, il escripvit une lettre à la seigneurie, qu'il envoya en extrême diligence, et en icelle leur faisoit entendre qu'il estoit plus que nécessaire, pour conserver la ville de Bresse par luy prise, ilz envoyassent secours si puissant que ce feust pour se deffendre, et à ung besoing donner la bataille au camp des François; et, par le moyen de Bresse, recouvroient toutes leurs terres. Sa demande fut trouvée raisonnable et de grosse importance. Si fut incontinent mandé à messire Jehan Paule Baillon, lors cappitaine-général de ceste seigneurie de Venise, qu'il eust jour et nuyt à marcher, acompaigné de quatre cens hommes-d'armes et quatre mille hommes de pied, et qu'il s'en allast gecter dedans Bresse.

Quant il eut le vouloir de la seigneurie entendu, il se mist en son debvoir et à chemin au plustost qu'il peut. De l'autre costé marchoit le duc de Nemours si diligemment, que ung chevaucheur sur ung courtault de cent escus n'eust sceu faire plus de pays qu'il en faisoit en ung jour avecques toute son armée; et tant fist qu'il arriva auprès d'ung chasteau appelé Valège, qui tenoit pour le roy de France, et lequel cuydoit prendre le cappitaine Jehan Paule Baillon en passant. Et ce qu'il s'y amusa luy porta grant dommage, car le duc de Nemours en fut adverty, lequel fist faire ce jour-là à son armée, en fin cueur d'yver, comme à la my-février, trente milles de pays, et de façon qu'il se trouva plus près de Bresse que ledit cappitaine Baillon, qui en ung passage fut rencontré des François. Il avoit cinq ou six pièces d'artillerie, lesquelles il fist deslâcher, dont de l'une fut tué le porte-enseigne du seigneur de Théligny, cappitaine moult à louer, lequel menoit avecques le bon Chevalier les premiers coureurs.

Toute la nuyt le bon Chevalier avoit eu la fiebvre, et n'estoit point armé, ains estoit en une robbe de veloux noir à chevaucher; mais quant il veit qu'il falloit combatre, emprunta ung halecret d'ung adventurier, qu'il mist sur sadicte robbe, et monta sur ung gaillart coursier; puis, avecques son compaignon le seigneur de Théligny, marcha droit aux ennemys. La grosse troppe de l'avant-garde des François estoit encores bien loing : toutesfois ilz ne laissèrent point de charger, et y eut dure et aspre rencontre, qui dura, tousjours combatant, ung quart d'heure. Cependant en vindrent nouvelles au camp : si furent les François refreschis de gens ; mais quant le cappitaine de la seigneurie les veit approcher, tourna le doz, se retirant de là où il estoit venu. Il fut chassé longuement, mais jamais ne peut estre pris : ses gens de pied y demourèrent, son artillerie, et la pluspart de ses gens de cheval. Ce fut une gorgiase deffaicte et prouffitable aux François ; car s'ilz feussent entrez dedans Bresse, jamais n'eust esté reprise. De ceste tant bonne rencontre fut marry et joyeulx le duc de Nemours : joyeulx de ce qu'il estoit victorieux, et marry de ce qu'il ne s'y estoit trouvé.

Ces nouvelles furent incontinent sceues au chasteau de Bresse, où ilz firent feu de joye en cinq ou six lieux ; car par là se trouvoient asseurez d'estre secourus dedans deux jours. Mais s'ilz en avoient joye au chasteau, ilz en eurent bien autant de mélencolie en la ville, congnoissans que c'estoit leur destruction ; et se feussent voulentiers retournez les habitans, lesquelz vindrent supplier à messire André Grit qu'il se retirast ; mais il n'en voulut riens faire, dont mal luy en print. Le noble prince duc de Nemours s'en vint, après la deffaicte de Jehan Paule Baillon, loger à vingt milles de Bresse ; et lendemain, au pied du chasteau ; en marchant, il se trouva quelque nombre de vilains assemblez en ung petit village, lesquelz voulurent tenir fort, mais enfin furent tous mis en pièces. Quant l'armée des François fut arrivée, incontinent montèrent au chasteau quelques cappitaines pour reconforter les seigneurs Du Ludde et cappitaine Hérigoye, ensemble ceulx qui estoient dedans, et y fut porté force vivres ; dont de joye tirèrent dix-huyt ou vingt coups d'artillerie en ville, qui de telle feste se feussent bien passez les habitans. Le lendemain, monta le seigneur de Nemours au chasteau ; aussi firent les cappitaines et toute l'armée, où il fut conclud de donner l'assault à la ville, qui fut aspre, dur et cruel.

⚭

CHAPITRE L.

Comment le duc de Nemours reprist la ville de Bresse sur les Véniciens, où le bon Chevalier sans paour et sans reprouche acquist grant honneur ; et comment il fut blessé quasi à mort.

Le duc de Nemours, qui ne voulut point songer en ses affaires, après qu'il fut monté au chasteau, assembla tous ses cappitaines pour sçavoir qu'il estoit à faire ; car dedans la ville y avoit gros nombre de gens, comme huyt mille hommes de guerre, et douze ou quatorze mille vilains du pays, qui s'estoient avecques eulx assemblez : et si estoit la ville forte à merveilles. Ung bien y avoit, qu'on descendoit du chasteau en la citadelle sans trouver fossé qui guères donnast empeschement : bien avoient fait ung bon rampart.

Or, en toute l'armée du roy de France n'estoient point alors plus de douze mille combatans ; car une grosse partie estoit demourée à Boulongne : toutesfois, au peu de nombre qui y estoit, n'y avoit que redire, car c'estoit toute fleur de chevalerie, et croy que cent ans paravant n'avoit esté veu pour le nombre plus gaillarde compaignie, et davantage avecques le bon vouloir que chascun avoit de servir son bon maistre le roy de France. Ce gentil duc de Nemours avoit tant gaigné le cueur des gentilzhommes et des adventuriers, qu'ilz feussent tous mors pour luy. Eulx assemblez au conseil, fut demandé par ledit seigneur à tous les cappitaines leur advis, que chascun dist au mieulx qu'il sceut ; et, pour conclusion, fut ordonné qu'on donneroit l'assault, sur les huyt ou neuf heures, lendemain matin. Et telle fut l'ordonnance : c'est que le seigneur de Molart, avecques ses gens de pied, conduyroit la première pointe ; mais devant luy yroit le cappitaine Hérigoye, et ses gens, escarmoucher. Après, en une troppe, marcheroient ce cappitaine Jacob, que l'empereur Maximilian avoit devant Padoue, en la bende du prince de Hanno, mais par moyens fut gaigné au service du roy de France, et avoit alors deux mille lansquenetz ; les cappitaines Bonnet, Maugiron, le bastard de Clèves et autres, jusques au nombre de sept mille hommes ; et le duc de Nemours, les gentilz-hommes que conduysoit le grand séneschal de Normendie, avecques la plus grosse force de la gendarmerie à pied, marcheroient à leur costé, l'armet en teste et la cuyrasse sur le doz ; et monseigneur d'Alègre seroit à cheval à la porte Sainct-Jehan, qui estoit la seule porte que les ennemys tenoient ouverte, car ilz avoient muré les autres avecques trois cens hommes-d'armes, pour garder que nul ne sortist.

Le vertueux cappitaine, seigneur de La Palisse, ne fut point à l'assault ; car, le soir de devant, il avoit esté blessé en la teste, d'ung esclat, par ung coup de canon qu'on avoit tiré de la ville au chasteau. Ceste ordonnance faicte, chascun la trouva bonne, excepté le bon Chevalier, qui dist après ce que le duc de Nemours, selon son ordre, eut parlé à luy : « Monseigneur, » saufve vostre révérence et de tous messei- » gneurs, il me semble qu'il fault faire une chose » dont nous ne parlons point. » Il luy fut demandé par ledit seigneur de Nemours que c'estoit. « C'est, dist-il, que vous envoyez monsei- » gneur de Molart faire la première pointe ; de » luy je suis plus que asseuré qu'il ne reculera » pas, ne beaucoup de gens de bien qu'il a » avecques luy ; mais si les ennemys ont point » de gens d'estoffe, et bien congnoissans la » guerre, avecques eulx, comme je croy que » ouy, sachez qu'ilz les mettront à la pointe, et » pareillement leurs hacquebutiers. Or, en telz » affaires, s'il est possible, ne fault jamais re- » culler ; et si d'aventure ilz repoussoient lesditz » gens de pied, et ilz ne feussent soustenuz de » gendarmerie, il y pourroit avoir gros désor- » dre. Parquoy je suis d'advis que avecques » mondit seigneur de Molart, on mecte cent ou » cent cinquante hommes-d'armes, qui seront » pour beaucoup mieulx soustenir le fès, que » les gens de pied qui ne sont pas ainsi armez. » Lors, dist le duc de Nemours : « Vous dictes » vray, Monseigneur de Bayart ; mais qui est le » cappitaine qui se vouldra mettre à la mercy » de leurs hacquebutes ? — Ce sera moy, s'il » vous plaist, Monseigneur, respondit le bon » Chevalier ; et croyez que la compaignie dont » j'ay la charge fera aujourd'huy de l'honneur au » Roy et à vous, et tel service que vous en ap- » percevrez. » Quant il eut parlé, n'y eut cappitaine qui ne regardast l'ung l'autre, car sans point de faulte le faict estoit très-dangereux : toutesfois il demanda la charge, et elle luy demoura.

Quant tout fut conclud, encores dist le duc de Nemours : « Messeigneurs, il fault que selon » Dieu nous regardions à une chose : vous voyez » bien que si ceste ville se prent d'assault elle » sera ruynée et pillée, et tous ceulx de dedans » mors, qui seroit une grosse pitié : il fault en- » cores sçavoir d'eulx, avant qu'ilz en essayent » la fortune, s'ilz se vouldroient point rendre. » Cela fut trouvé bon ; et le matin y fut envoyé une des trompettes, qui sonna dès ce qu'il partit du chasteau, et marcha jusques au premier rampart des ennemys, où estoient le providadour messire André Grit et tous les cappitaines. Quant la trompette fut arrivée, demanda à entrer en la ville. On luy dist qu'il n'entroit point, mais qu'il dist ce qu'il vouldroit, et que c'estoient ceulx qui avoient puissance de luy respondre.

Lors fist son message tel que vous avez entendu cy-dessus, et que, s'ilz vouloient rendre la ville, on les laisseroit aller, leurs vies sauves, sinon et où elle se prendroit d'assault, qu'ilz povoient estre tous asseurez de mourir. Il luy fut respondu qu'il s'en povoit bien retourner, et que la ville estoit de la seigneurie ; qu'elle y demoureroit, et davantage qu'ilz garderoient bien que jamais François n'y mettroit le pied. Hélas ! les povres habitans se feussent voulentiers renduz, mais ilz ne furent pas les maistres. La trompette revint, qui fist sa responce ; laquelle ouye, n'y eut autre délay, sinon que le gentil duc de Nemours, qui desjà avoit ses gens en bataille, commença à dire : « Or, » Messeigneurs, il n'y a plus que bien faire et » nous monstrer gentilz compaignons : mar- » chons, ou nom de Dieu et de monseigneur » sainct Denys. » Les parolles ne furent pas si tost proférées que tabourins, trompettes et clérons ne sonnassent l'assault et l'alarme si impétueusement, que aux couars les cheveulx dressoient en la teste, et aux hardiz le cueur leur croissoit ou ventre.

Les ennemys, oyans ce bruit, deslaschèrent plusieurs coups d'artillerie, dont, entre les autres, ung coup de canon vint droit donner au beau milieu de la troppe du duc de Nemours, sans tuer ne blesser personne, qui fut quasi chose miraculeuse, considéré comme ilz marchoient serrez. Alors se mist à marcher avant le seigneur de Molart et le cappitaine Hérigoye avecques leurs gens ; et sur leur esle, quant et quant, le gentil et bon Chevalier sans paour et sans reproche, à pied avec toute sa compaignie, qui estoient gens esleuz, car la pluspart de ses gens-d'armes avoient en leur temps esté cappitaines, mais ilz aymoient mieulx estre de sa compaignie, à moins de bien fait la moictié, que d'une autre, tant se faisoit aymer par ses vertus. Ilz approchèrent près du premier rampart, derrière lequel estoient les ennemys, qui commencèrent à tirer artillerie et leurs hacquebutes aussi dru comme mouches. Il avoit ung peu pluvyné ; le chasteau estoit en montaigne, et pour descendre en la ville on couloit ung peu : mais le duc de Nemours en monstrant qu'il ne vouloit pas demourer des derniers, osta ses souliers, et se mist en eschapins de chausses. A son exemple le firent plusieurs autres ; car, à vray dire, ilz s'en soustenoient mieulx.

Le bon Chevalier et le seigneur de Molart combatirent à ce rampart furieusement : aussi fut-il merveilleusement bien deffendu. Les François cryoient : *France! France!* ceulx de la compaignie du bon Chevalier cryoient : *Bayart! Bayart!* les ennemys cryoient : *Marco! Marco!* Bref, il faisoient tant de bruyt que les hacquebutes ne povoient estre ouyes. Messire André Grit (1) donnoit merveilleux courage à ses gens, et, en son langage ytalien, leur disoit : « Tenons bon, mes amys, les François seront » tantost lassez, ils n'ont que la première pointe; » et, si ce Bayart estoit deffaict, jamais les » autres n'approcheroient. » Il estoit bien abusé, car, s'il avoit grant cueur de deffendre, les François l'avoient cent fois plus grant pour entrer dedans. Et vont livrer ung assault merveilleux, par lequel ilz repoussèrent ung peu les Véniciens : quoy voyant par le bon Chevalier, commencea à dire : *Dedans! dedans! compaignons, ilz sont nostres; marchez, tout est deffaict*; luy-mesme entra le premier et passa le rampart, et après luy plus de mille ; de sorte qu'ilz gaignèrent le premier fort, qui ne fut pas sans se bien batre, et y en demoura de tous les costez, mais peu des François. Le bon Chevalier eut ung coup de picque dedans le hault de la cuysse, et entra si avant que le bout rompit, et demoura le fer et ung bout du fust dedans. Bien cuyda estre frappé à mort, de la douleur qu'il sentit, si commencea à dire au seigneur de Molart : « Compaignon, faictes mar- » cher voz gens, la ville est gaignée ; de moy » je ne sçaurois tirer oultre, car je suis mort. » Le sang luy sortoit en habondance : si luy fut force, ou là mourir sans confession, ou se retirer hors de la foulle avecques deux de ses archiers, lesquelz luy estanchèrent, au mieulx qu'ilz peurent, sa playe, avecques leurs chemises qu'ilz descirèrent et rompirent pour ce faire.

Le povre seigneur de Molart, qui ploroit amèrement la perte de son amy et voisin (car tous deux estoient de l'escarlate des gentilzhommes), comme ung lyon furieux, délibéré le venger, commencea rudement à pousser, et le bon duc de Nemours et sa flote après, qui entendit en passant avoir le premier fort esté gaigné par le bon Chevalier, mais qu'il y avoit esté blessé à mort; si luy-mesmes eust eu le coup, n'eust pas eu plus de douleur, et commencea à dire : « Hé! messeigneurs mes amys, » ne vengerons-nous point sur ces villains la » mort du plus acomply chevalier qui feust au » monde? Je vous prie, que chascun pense de » bien faire. » A sa venue furent les Véniciens mal traictez, et guerpirent la cytadelle, faisant myne se vouloir retirer vers la ville et lever le pont; car trop eussent eu affaire les François par ce moyen, mais ilz furent poursuyvis si vivement qu'ilz passèrent le palais, et entrèrent pesle mesle en la grant place, en laquelle estoit toute leur force, la gendarmerie et chevaulxlégiers bien à cheval, avecques les gens de pied, en bataille bien ordonnée selon leur fortune.

Là se moustrèrent les lansquenetz et aventuriers françois gentilz compaignons. Le cappitaine Bonnet y fist de grans appertises d'armes ; et, sortant de sa troppe la longueur d'une picque, marcha droit aux ennemis, et fut aussi très-bien suyvi. Le combat dura demye-heure ou plus; les cytadins et femmes de la ville gectoient des fenestres gros carreaux et pierres, avecques eaue chaulde, qui dommagea plus les François que les gens de guerre. Ce nonobstant, enfin furent Véniciens deffaictz, et y en demoura sur ceste grant place de si bien endormis qu'ilz ne se réveilleront de cent ans, sept ou huyt mille. Les autres, voyans qu'il n'y faisoit pas trop seur, cherchèrent leur eschappatoire de rue en rue ; mais tousjours de leur malheur trouvoient gens de guerre qui les tuoient comme pourceaulx. Messire André Grit, le conte Loys Adnogarde et autres cappitaines estoient à cheval, lesquelz, quant ilz veirent la rotte entièrement sur eulx, voulurent essayer le moyen de se saulver, et s'en allèrent droit à ceste porte Sainct-Jehan, cuydans sortir, si firent abaisser le pont, et cryoient : *Marco! Marco! Ytalie! Ytalie!* mais c'estoit en voix de gens bien effrayez. Le pont ne fut jamais si tost baissé que le seigneur d'Alègre, gentil cappitaine et diligent, n'entrast dedans la ville avecques la gendarmerie qu'il avoit ; et en s'escriant : *France! France!* chargea sur les Véniciens, lesquelz tous, ou la plus grant part, porta par terre, et, entre autres, le conte Loys Adnogadre, qui estoit monté sur une jument coursière pour courir cinquante milles sans repaistre.

Le providadour, messire André Grit, veit bien qu'il estoit perdu sans remède si plus attendoit ; parquoy, après avoir couru de rue en rue pour eschapper la fureur, descendit de son cheval, et se gecta en une maison, seulement avecques ung de ses gens, où il se mist en deffense quelque peu ; mais, doubtant plus gros inconvénient, fist enfin ouvrir le logis, où il

---

(1) Il ignorait d'abord que Bayard fût du nombre des assiégeants ; quand il en fut instruit : « Je crois, dit-il, » que les Bayards croissent en France comme champi- » gnons; on ne parle en toute bataille que de Bayard. »

fut prins prisonnier. Bref, nul n'en eschappa qui ne feust mort ou prins, et fut ung des plus cruelz assaulx qu'on eust jamais veu, car des mors, tant des gens de guerre de la seigneurie que de ceulx de la ville, y eut nombre de plus de vingt mille, et des François ne s'en perdit jamais cinquante, qui fut grosse fortune. Or, quant plus n'y eut à qui combattre, chascun se mist au pillage parmy les maisons; et y eut de grosses pitiez : car, comme povez entendre, en telz affaires il s'en trouve tousjours quelques ungs meschans, lesquelz entrèrent dedans monastères, firent beaucoup de dissolutions, car ilz pillèrent et desrobèrent en beaucoup de façons, de sorte qu'on estimoit le butin de la ville à trois millions d'escuz. Il n'est riens si certain que la prinse de Bresse fut en Ytalie la ruyne des François; car ilz avoient tant gaigné en ceste ville de Bresse, que la pluspart s'en retourna et laissa la guerre; et ilz eussent fait bon mestier à la journée de Ravenne, que vous entendrez cy-après.

Il faut sçavoir que devint le bon Chevalier sans paour et sans reproche, après qu'il eut gaigné le premier fort, et qu'on l'eut si lourdement blessé, que contrainct avoit esté, à son grant regret, de demourer avecques deux de ses archiers. Quant ilz veirent la cytadelle gaignée, en la première maison qu'ilz trouvèrent, desmontèrent ung huys sur lequel ilz le chargèrent, et le plus doulcement qu'ilz peurent, avecques quelque ayde qu'ilz trouvèrent : le portèrent en une maison la plus apparente qu'ilz veirent là à l'entour. C'estoit le logis d'ung fort riche gentil-homme : mais il s'en estoit fuy en ung monastère, et sa femme estoit demourée au logis, en la garde de Nostre-Seigneur, avecques deux belles filles qu'elle avoit, lesquelles estoient cachées en ung grenier, dessoubz du foing. Quant on vint heurter à sa porte, comme constante d'attendre la miséricorde de Dieu, la va ouvrir : si veit le bon Chevalier qu'on apportoit ainsi blessé, lequel fist incontinent serrer la porte, et mist deux archiers à l'huys, ausquelz il dist : « Gardez sur vostre vie que » personne n'entre céans, si ce ne sont de mes » gens, je suis asseuré que quant on sçaura que » c'est mon logis, personne ne s'efforcera d'y » entrer ; et pource que, pour me secourir, je » suis cause dont perdez a gaigner quelque » chose, ne vous souciez, vous n'y perdrez » riens. »

Les archiers firent son commandement, et luy fut porté en une fort belle chambre, en laquelle la dame du logis le mena elle-mesmes, et, se gectant à genoulx devant luy, parla en ceste manière, rapportant son langage au françois : « Noble seigneur, je vous présente ceste » maison et tout ce qui est dedans, car je sçay » bien qu'elle est vostre, par le debvoir de la » guerre, mais que vostre plaisir soit de me » saulver l'honneur et la vie, et de deux jeunes » filles que mon mary et moy avons, qui » sont prestes à marier. » Le bon Chevalier, qui oncques ne pensa meschanseté, luy respondit : « Madame, je ne sçay si je pourray eschapper » de la playe que j'ay ; mais, tant que je vivray, » à vous ne à voz filles ne sera fait desplai- » sir, non plus que à ma personne : gardez-les » seulement en vos chambres, qu'elles ne se » voyent point, et je vous assure qu'il n'y a » homme en ma maison qui se ingère d'entrer » en lieu que ne le vueillez bien ; vous as- » seurant au surplus que vous avez céans ung » gentil-homme qui ne vous pillera point ; » mais vous feray toute la courtoysie que je » pourray. »

Quant la bonne dame l'ouyt si vertueusement parler, fut toute asseurée. Après il luy pria qu'elle enseignast quelque bon cirurgien, et qui peust hastivement le venir habiller ; ce qu'elle fist, et l'alla quérir avecques ung des archiers, car il n'y avoit que deux maisons de la sienne. Luy arrivé, visita la playe (1) du bon Chevalier, qui estoit grande et profonde : toutesfois il l'asseura qu'il n'y avoit nul dangier de mort. Au second appareil le vint veoir le cirurgien du duc de Nemours, appellé maistre Claude, qui depuis le pensa ; et en fist très-bien son debvoir, de sorte qu'en moins d'ung moys fut prest à monter à cheval. Le bon Chevalier, habillé, demanda à son hostesse où estoit son mary. La povre dame toute esplorée luy dist : « Sur ma foy, Monseigneur, je ne sçay s'il est » mort ou vif : bien me doubte, s'il est en vie, » qu'il sera dedans ung monastère, où il a » grosse congnoissance. — Dame, dist le bon » Chevalier, faictes-le chercher, et je l'envoye-

---

(1) Champier donne le détail de l'opération : « Des- » couverte la cuisse, le fer et le bout de la pique es- » toient dedans encores. Si dist le noble Bayard aux » cyrurgiens : tirez ce fer dehors. Respondit le Bressien, » qui trembloit de paour qu'il avoit : Seigneur, j'ai bien » grand paour que sincopisez en tirant le fer. — Non fe- » ray, dist Bayard ; j'ay autrefois sçeu qu'est de tirer » ung fer de chair humaine : tirez hardiment. Alors ti- » rèrent les deux maîtres le fer, qui estoit moult pro- » fond en la cuisse, dont le noble Chevalier sentit d'une » merveilleuse douleur ; mais quand on luy dist qu'il » n'y avoit ni artère, ni veine grosse blécée, il fut tout » joyeux. »

» ray quérir, en sorte qu'il n'aura point de
» mal. » Elle se fist enquérir où il estoit, et le
trouva ; puis fut envoyé quérir par le maistre
d'hostel du bon Chevalier, et par deux archiers,
qui l'amenèrent seurement ; et, à son arrivée,
eut de son hoste, le bon Chevalier, joyeuse
chère : et luy dist qu'il ne se donnast point de
mélencolie, et qu'il n'avoit logé que de ses amys.
Après la belle et glorieuse prinse de la ville de
Bresse par les François, et que la fureur fut
passée, se logea le victorieux duc de Nemours,
qui n'estoit pas l'éfigie du dieu Mars, mais luy-
mesme, et, avant que boyre ne manger, assembla son conseil où furent tous les cappitaines,
affin d'ordonner ce qui estoit nécessaire de faire.
Premier, envoya chasser toutes manières de
gens de guerre, qui estoient ès religions et
églises, et fist retourner les dames aux logis
avecques leurs maris, s'ilz n'estoient plus prisonniers, et peu à peu les asseura.

Il convint diligenter à vuyder les corps mors
de la ville, par peur de l'infection, où on fut
trois jours entiers, sans autre chose faire, et en
trouva-l'on vingt et deux mille et plus. Il donna
les offices qui estoient vaccans à gens qu'il pensoit bien qui les sceussent faire. Le procès du
conte Loys Adnogadre fut fait, lequel avoit esté
cause de la trahison pour reprendre Bresse ; et
eut la teste trenchée, et mis après en quatre
quartiers, et deux autres de sa faction, dont
l'ung s'appelloit Thomas del Duc, et l'autre
Hiéronyme de Ryve. Sept ou huyt jours fut à
Bresse ce gentil duc de Nemours, où, une fois
le jour pour le moins, alloit visiter le bon Chevalier, lequel il reconfortoit le mieulx qu'il povoit ; et souvent luy disoit : « Hé ! monseigneur
» de Bayart, mon amy, pensez de vous guérir,
» car je sçay bien qu'il fauldra que nous don-
» nions une bataille aux Espaignolz, entre cy et
» ung moys, et, si ainsi estoit, j'aymerois mieulx
» avoir perdu tout mon vaillant que n'y feussiez,
» tant j'ay grant fiance en vous. » Le bon Chevalier respondit : « Croyez, Monseigneur, que
» s'il est ainsi qu'il y ait bataille, tant pour le
» service du Roy mon maistre que pour l'amour
» de vous, et pour mon honneur qui va devant,
» je m'y feroye plustost porter en lictière que je
» n'y feusse. » Le duc de Nemours luy fist force
présens, selon sa puissance, et pour ung jour
luy envoya cinq cens escus, lesquelz il donna
aux deux archiers qui estoient demourez avecques luy quant il fut blessé.

Quant le roy de France, Loys douziesme, fut
adverty de la prinse de Bresse et de la belle
victoire de son nepveu, croyez qu'il en fut très-
fort joyeulx. Toutesfois il congnoissoit assez
que, tant que ces Espaignolz seroient rouans en
la Lombardie, son estat de Milan ne seroit jamais asseuré. Si en escripvoit chascun jour à
sondit nepveu, le noble duc de Nemours, le
priant, tant affectueusement que possible luy
estoit, qu'il luy gectast la guerre de Lombardie,
et qu'il mist peine d'en chasser les Espaignolz ;
car il luy ennuyoit de soustenir les fraiz qu'il
convenoit faire aux gens de pied qu'il avoit, et
ne les povoit plus porter, sans trop fouller son
peuple, qui estoit la chose en ce monde qu'il
faisoit à plus grant regret ; davantage qu'il sçavoit bien que le roy d'Angleterre luy brassoit
ung brouet pour descendre en France, et pareillement les Suysses ; et que, si cela advenoit,
luy seroit besoing de s'ayder de ses gens de
guerre qu'il avoit en Ytalie. Et enfin c'estoit en
toutes ses lettres la conclusion de donner la bataille aux Espaignolz, ou les exterminer si loing
qu'ilz ne retournassent plus.

Ce duc de Nemours avoit si grande amour au
Roy son oncle, qu'en toutes choses se vouloit
garder de le courroucer ; et davantage il sçavoit
certainement que ses lettres ne luy venoient
point sans grande raison. Si se mit en totalle
délibération d'acomplir voluntairement le commandement qui luy estoit fait, touchant mettre
fin à la guerre. Si assembla tous ses cappitaines,
gens de cheval et de pied, et à belles petites
journées marcha droit à Boulongne, où là auprès
arriva en son camp le duc de Ferrare, auquel
il bailla son avant-garde à conduyre, avecques
le seigneur de La Palisse ; et tant alla qu'il
trouva l'armée du roy d'Espagne et du Pape à
quinze milles de Boulongne, en ung lieu dit
Gastel-Sainct-Pédro. C'estoit une des belles armées et des mieulx esquipées, pour le nombre
qu'ilz estoient, qu'on eust jamais veu. Domp
Raymon de Cardonne, visroy de Naples, en estoit le chief, et avoit en sa compaignie douze
ou quatorze cens hommes-d'armes, dont les
huyt cens estoient bardez : ce n'estoit que or et
azur, et les mieulx montez de coursiers et chevaulx d'Espagne, que gens de guerre qu'on
eust sceu veoir ; davantage il y avoit deux ans
qu'ilz ne faisoient que aller et venir parmy ceste
Rommaigne, qui est ung bon et gras pays, et où
ilz avoient leurs vivres à souhait. Il y avoit
douze mille hommes de pied seullement, deux
mille Ytaliens, soubz la charge d'ung cappitaine Ramassot, et dix mille Espaignolz,
Biscayns et Navarres, que conduysoit le conte
Pédro Navarro ; et de toute la troppe des gens
de pied estoit cappitaine-général : il avoit autrefois mené ses gens en Barbarye, contre les
Mores, et avecques eulx avoit gaigné deux ou

trois batailles. Brief, c'estoient tous gens aguerriz, et qui sçavoient les armes à merveilles.

Quant le gentil duc de Nemours les eut approchez, commencèrent Espaignolz tousjours à eulx retirer le long de la montaigne, et les François tenoient la plaine; si furent bien trois sepmaines ou ung moys qu'ilz estoient les ungs des autres à six ou sept milles, mais bien se logeoient tousjours les Espaignolz en lieu fort; et souvent s'escarmouchoient ensemble, en façon que prisonniers se prenoient d'ung costé et d'autre, quasi tous les jours : tant y a que tous les prisonniers françois rapportoient que c'estoit une triumphe de veoir l'armée des Espaignolz. Toutesfois le gentil duc de Nemours, ne tous ses cappitaines et gens de guerre, ne désiroient autre chose que à les combatre, mais qu'on les trouvast en lieu marchant; ceste finesse avoient que tousjours se tenoient en fort, et encores les y alla-l'on quérir le jour de la bataille de Ravenne, comme vous orrez.

Mais premier parleray comment le bon Chevalier sans paour et sans reprouche partit de Bresse, pour s'en aller après le duc de Nemours, et de la grande courtoysie qu'il fist à son hostesse.

◇◇◇

CHAPITRE LI.

Comment le bon Chevalier sans paour et sans reprouche partit de Bresse pour aller après le duc de Nemours et l'armée du roy de France; de la grande courtoysie qu'il fist à son hostesse, au partir; et comment il arriva devant la ville de Ravenne.

Environ ung mois ou cinq sepmaines, fut malade le bon Chevalier sans paour et sans reprouche, de sa playe, en la ville de Bresse, sans partir du lict, dont bien luy ennuyoit; car chascun jour avoit nouvelles du camp des François, comment ilz approchoient les Espaignolz; et espéroit-l'on de jour en jour la bataille, qui, à son grant regret, eust esté donnée sans luy. Si se voulut lever ung jour, et marcha parmy la chambre pour sçavoir s'il se pourroit soustenir : ung peu se trouva foible; mais le grant cueur qu'il avoit ne luy donnoit pas le loysir d'y longuement songer. Il envoya quérir le cyrurgien qui le pensoit alors, et luy dist : « Mon amy, je vous prie, dictes-moy s'il y a
» point de dangier de me mettre à chemin ; il
» me semble que je suis guéry, ou peu s'en fault;
» et vous prometz ma foy que, à mon juge-
» ment, le demourer doresnavant me pourra
» plus nuyre que amender, car je me fasche
» merveilleusement. » Les serviteurs du bon Chevalier avoient desjà dit au cyrurgien le grand désir qu'il avoit d'estre à la bataille, et que tous les jours ne regrètoit autre chose : parquoy, ce sachant, et aussi congnoissant sa complexion, luy dist en son langaige : « Mon-
» seigneur vostre playe n'est pas encores close ;
» toutesfois par dedans elle est toute guérie.
» Vostre barbier vous verra habiller encores
» ceste fois; et, mais que tous les jours au matin
» et au soir il y mette une petite tente et une
» amplastre, dont je luy bailleray l'oignement,
» il ne vous empirera point ; et si n'y a nul
» dangier, car le grant mal de la playe est au-
» dessus, et ne touchera point à la selle de
» vostre cheval. » Qui eust donné dix mille escus au bon Chevalier, il n'eust pas esté si ayse. Son cyrurgien fut plus que bien contenté. Et se délibéra de partir dedans deux jours, commandant à ses gens que, durant ce temps, ilz meissent en ordre tout son cas. La dame de son logis, qui se tenoit tousjours sa prisonnière, ensemble son mary et ses enfans, et que les biens meubles qu'elle avoit estoient siens (car ainsi en avoient fait les François aux autres maisons, comme elle sçavoit bien), eut plusieurs ymaginacions : considérant en soy-mesmes que, si son hoste la vouloit traicter à la rigueur et son mary, il en tireroit dix ou douze mille escus, car ilz en avoient deux mille de rente, si se délibéra luy faire quelque honneste présent, et qu'elle l'avoit congnu si homme de bien et de si gentil cueur, que, à son oppinion, se contenteroit gracieusement.

Le matin dont le bon Chevalier devoit desloger après disner, son hostesse, aveques ung de ses serviteurs portant une petite boëte d'acier, entra en sa chambre, où elle trouva qu'il se reposoit en une chaire, après soy estre fort pourmené, pour tousjours peu à peu essayer sa jambe. Elle se gecta à deux genoulx ; mais incontinent la releva, et ne voulut jamais souffrir qu'elle dist une parolle, que premier ne fust assise auprès de luy, et puis commença son propos en ceste manière : « Monseigneur, la grâce que
» Dieu me fist, à la prise de ceste ville, de vous
» adresser en ceste vostre maison, ne me fut
» pas moindre que d'avoir sauvé la vie à mon
» mary, la myenne et de mes deux filles, aveс-
» ques leur honneur, qu'elles doivent avoir plus
» cher ; et davantage, depuis que y arrivastes,
» ne m'a esté fait, ne au moindre de mes gens, une
» seulle injure, mais toute courtoysie, et n'ont
» pris voz gens, des biens qu'ilz y ont trouvez, la
» valleur d'ung quatrin sans payer. Monseigneur,

» je suis assez advertye que mon mary, moy,
» mes enfans et tous ceulx de la maison, sommes
» voz prisonniers, pour en faire et disposer à
» vostre bon plaisir, ensemble des biens qui
» sont céans, mais, congnoissant la noblesse de
» vostre cueur, à qui nul autre ne pourroit at-
» taindre, suis venue pour vous suplier très-
» humblement qu'il vous plaise avoir pitié de
» nous, en eslargissant vostre accoustumée li-
» béralité. Vècy ung petit présent que nous vous
» faisons ; il vous plaira le prendre en gré. » Alors
prist la boëte que le serviteur tenoit, et l'ouvrit devant le bon Chevalier, qui la veit plaine
de beaulx ducatz. Le gentil seigneur, qui oncques en sa vie ne fist cas d'argent, se prist à
rire, et puis dist : « Madame, combien de du-
» catz y a-il en ceste boëte ? » La povre femme
eut paour qu'il feust courroucé d'en veoir si
peu, luy dist : « Monseigneur, il n'y a que
» deux mille cinq cens ducatz, mais si vous
» n'estes content, vous en trouverrons plus lar-
» gement. » Alors il dist : « Par ma foy, Ma-
» dame, quant vous me donneriez cent mille
» escus, ne m'auriez pas tant fait de bien que de
» la bonne chère que j'ay eue céans, et de la
» bonne visitation que m'avez faicte ; vous as-
» seurant qu'en quelque lieu que je me trouve,
» aurez, tant que Dieu me donnera vie, ung
» gentil-homme à vostre commandement. De
» voz ducatz je n'en vueil point et vous remer-
» cye ; reprenez-les : toute ma vie ay tousjours
» plus aymé beaucoup les gens que les escuz, et
» ne pensez aucunement que ne m'envoyse aussi
» content de vous, que si ceste ville estoit en
» vostre disposition et me l'eussiez donnée. »

La bonne dame fut bien estonnée de se veoir
esconduyte. Si se remist encore à genoulx ;
mais guères ne luy laissa le bon Chevalier ; et,
relevée qu'elle fut, dist : « Monseigneur, je
» me sentirois à jamais la plus malheureuse
» femme du monde, si vous n'emportiez si peu
» de présent que je vous fais, qui n'est riens au
» pris de la courtoysie que m'avez cy-devant
» faicte, et faictes encores à présent par vostre
» grande bonté. » Quant le bon Chevalier la
veit ainsi ferme, et qu'elle faisoit le présent
d'ung si hardy courage, luy dist : « Bien donc-
» ques, Madame, je le prens pour l'amour de
» vous : mais allez-moy quérir voz deux filles,
» car je leur vueil dire adieu. » La povre femme,
qui cuydoit estre en paradis de quoy son présent avoit enfin esté accepté, alla quérir ses
filles, lesquelles estoient fort belles, bonnes et
bien enseignées, et avoient beaucoup donné de
passe-temps au bon Chevalier durant sa maladie, parce qu'elles sçavoient fort bien chanter,
jouer du luz et de l'espinète, et fort bien besongner à l'esguille. Si furent amenées devant le
bon Chevalier qui, ce pendant qu'elles s'acous-
troient, avoit fait mettre les ducatz en trois parties, ès deux à chascune mille ducatz et à l'autre
cinq cens. Elles arrivées, se vont gecter à genoulx, mais incontinent furent relevées ; puis
la plus aisnée des deux commença à dire : « Mon-
» seigneur, ces deux povres pucelles, à qui
» avez tant fait d'honneur que de les garder de
» toute injure, viennent prendre congé de vous,
» en remerciant très-humblement vostre sei-
» gneurie de la grâce qu'elles ont receue, dont
» à jamais, pour n'avoir autre puissance, seront
» tenues à prier Dieu pour vous. »

Le bon Chevalier, quasi larmoyant en voyant
tant de doulceur et d'humilité en ces deux belles
filles, respondit : « Mesdamoyselles, vous faictes
» ce que je devrois faire, c'est de vous remer-
» cier de la bonne compaignie que m'avez faicte,
» dont je me sens fort tenu et obligé. Vous sça-
» vez que gens de guerre ne sont pas voulentiers
» chargez de belles besongnes pour présenter
» aux dames ; de ma part me desplaist bien fort
» que n'en suis bien garny pour vous en faire
» présent, comme je suis tenu. Vècy vostre
» dame de mère qui m'a donné deux mille cinq
» cens ducatz que vouz voyez sur ceste table ;
» je vous en donne à chascune mille pour vous
» ayder à marier ; et pour ma récompense, vous
» prierez, s'il vous plaist, Dieu pour moy ;
» autre chose ne vous demande. » Si leur mist
les ducatz en leurs tabliers, voulsissent ou non,
puis s'adressa à son hostesse, à laquelle il dist :
« Madame, je prendray ces cinq cens ducatz à
» mon prouffit, pour les départir aux povres
» religions de dames qui ont esté pillées ; et
» vous en donne la charge, car mieulx enten-
» drez où sera la nécessité que toute autre ; et
» sur cela je prens congé de vous. » Si leur
toucha à toutes en la main, à la mode d'Ytalie ;
lesquelles se misrent à genoulx, plorans si très-
fort qu'il sembloit qu'on les voulsist mener à la
mort. Si dist la dame : « Fleur de chevalerie, à
» qui nul ne se doit comparer, le bénoist sau-
» veur et rédempteur Jésuchrist, qui souffrit
» mort et passion pour tous les pécheurs, le
» vous vueille rémunérer en ce monde icy et en
» l'autre. » Après s'en retirèrent en leurs chambres. Il fut temps de disner.

Le bon Chevalier fist appeler son maistre
d'hostel, auquel il dist que tout feust prest pour
monter à cheval sur le midy. Le gentil-homme
du logis, qui jà avoit entendu par sa femme la
grande courtoysie de son hoste, vint en sa
chambre, et, le genoil en terre, le remercia

cent mille fois, en luy offrant sa personne et tous ses biens, desquelz il luy dist qu'il povoit disposer comme siens, à ses plaisir et voulenté, dont le bon Chevalier le remercia, et le fist disner avecques luy. Et après ne demoura guères qu'il ne demandast les chevaulx, car jà luy tardoit beaucoup qu'il n'estoit avecques la compaignie par luy tant désirée, ayant belle paour que la bataille se donnast devant qu'il y feust.

Ainsi qu'il sortoit de sa chambre pour monter, les deux belles filles du logis descendirent et luy firent chascune ung présent, qu'elles avoient ouvré durant sa maladie : l'ung estoit deux jolis et mignons braceletz, faiz de beaulx cheveulx de fil d'or et d'argent, tant proprement que merveilles ; l'autre estoit une bource sur satin cramoisy, ouvrée moult subtilement. Grandement les remercia, et dist que le présent venoit de si bonne main, qu'il estimoit dix mille escuz. Et pour plus les honnorer, se fist mettre les bracelletz au bras, et la bource mist en sa manche, les asseurant que, tant qu'ilz dureroient, les porteroit pour l'amour d'elles. Sur ces parolles, monta à cheval le bon Chevalier, lequel fut acompaigné de son grant compaignon et parfaict amy, le seigneur d'Aubigny, que le duc de Nemours avoit laissé pour la garde de la ville, et de plusieurs autres gentilzhommes, deux ou trois mille ; puis se dirent à Dieu. Les ungs retournèrent à Bresse, et les autres au camp des François, où arriva le bon Chevalier le mercredy au soir, septiesme d'avril, devant Pasques. S'il fut receu du seigneur de Nemours, ensemble de tous les cappitaines, ne fault pas demander ; et hommes-d'armes et aventuriers en demenoient telle joye, qu'il sembloit, pour sa venue, que l'armée en feust renforcée de dix mille hommes. Le camp estoit arrivé ce soir-là devant Ravenne, et les ennemys en estoient à six milles ; mais le lendemain, qui fut le jeudy-sainct, s'approchèrent à deux milles.

◇◇◇

CHAPITRE LII.

Comment le siège fut mis par le noble duc de Nemours devant Ravenne, et comment plusieurs assaulx y furent donnez, le vendredy-sainct où les François furent repoussez.

Quant le gentil duc de Nemours fut arrivé devant Ravenne, assembla tous les cappitaines, sçavoir qu'il estoit de faire ; car le camp des François commençoit fort à souffrir par faulte de vivres, qui y venoient à moult grant peine ; et y avoit desjà faulte de pain et de vin, parce que les Véniciens avoient couppé les vivres d'ung costé, et l'armée des Espaignolz tenoit toute la coste de la Rommaigne ; de sorte qu'il failloit aux aventuriers manger chair et fromage, par contraincte. Il y avoit encores ung gros inconvénient, dont le duc de Nemours ne nul des cappitaines n'estoit adverty, c'est que l'Empereur avoit mandé aux cappitaines des lansquenetz que sur leur vie eussent à leur retirer incontinent sa lettre veue, et qu'ilz n'eussent à combatre les Espaignolz. Entre autres cappitaines almans, y en avoit deux principaulx : l'ung s'appelloit Philippes de Fribourg, et l'autre Jacob, qui si gentil compaignon estoit ; et de fait tous deux estoient vaillans hommes et duytz aux armes. Ceste lettre de l'Empereur estoit tumbée ès mains du cappitaine Jacob ; il estoit allé veoir le roy de France quelquefois en son royaulme, depuis qu'il estoit à son service, où il luy fut fait quelque présent ; de façon que son cueur fut tout françois : pareillement ce duc de Nemours avoit tant gaigné les gens, que tous ceulx qu'il avoit avecques luy feussent mors à sa requeste.

Entre tous les cappitaines françois, n'y en avoit nul que le cappitaine Jacob aymast tant qu'il faisoit le bon Chevalier ; et commencea cest amour dès le premier voyage de l'Empereur devant Padoue, en l'an 1509, où le roy de France luy envoya cinq ou six cens hommes-d'armes de secours. Quand il eut veu la lettre, et qu'il eut sceu la venue du bon Chevalier, le vint visiter à son logis, avecques son truchement seulement, car de tout ce qu'il sçavoit de françois, c'estoit, *bon jour, monseigneur*. Ilz se firent grant chère l'ung à l'autre, comme la raison vouloit, et que chascun cherche son semblable ; et devisèrent de plusieurs choses, sans ce que personne les ouyst. Enfin le cappitaine Jacob déclaira au bon Chevalier ce que l'Empereur leur avoit mandé, et qu'il avoit encores les lettres que personne n'avoit veues que luy : et ne les vouloit monstrer à nul de ses compaignons, car il sçavoit bien que si leurs lansquenetz en estoient advertiz, la pluspart ne vouldroient point combatre et se retireroient ; mais que de luy il avoit le serment au roy de France, et sa soulde, et que, pour mourir de cent mille mors, ne feroit jamais ceste meschanceté qu'il ne combatist, mais qu'il se falloit haster ; car il estoit impossible que l'Empereur ne renvoyast bientost autres lettres, lesquelles pourroient venir à la notice des compaignons de guerre, et que, par ce moyen, les François pourroient avoir trop de dommage ; car lesditz lansquenetz estoient la tierce part de leur force, pour y en avoir environ cinq mille. Le bon Chevalier, qui bien congnoissoit le gentil cueur du cappitaine Jacob, le loua merveilleusement, et luy dist par la bouche de son truchement : « Mon compaignon, mon amy, jamais vostre cueur ne pensa une meschanseté; vous m'avez autresfois dit qu'en Almaigne n'avez pas de grans biens : nostre maistre est riche et puissant, comme assez entendez, et en ung jour vous en peult faire dont serez riche et opulent toute vostre vie; car il vous ayme fort, et je le scay bien. L'amour croistra davantage, quant il sera informé de l'honneste tour que vous luy faictes à présent, et il le sçaura, aydant Dieu, quant moy-mesmes le luy debveroys dire. Velà monseigneur de Nemours, nostre chef, qui a mandé à son logis tous les cappitaines au conseil; allons-y, vous et moy, et à part luy déclairerons ce que m'avez dit. — C'est bien advisé, dist le cappitaine Jacob, allons-y. »

Quant ilz furent au logis dudit duc de Nemours, se misrent en conseil, qui dura longuement. Et y eut de diverses oppinions; car les ungs ne conseilloient point le combattre, et avoient de bonnes raisons, disans que, s'ilz perdoient ceste bataille, toute l'Ytalie estoit perdue pour le Roy leur maistre, et que, d'entre eulx, nul n'en eschapperoit, par ce qu'ilz avoient trois ou quatre rivières à passer; que tout le monde estoit contre eulx, Pape, roy d'Espaigne, Véniciens et Suysses; et que de l'Empereur n'estoient pas trop asseurez : parquoy vauldroit mieulx temporiser que se hazarder en ceste manière; autres disoient qu'il convenoit combatre, ou mourir de faim comme meschans et lasches, et que desjà estoient trop avant pour se retirer, sinon honteusement et en désordre. Bref, chascun en dist son oppinion.

Le bon duc de Nemours, qui avoit desjà parlé au bon Chevalier et au cappitaine Jacob, avoit bien au long entendu ce que l'Empereur avoit mandé, et sçavoit bien qu'il estoit force de combatre; aussi qu'il ne venoit poste que le roy de France, son oncle, ne luy mandast de donner la bataille; et qu'il n'attendoit que l'heure d'estre assailly en son royaulme par deux ou trois endroitz. Il demanda toutesfois encores l'oppinion du bon Chevalier ; lequel dist : « Monseigneur, vous sçavez que je vins encores » hier; je ne sçay riens de l'estat des ennemys : » Messeigneurs mes compaignons les ont veuz » et escarmouchez tous les jours, qui s'y congnoissent mieulx que moy. Je les ay ouyz, les » ungs louer la bataille, les autres la blasmer; » et, puisqu'il vous plaist m'en demander mon » oppinion, sauf vostre révérence et de messeigneurs qui cy sont, je la vous diray. Qu'il » ne soit vray que toutes batailles sont périlleuses, si est, et qu'il ne faille bien regarder » les choses avant que venir à ce point, si fait; » mais, à congnoistre présentement l'affaire des » ennemys et de nous, il semble quasi difficile » que nous puissions départir sans bataille : la » raison, que desjà avez fait voz approches » devant ceste ville de Ravenne, laquelle demain matin voulez canonner, et, la berche » faicte, y faire donner l'assault. Jà estes-vous » adverty que le seigneur Marc-Anthoine Colonne, qui est dedans puis huyt ou dix » jours, y est entré soubz la promesse et foy » jurée de domp Raymon de Cardonne, visroy de Naples et chief de l'armée de noz ennemys, de son oncle le seigneur Fabricio » Colonne, ensemble du comte Pédro Navarre, » et de tous les cappitaines, que s'il peult tenir » jusques à demain, ou pour le plus tard au jour » de Pasques, qu'ils le viendront secourir. Or » lesditz ennemys le luy monstrent bien, car » ilz sont aux faulxbours de nostre armée. » D'autre costé, tant plus séjournerez, et plus » maleureux deviendrons; car noz gens n'ont » nulz vivres, et fault que noz chevaulx vivent » de ce que les saulles gectent à présent; et » puis vous voyez le roy nostre maistre, qui » chascun jour vous escript de donner la bataille, et que non seulement en voz mains » repose la seureté de son duché de Milan, mais » aussi tout son Estat de France, veu les ennemys qu'il a aujourd'huy. Par quoy, quant à » moy, je suis d'advis qu'on la doibt donner, et » y aller saigement, car nous avons à faire à » gens cauteleux et bons combatans. Qu'elle ne » soit dangereuse, si est, mais une chose me reconforte : les Espaignols ont esté depuis ung » an en ceste Rommaigne, tousjours nourriz » comme le poisson en l'eaue, et sont gras et » repletz; noz gens ont eu et ont encores grant » faulte de vivres, parquoy ilz en auront plus » longue alayne, et nous n'avons mestier d'autre chose; car qui luy longuement combatra, » le camp luy demourera. » Chascun commença à rire du propos; car si bien luy advenoit à dire ce qu'il vouloit, que tout homme y prenoit plaisir. Les seigneurs de Lautrec, de La Palisse, le grand sénéschal de Normandie, le seigneur de Crussol, et tout ou la pluspart des cappitaines, se tindrent à l'oppinion du bon Chevalier, qui estoit de donner la bataille; et dès l'heure en furent advertiz tous les cappitaines de gens de cheval et de pied.

Le lendemain matin, qui fut le vendredy-sainct, fut canonnée la ville de Ravenne bien asprement, de sorte que les ennemys, de leur camp, entendoient bien à cler les coups de canon. Si délibèrent, selon la promesse qu'ilz avoient faicte, de secourir le seigneur Marc-Anthoine Coulonne, dedans le jour de Pasques. Durant la baterie furent blessez deux gaillars cappitaines françois, l'ung le seigneur d'Espy, maistre de l'artillerie, et l'autre, le seigneur de Chastillon, prévost de Paris (1), de coupz de hacquebute; l'ung au bras, l'autre à la cuysse, dont depuis ilz moururent à Ferrare, qui fut fort gros dommage. La berche faicte à la ville, ceulx qui avoient esté ordonnez pour l'assault, qui estoient deux cens hommes-d'armes et trois mille hommes de pied, s'approchèrent : le reste de l'armée se mist en belle et triumphante ordonnance de bataille, laquelle désiréement ilz attendoient ; et mille ans avoit que gens ne furent plus délibérez qu'ilz estoient ; et, à leurs gestes, sembloit qu'ilz allassent aux nopces. Si tindrent escorte, trois ou quatre grosses heures, à leurs gens ordonnez pour assaillir, lesquelz firent à la ville de lours et divers assaulx. Et y fist très-bien son debvoir le viconte d'Estoges, lors lieutenant de messire Robert de La Marche, et le seigneur Fédéric de Bazolo ; car plusieurs fois furent geetez du hault du fossé en bas. Si les assaillans faisoient bien leur debvoir, ceux de la ville ne se faignoient pas.

Et là estoit en personne le seigneur Marc-Anthoine Coulonne, qui disoit à ses gens : « Messeigneurs, tenons bon, nous serons secouruz dedans demain ou dimenche ; je vous » en asseure sur mon honneur : la berche est » fort petite ; si nous sommes pris, il nous tour» nera à grande lascheté, et davantage il est » fait de nous. » Tant bien les confortoit ce seigneur Marc-Anthoine, que le cueur leur croissoit de plus en plus ; et, à dire aussi la vérité, la berche n'estoit pas fort raisonnable.

Quant les François eurent donné cinq ou six assaulx, et qu'ilz veirent qu'en ceste sorte n'emporteroient pas la ville, firent sonner la retraicte : et Dieu leur en ayda bien, car, s'ilz l'eussent prise, jamais n'en eussent retiré les aventuriers, pour le pillage, qui eust esté peult-être occasion de perdre la bataille. Quant le duc de Nemours sceut que ses gens se retiroient de l'assault, il fist pareillement retirer l'armée pour le soir, affin d'eulx reposer ; car d'heure en autre estoit attendu le combat, pour estre leurs ennemys à deux milles ou environ d'eulx.

(1) Jacques de Coligny, oncle du fameux amiral de Coligny.

Le soir, après soupper, plusieurs cappitaines estoient au logis dudit duc de Nemours, devisans de plusieurs choses, mesmement de la bataille. Si adressa sa parole au bon Chevalier sans paour et sans reproche, icelluy seigneur de Nemours, et lui dist : « Monseigneur de Bayart, » avant vostre venue, les Espaignolz, par de » noz gens qu'ilz ont prins prisonniers, deman» doient tousjours si estiez point en ce camp ; et » à ce que j'en ai entendu, font grosse estime » de vostre personne. Je serois d'advis, s'il vous » semble bon, car jà de long-temps congnoissez » leur manière de faire, que demain au matin, » ilz eussent de par vous quelque escarmouche, » de sorte que les puissez faire mettre en ba» taille, et que voyez leur contenance. »

Le bon Chevalier, qui pas mieulx ne demandoit, respondit : « Monseigneur, je vous prometz » ma foy que, Dieu aydant, devant qu'il soit de» main midy, je les verray de si près que je vous » en rapporteray des nouvelles. » Là estoit présent le baron de Béarn (2), lieutenant du duc de Nemours, lequel estoit advantureux chevalier, et tousjours prest à l'escarmouche. Si pensa en soy-mesme que le bon Chevalier seroit bien matin levé s'il la dressoit plustost que luy ; et assembla aucuns de ses plus privez, ausquelz il déclaira son vouloir, à ce que ilz se teinssent prestz au jour poignant. Vous orrez ce qu'il en advint.

CHAPITRE LIII.

D'une merveilleuse escarmouche qui fut entre les François et les Espaignolz, le jour devant la bataille de Ravenne, où le bon Chevalier fist merveilles d'armes.

Suyvant la promesse que le bon Chevalier avoit faicte au duc de Nemours, luy arrivé à son logis, appella son lieutenant le cappitaine Pierrepont, son enseigne, son guydon et plusieurs autres de la compaignie, ausquelz il dist : « Mes» seigneurs, j'ay promis à monseigneur d'aller » demain veoir les ennemys, et luy en apporter » des nouvelles bien au vray : il fault adviser » comment nous ferons, à ce que nous y ayons » honneur. Je suis délibéré de mener toute la » compaignie, et demain desployer les ensei» gnes de monseigneur de Lorraine, qui n'ont » encores point esté veues ; j'espère qu'elles » nous porteront bonheur ; elles resjouyront

(2) Roger de Béarn, baron de Ravat et vicomte de Conserans ; il descendait d'un bâtard de la maison de Foix.

» beaucoup plus que les cornètes. Vous, bastard
» Du Fay, dist-il à son guydon, prendrez cin-
» quante archiers, et passerez le canal au des-
» soubz de l'artillerie des Espaignolz, et yrez
» faire l'alarme dedans leur camp, le plus avant
» que pourrez; et, quant vous verrez qu'il sera
» temps de vous retirer sans riens hazarder, le
» ferez jusques à ce que trouvez le cappitaine
» Pierrepont, qui sera à vostre queue, avecques
» trente hommes-d'armes et le reste des ar-
» chiers ; et, si tous deux estiez pressez, je se-
» ray après vous à tout le reste de la compaignie,
» pour vous secourir. Et, si l'affaire est conduit
» comme je l'entends, je vous asseure, sur ma
» foy, que nous y aurons honneur. »

Chascun entendit bien ce qu'il avoit à faire ; car non pas seulement les cappitaines de la compaignie, mais il n'y avoit homme-d'armes en icelle qui ne méritast bien avoir charge soubz luy. Tout homme s'en alla reposer, jusques à ce qu'ilz ouyssent la trompette, qui les esveilla au point du jour, que chascun s'arma et mist en ordre, comme pour faire telle entreprise qu'ilz avoient en pensée. Si furent desployées et mises au vent les enseignes du gentil duc de Lorraine, qu'il faisoit fort beau veoir ; et cela resjouyssoit les cueurs des gentilz-hommes de la compaignie, qui commencèrent à marcher, ainsi que ordonné avoit esté le soir précédent, en trois bendes, à trois gectz d'arc l'une de l'autre.

Riens ne sçavoit le bon Chevalier de l'entreprise du baron de Béarn, qui desjà s'estoit mis aux champs, et avoit dressé ung chault alarme au camp des ennemys, tant qu'il l'avoit quasi tout mis en armes, et y fist ledit baron très-bien son devoir ; mais enfin donna, de la part des ennemys, deux ou trois coups de canon dedans sa troppe, dont de l'ung fut emporté le bras droit d'ung fort gaillart gentil-homme, appellé Bazillac, et d'ung autre fut tué le cheval du seigneur de Bersac, galant homme-d'armes, et tous deux de la compaignie du duc de Nemours ; lequel fut bien desplaisant de l'inconvénient de Bazillac, car il l'aymoit à merveilles.

Après ces coups d'artillerie, tout d'une flote vont donner cent ou six-vingtz hommes-d'armes, espaignolz et neapolitains, sur le baron, qui contrainct fut de reculer le pas, du pas au trot, et du trot au galop, tant que les premiers se vindrent embatre sur le bastard Du Fay, qui s'arresta et advertit le bon Chevalier ; lequel luy manda incontinent qu'il se gectast en la troppe du cappitaine Pierrepont, et luy-mesmes s'avança tant qu'il mist toute sa compaignie ensemble. Si veit retourner le baron de Béarn et ses gens quasi desconfitz, et les suyvoient Espaignolz et Neapolitains, hardiement et fièrement, lesquelz repassèrent le canal après luy.

Quant le bon Chevalier les veit de son costé, n'en eust pas voulu tenir cent mille escus. Si commença à cryer : *Avant, compaignons! secourons noz gens !* et dist à ceulx qui fuyoient : *Demourez, demourez, hommes-d'armes; vous avez bon secours.* Si se meet le beau premier en une troppe des ennemys, de cent à six-vingtz hommes-d'armes : il estoit trop aymé, et fut bien suyvi. De la première pointe en fut porté par terre cinq ou six : toutesfois les autres se misrent en deffense fort honnestement, mais enfin tournèrent le dos, et se misrent au grant galop droit au canal, lequel ilz repassèrent à grosse diligence. L'alarme estoit desjà en leur camp, de sorte que tout estoit en bataille, gens de pied et de cheval. Ce nonobstant, le bon Chevalier les mena, batant et chassant, jusques bien avant en leurdit camp, où il fist, et ceulx de sa compaignie, merveilles d'armes, car ilz abatirent tentes et pavillons, et poussèrent par terre ce qu'ilz trouvèrent.

Le bon Chevalier, qui avoit tousjours l'œil au boys, va adviser une troppe de deux ou trois cens hommes-d'armes, qui venoient le grand trot, serrez en gens de guerre. Si dist au cappitaine Pierrepont : « Retirons-nous, car » vècy trop gros effort. » La trompette sonna la retraicte, qui fut faicte sans perdre ung homme ; et repassèrent le canal, marchans droit en leur camp. Quant les Espaignolz veirent qu'ilz estoient repassez, et qu'ilz perdoient leur peine d'aller après, se retirèrent. Bien en passa cinq ou six, qui demandèrent à rompre leur lance ; mais le bon Chevalier ne voulut jamais que homme tournast, combien que de plusieurs de ses gens en fust assez requis ; mais il doubtoit que par là se levast nouvelle escarmouche, et ses gens estoient assez travaillez pour le jour.

Le bon duc de Nemours avoit desjà sceu comment tout l'affaire estoit allé, avant que le bon Chevalier arrivast : auquel, quant il l'appercent, combien que très-dolent feust de l'inconvénient de Bazillac, le vint embrasser, et luy dist : « C'est vous et voz semblables, mon» seigneur de Bayart, mon amy, qui doivent » aller aux escarmouches ; car bien sagement » sçavez aller et retourner. » Tous ceulx qui furent en ceste dure escarmouche disoient qu'oncques n'avoient veu homme faire tant d'armes, ne que mieulx entendist la guerre que le bon Chevalier.

Le lendemain y en eut une bien plus aspre et cruelle, et dont François et Espaignolz mauldiront la journée toute leur vie.

◇◇◇

CHAPITRE LIV.

De la cruelle et furieuse bataille de Ravenne, où les Espaignolz et Neapolitains furent desconfitz; et de la mort du gentil duc de Nemours.

Au retour de ceste chaulde escarmouche qu'avoit faicte le bon Chevalier sans paour et sans reproche, et après le disner, furent assemblez tous les cappitaines, tant de cheval que de pied, au logis du vertueux duc de Nemours, le passepreux de tous ceulx qui furent deux mille ans a ; car on ne lyra point en cronicque ne hystoire d'empereur, roy, prince, ne autre seigneur, qui en si peu de temps ait fait de si belles choses que luy; mais cruelle mort le print en l'aage de vingt et quatre ans, qui fut abaissement et dommage irréparable à toute noblesse.

Or, les cappitaines assemblez, commença sa parolle le gentil duc de Nemours, et leur dist :
« Messeigneurs, vous voyez le pays où nous som-
» mes, et comment vivres nous deffaillent ; et
» tant plus demourerions en ceste sorte, et tant
» plus languirions. Ceste grosse ville de Ravenne
» nous fait barbe d'ung costé; les ennemys sont
» à la portée d'ung canon de nous ; les Véniciens
» et Suysses, ainsi que m'escript le seigneur
» Jehan Jacques, font myne de descendre ou
» duché de Milan, où vous sçavez que nous
» n'avons laissé gens, sinon bien peu. Davan-
» tage, le Roy mon oncle me presse tous les
» jours de donner la bataille ; et croy qu'il m'en
» presseroit encores plus, s'il sçavoit comment
» nous sommes abstraictz de vivres. Parquoy,
» ayant regard à toutes ces choses, me semble,
» pour le prouffit de nostre maistre et pour le
» nostre, que plus ne devons délayer ; mais,
» avecques l'ayde de Dieu qui y peult le tout,
» aillons trouver noz ennemys ; si la fortune nous
» est bonne, l'en louerons et remercirons ; si
» elle nous est contraire, sa voulenté soit faicte :
» de ma part à mon souhait, povez assez pen-
» ser que j'en désire le gaing pour nous, mais
» j'aymerois mieulx y mourir qu'elle feust per-
» due ; et si tant Dieu me veult oublier que je la
» perde, les ennemys seront bien lasches de me
» laisser vif, car je ne leur en donneray pas les
» occasions. Je vous ay icy tous assemblez, affin
» d'en prendre une occasion. »

Le seigneur de La Palisse dist qu'il n'estoit riens plus certain qu'il falloit donner la bataille, et plustost se gecteroient hors de péril. De ceste mesme oppinion furent le seigneur de Lautrec, grand séneschal de Normandie, grant escuyer de France, le seigneur de Crussol, cappitaine Loys d'Ars, et plusieurs autres ; lesquelz prindrent conclusion que le lendemain, qui estoit le jour de Pasques, yroient trouver leurs ennemys. Si fut dressé ung pont de bateaulx sur ung petit canal qui estoit entre les deux armées ; pour passer l'artillerie et les gens de pied ; car des gens de cheval ilz traversoient le canal bien à leur aise, parce que aux deux bortz on avoit fait des esplanades.

Le bon Chevalier sans paour et sans reprouche dist, présent toute la compaignie, qu'il seroit bon de faire l'ordonnance de la bataille sur l'heure, affin que chascun sceust où il devroit estre ; et qu'il avoit entendu par tout plain de prisonniers qui avoient esté au camp des Espaignolz, qu'ilz ne faisoient que une troppe de tous leurs gens de pied, et deux de leurs gens de cheval, et que sur cela se failloit renger. Les plus apparans de la compaignie dirent que c'estoit fort bien parlé, et qu'il y failloit adviser sur l'heure ; ce qui fut fait en ceste sorte : c'est que les lansquenetz et les gens de pied des cappitaines Molart, Bonnet, Maugiron, baron de Grantmont, Bardassan et autres cappitaines, jusques au nombre de dix mille hommes, marcheroient tous en une flote, et les deux mille Gascons du cappitaine Odet et du capdet de Duras, à leur costé ; lesquelz tous ensemble yroient eulx parquer à la portée d'ung canon des ennemys, et devant eulx seroit mise l'artillerie : et puis, à coup de canon les ungs contre les autres, à qui premier sortiroit de son fort ; car les Espaignolz se logeoient tousjours en lieu avantageux, comme assez entendrez. Joignant les gens de pied, seroient le duc de Ferrare et seigneur de La Palisse, chefz de l'avant-garde, avecques leurs compaignons ; et quant et eulx les gentilz-hommes, soubz le grant séneschal de Normandie, le grant escuyer, le seigneur d'Ymbercourt, La Crote, le seigneur Théode de Trévolz, et autres cappitaines, jusques au nombre de huyt cens hommes-d'armes ; et ung peu au dessus, et viz à viz d'eulx, seroit le duc de Nemours, avecques sa compaignie, le seigneur de Lautrec (1), son cousin, qui fist merveilles d'armes ce jour, le seigneur d'Alègre, le cappitaine Loys d'Ars, le bon Chevalier et autres, jusques au nombre de

(1) Odet de Foix. Il se distingua sous le règne de François 1er ; sa sœur, la comtesse de Châteaubriant, fut maîtresse de ce prince.

quatre à cinq cens hommes-d'armes ; et les gens de pied ytaliens, dont il y avoit quatre mille ou environ, soubz la charge de deux frères gentilzhommes de Plaisance, les contes Nicolle et Francisque Scot, du marquis Malespine, et autres cappitaines ytaliens, demoureroient deça le canal, pour donner seureté au bagaige, de paour que ceulx de Ravenne ne sortissent : et fut ordonné chief de tous les guydons le bastard du Fay, qui passeroit le pont, et s'en donneroit garde jusques à ce qu'il feust mandé.

Les choses ainsi ordonnées, et le lendemain matin venu, commencèrent premier à passer les lansquenetz. Quoy voyant par le gentil seigneur de Molart, dist à ses rustres : « Comment, com- » paignons, nous sera-il reproché que lansque- » netz soient passez du costé des ennemys plus- » tost que nous ? J'aymerois mieulx, quant à » moy, avoir perdu ung œil. » Si commencea, parce que les lansquenetz occupoient le pont, à se mettre, tout chaussé et vestu, au beau gué dedans l'eaue, et ses gens après (et fault sçavoir que l'eaue n'estoit point si peu profonde qu'ilz n'y feussent jusques au dessus du cul) ; et firent si bonne diligence qu'ilz furent plus tost passez que lesditz lansquenetz. Ce fait, fut toute l'artillerie passée et mise devant lesditz gens de pied, qui tantost se misrent en bataille ; après, passa l'avant-garde des gens de cheval, et puis la bataille. Sur ces entrefaictes, fault que je vous face ung accident.

Le gentil duc de Nemours partit assez matin de son logis, armé de toutes pièces, excepté de l'armet. Il avoit ung fort gorgias acoustrement de broderie, aux armes de Navarre et de Foix, mais il estoit fort pesant. En sortant de sondit logis, regarda le soleil jà levé, qui estoit fort rouge : si commencea à dire à la compaignie qui estoit autour de luy : *Regardez, Messeigneurs, comme le soleil est rouge.* Là estoit ung gentil-homme qu'il aymoit à merveilles, fort gentil compaignon, qui s'appelloit Haubourdin, qui luy respondit : « Sçavez-vous bien que » c'est à dire, Monseigneur ? il mourra aujour- » d'huy quelque prince ou grant cappitaine ; il » fault que ce soit vous ou le visroy. » Le duc de Nemours se print à rire de ce propos, car il prenoit en jeu toutes les parolles dudit Haubourdin. Si s'en alla jusques au pont, veoir achever de passer son armée, laquelle faisoit merveilleuse diligence.

Ce pendant le bon Chevalier le vint trouver, qui luy dist : « Monseigneur, allons nous esbat- » tre ung peu le long de ce canal, en attendant » que tout soit passé. » A quoy s'accorda le duc de Nemours, et mena en sa compaignie le seigneur de Lautrec, le seigneur d'Alègre, et quelques autres, jusques au nombre de vingt chevaulx. L'alarme estoit gros au camp des Espaignolz, comme gens qui s'attendoient d'avoir la bataille en ce jour ; et se mettoient en ordre, comme pour recevoir leurs mortelz ennemys. Le duc de Nemours, allant ainsi à l'esbat, commencea à dire au bon Chevalier : « Monseigneur » de Bayart, nous sommes icy en bute fort » belle ; s'il y avoit des hacquebutiers du costé » delà cachez, ilz nous escarmoucheroient à » leur aise. » Et, sur ces parolles, vont adviser une troppe de vingt ou trente gentilz-hommes espaignolz, entre lesquelz estoit le cappitaine Pédro de Pas, chef de tous leurs genétaires ; et estoient lesditz gentilz-hommes à cheval. Si s'avança le bon Chevalier vingt ou trente pas, et les salua, en leur disant : « Messeigneurs, vous » vous esbatez comme nous, en attendant que le » beau jeu se commence ; je vous prie que l'on » ne tire point de coups de hacquebute de vos- » tre costé, et on ne vous en tirera point du » nostre. »

Le cappitaine Pédro de Pas luy demanda qu'il estoit ; et il se nomma par son nom. Quant il entendit que c'estoit le cappitaine Bayart, qui tant avoit eu de renommée au royaulme de Naples, fut joyeulx à merveilles. Si luy dist en son langage : « Sur ma foy, monseigneur de Bayart, » encores que je soye tout asseuré que nous n'a- » vons riens gaigné en vostre arrivée, mais, par » le contraire, j'en tiens vostre camp enforcy » de deux mille hommes, si suis-je bien aise de » vous veoir ; et pleust à Dieu qu'il y eust bonne » paix entre vostre maistre et le mien, à ce que » peussions deviser quelque peu ensemble, car » tout le temps de ma vie vous ay aymé par » vostre grande prouesse. » Le bon Chevalier, qui tant courtois estoit que nul plus, luy rendit son change au double. Si regardoit Pédro de Pas que chascun honnoroit le duc de Nemours, qui demanda : « Seigneur de Bayart, qui est ce » seigneur tant bien en ordre, et à qui voz gens » portent tant d'honneur ? » Le bon Chevalier luy respondit : « C'est nostre chef, le duc de Ne- » mours, nepveu de nostre prince, et frère à » vostre Royne. » A grant peine il eut achevé son propos, que le cappitaine Pédro de Pas et tous ceulx qui estoient avecques luy misrent pied à terre, et commencèrent à dire, adressans leurs parolles au noble prince : « Seigneur, sauf » l'honneur et le service du Roy nostre maistre, » vous déclairons que nous sommes et voulons » estre et demourer à jamais voz serviteurs. » Le duc de Nemours, comme plein de courtoisie, les remercia ; et puis leur dist : « Messeigneurs,

» je voy bien que dedans aujourd'hui nous sçaurons à qui demourera la campaigne, à vous ou à nous ; mais à grant peine se desmeslera cest affaire, sans grande effusion de sang. Si vostre visroy vouloit vuyder ce différent de sa personne à la mienne, je ferois bien que tous mes amys et compaignons qui sont avecques moy s'y consentiront ; et si je suis vaincu, s'en retourneront ou duché de Milan, et vous laisseront paisibles par deçà : aussi, s'il est vaincu, que tous vous en retourniez au royaulme de Naples. » Quant il eut achevé son dire, luy fut incontinent respondu par ung, dit le marquis de La Padule. « Seigneur, je croy que vostre gentil cueur vous feroit voulentiers faire ce que vous dictes ; mais à mon advis que nostre visroy ne se fiera point tant en sa personne qu'il s'accorde à vostre dire. — Or à Dieu doncques, Messeigneurs, dit le gentil prince ; je m'en vois passer l'eaue, et prometz à Dieu de ne la repasser de ma vie que le camp ne soit vostre ou nostre. » Ainsi se départit des Espaignolz le duc de Nemours. Allant et venant veoient tout acier les ennemys, et comment ilz se mettoient en bataille ; mesmement leur avant-garde de gens de cheval, dont estoit chef le seigneur Fabricio Coulonne, se monstroit en belle veue, et toute descouverte. Si en parlèrent le seigneur d'Alègre et le bon Chevalier au duc de Nemours, et luy dirent : « Monseigneur, vous voyez bien ceste troppe de gens de cheval ? — Ouy, dist-il, ilz sont en belle veue. — Par ma foy, dist le seigneur d'Alègre, qui vouldra amener icy deux pièces d'artillerie seulement, on leur fera ung merveilleux dommage. » Cela fut trouvé très-bon ; et luy mesme alla faire amener ung canon et une longue coulevrine. Desjà les Espaignolz avoient commencé à tirer de leur camp, qui estoit fort à merveilles, car ilz avoient ung bon fossé devant eulx. Derrière estoient tous leurs gens de pied couchez sur le ventre, pour doubte de l'artillerie des François. Devant eulx estoit toute la leur, en nombre de vingt pièces, que canons que longues coulevrines, et environ deux cens hacquebutes à croc ; et, entre deux hacquebutes, avoient sur petites charrettes à roues de grans pièces de fer acéré et trenchant, en manière d'ung ronçon, pour faire rooller dedans les gens de pied, quant ilz vouldroient entrer parmy eulx. A leur esle, estoit leur avant-garde, que conduysoit le seigneur Fabricio Coulonne, où il y avoit environ huyt cens hommes-d'armes ; et ung peu plus hault estoit la bataille, en laquelle avoit plus de quatre cens hommes-d'armes, que menoit le visroy, Domp Raymon de Cardonne ; et joignant de luy avoit seulement deux mille Ytaliens, que menoit Ramassot ; mais quant à la gendarmerie, on n'en ouyt jamais parler de mieulx en ordre, ne mieulx montez.

Le duc de Nemours, passé qu'il eust la rivière, commanda que chascun marchast. Les Espaignolz tiroient en la troppe des gens de pied françois, comme en une bute, et en tuèrent, avant que venir au combat, plus de deux mille. Ilz tuèrent aussi deux triumphans hommes-d'armes, l'ung appellé Iasses, et l'autre L'Hérisson. Aussi moururent ensemble, d'ung mesme coup de canon, ces deux vaillans cappitaines, le seigneur de Molart et Philippes de Fribourg ; qui fut ung gros dommage et grant désavantage pour les François, car ilz estoient deux apparens et aymez cappitaines, sur tout le seigneur de Molart, car tous ses gens se feussent faitz mourir pour luy. Il fault entendre que, nonobstant toute l'artillerie tirée par les Espaignolz, les François marchoient tousjours. Les deux pièces que le seigneur d'Alègre et le bon Chevalier avoient fait retourner deçà le canal, tiroient incessamment en la troppe du seigneur Fabricio, qui luy faisoient ung dommage non croyable ; car il luy fut tué trois cens hommes-d'armes ; et dist depuis, luy estant prisonnier à Ferrare, que d'ung coup de canon luy avoit esté emporté trente-trois hommes-d'armes. Cela faschoit fort aux Espaignolz, car ilz se veoyent tuer, et ne sçavoient de qui : mais le cappitaine Pédro Navarre avoit si bien conclud en leur conseil, qu'il estoit ordonné qu'on ne sortiroit point du fort, jusques à ce que les François les y allassent assaillir ; et qu'ilz se defferoient d'eulx-mesmes. Il n'estoit riens si vray : mais il ne fut plus possible au seigneur Fabricio de tenir ses gens, qui disoient en leur langage : *Coerpo de Dios, sommos matados del cielo ; vamos combater los umbres.* Et commencèrent, pour évader ces coups d'artillerie, à sortir de leur fort, et entrer en ung beau champ pour aller combatre.

Ils ne prindrent pas le chemin droit à l'avant-garde, mais advisèrent la bataille où estoit ce vertueux prince duc de Nemours avec petite troppe de gendarmerie ; si tirèrent ceste part. Les François de la bataille, joyeulx d'avoir le premier combat, baissèrent la veue, et d'ung hardy courage marchèrent droit à leurs ennemys, lesquelz se misrent en deux troppes, pour, par ce moyen, enclorre ceste petite bataille. De ceste ruse s'apperceut bien le bon Chevalier, qui dist au duc de Nemours : « Monseigneur, mectons-nous en deux parties, jusques à ce qu'ayons passé le fossé, car ilz nous veullent

» enclorre. » Cela fut incontinent fait, et se départirent. Les Espaignolz firent ung bruyt et ung cry merveilleux à l'aborder : *Espaigne! Espaigne! Sant Yago! aux canailles! aux canailles!* Furieusement venoient, mais plus furieusement furent receuz des François, qui cryoient aussi : *France! France! aux chevaulx! aux chevaulx!* car les Espaignolz ne taschoient à autre chose, sinon d'arrivée tuer les chevaulx, pource qu'ilz ont ung proverbe qui dit : *Moerto el cavaillo, perdido l'umbre-d'armes.*

Depuis que Dieu créa ciel et terre ne fut veu ung plus cruel ne dur assault que François et Espaignolz se livrèrent les ungz aux autres, et dura plus d'une grande demye-heure ce combat. Ilz se reposoient les ungz devant les autres, pour reprendre leur alayne, puis baissoient la veue, et recommençoient de plus belle, criant *France* et *Espaigne* le plus impétueusement du monde. Les Espaignolz estoient la moytié plus que les François. Si s'en courut le seigneur d'Alègre droit à son avant-garde, et de loing advisa la bende de messire Robert de La Marche, qui portoient en devise *blanc et noir*; si leur escria : *Blanc et noir, marchez! marchez! et aussi les archiers de la garde.* Le duc de Ferrare et seigneur de La Palisse pensèrent bien que, sans grant besoing, le seigneur d'Alègre ne les estoit pas venu quérir. Si les firent incontinent desloger, et, à bride abatue, vindrent secourir le duc de Nemours et sa bende, laquelle, combien qu'elle feust de peu de nombre, reculloient tousjours peu à peu les Espaignolz.

A l'arrivée de ceste fresche bende, y eut ung terrible hutin; car Espaignolz furent vivement assaillis. Les archiers de la garde avoient de petites coignées, dont ilz faisoient leurs loges, qui estoient pendues à l'arson de la selle des chevaulx; ilz les misrent en besongne, et donnoient de grans et rudes coups sur l'armet de ces Espaignolz, qui les estonnoit merveilleusement. Oncques si furieux combat ne fut veu; mais enfin convint aux Espaignolz habandonner le camp sur lequel et entre deux fossez moururent trois ou quatre cens hommes-d'armes; aucuns princes du royaulme de Naples y furent prins prisonniers, ausquelz on sauva la vie : chascun se vouloit mettre à la chasse; mais le bon Chevalier sans paour et sans reproche dist au vaillant duc de Nemours, qui estoit tout plein de sang et de cervelle d'ung de ses hommes-d'armes qui avoit esté emporté d'une pièce d'artillerie : « Monseigneur, estes-vous blessé? — » Non, dist-il, Dieu mercy, mais j'en ay bien » blessé d'autres. — Or, Dieu soit loué, dist le » bon Chevalier, vous avez gaigné la bataille, » et demourez aujourd'huy le plus honnoré » prince du monde. Mais ne tirez plus avant, et » rassemblez vostre gendarmerie en ce lieu; » qu'on ne se mecte point au pillage encores, car » il n'est pas temps; le cappitaine Loys d'Ars » et moy allons après ces fuyans, à ce qu'ilz ne » se retirent derrière leurs gens de pied; et pour » homme vivant ne départez point d'icy que le-» dit cappitaine Loys d'Ars ou moy ne vous » viengnons quérir. » Ce qu'il promist faire, mais il ne le tint pas, dont mal luy en print.

Vous avez entendu comment les gens de pied des Espaignolz estoient couchez sur le ventre, en ung fort merveilleux et dangereux à assaillir, car on ne les voyoit point. Si fut ordonné que les deux mille Gascons yroient sur la queue deslâcher leur traict, qui seroit cause de les faire lever : or les gens de pied françois n'en estoient pas loing de deux picques; mais le fort estoit trop désavantageux : car, pour ne veoir point leurs ennemys, ilz ne sçavoient par où ilz devoient entrer. Le cappitaine Odet et le capdet de Duras dirent qu'ilz estoient tous prestz d'aller faire lever les Espaignolz, mais qu'on leur baillast quelques gens de picque, à ce que, après que leurs gens auroient tiré, s'il sortoit quelques enseignes sur eulx, ilz feussent soustenuz : cela estoit raisonnable; et y alla aveques eulx le seigneur de Moncaure, qui avoit mille Picars. Les Gascons deslâchèrent très-bien leur traict, et navrèrent plusieurs Espaignolz, à qui il ne pleut guères, comme ilz monstrèrent, car tout soubdainement se levèrent en belle ordonnance de bataille, et du derrière sortirent deux enseignes de mille ou douze cens hommes, qui vindrent donner dedans ces Gascons. Je ne sçay de qui fut la faulte, ou d'eulx ou des Picars, mais ilz furent rompuz des Espaignolz; et y fut tué le seigneur de Moncaure, le chevalier Desbories, lieutenant du cappitaine Odet, le lieutenant du capdet de Duras, et plusieurs autres.

A qui il ne pleut guères, ce fut à leurs amys : mais les Espaignolz en firent une grant huée, comme s'ilz eussent gaigné entièrement la bataille : toutesfois, ilz congnoissoient bien qu'elle estoit perdue pour eulx; et ne voulurent pas retourner en derrière ces deux enseignes qui avoient rompu les Gascons; mais se délibérèrent d'aller gaigner Ravenne, et se misrent sur la chaussée du canal, où ilz marchoient trois ou quatre de fronc. Je laisseray ung peu à parler d'eulx, et retourneray à la grosse flote des gens de pied françois et espaignolz. C'est que, quant lesditz Espaignolz furent levez, se vont présenter sur le bord de leur fossé, où les François livrèrent fier, dur et aspre assault; mais ilz furent serviz de hacquebutes à merveilles, de sorte qu'il en fut beaucoup tué; mesmement le gentil cappitaine Jacob eut ung coup au travers du corps, dont il tumba; mais soubdain se releva, et dist à ses gens en almant: « Messeigneurs, » servons aujourd'huy le roy de France, aussi » bien qu'il nous a traictez. » Le bon gentilhomme ne parla depuis, car incontinent tumba mort. Il avoit un cappitaine soubz luy, nommé Fabien (1), ung des beaux et grans hommes qu'on veit jamais; lequel, quant il apperçeut son bon maistre mort, ne voulut plus vivre, mais bien fist une des grandes hardiesses qu'oncques homme sçeut faire; car, ainsi que les Espaignolz avoient ung gros hoc de picques croysées au bort de leur fossé, qui gardoit que les François ne povoient entrer, ce cappitaine Fabien, voulant plutost mourir qu'il ne vengeast la mort de son gentil capitaine, print sa picque par le travers : il estoit grant à merveilles, et, tenant ainsi sa picque, la mist dessus celles des Espaignolz, qui estoient couchées, et, de sa grande puissance, leur fist mettre le fer en terre. Quoy voyant par les François, poussèrent roidement et entrèrent dedans le fossé; mais pour le passer y eut ung meurdre merveilleux; car oncques gens ne firent plus de deffense que les Espaignolz, qui, encores n'ayant plus bras ne jambe entière, mordoient leurs ennemys. Sur ceste entrée y eut plusieurs cappitaines françois mors, comme le baron de Grantmont, le cappitaine Maugiron, qui y fist d'armes le possible, le seigneur de Bardassan. Le cappitaine Bonnet eut ung coup de picque dedans le fronc, dont le fer luy demoura en la teste. Brief, les François y receurent gros dommage; mais plus les Espaignolz, car la gendarmerie de l'avant-garde françoise leur vint donner sur le costé, qui les rompit du tout; et furent tous mors et mis en pièces, excepté le conte Pédro Navarre, qui fut prisonnier, et quelques autres cappitaines.

Il fault retourner à ces deux enseignes qui s'enfuyoient pour cuyder gaigner Ravenne; mais en chemin rencontrèrent le bastard Du Fay et les guidons et archiers, qui leur firent retourner le visage le long de la chaussée : guères ne les suyvit le bastard Du Fay, mais retourna droit au gros affaire, où il servit merveilleusement bien. Entendre devez que, quant ces deux enseignes sortirent de la troppe, et qu'ilz eurent deffaictz les Gascons, plusieurs s'en fuyrent, et aucuns jusques au lieu où estoit le vertueux duc de Nemours, lequel, venant au-devant d'eulx, demanda que c'estoit. Ung paillart respondit : « Ce sont les Espaignolz qui » nous ont deffaictz. » Le povre prince, cuydant que ce fust la troppe de ses gens de pied, fut désespéré; et, sans regarder qui le suyvoit, se va gecter sur ceste chaussée par laquelle se retiroient ces deux enseignes, qui le vont rencontrer en leur chemin, et bien quatorze ou quinze hommes-d'armes. Ilz avoient encores rechargé quelques hacquebutes, qui vont deslâcher, et puis à coups de picque sur ce gentil duc de Nemours et sur ceulx qui estoient avecques luy, lesquelz ne se povoient guères bien remuer, car la chaussée estoit estroicte, et d'ung costé le canal où on ne povoit descendre, de l'autre, y avoit ung merveilleux fossé que l'on ne povoit passer. Brief, tous ceulx qui estoient avecques le duc de Nemours furent gectez en l'eaue, ou tumbez dans le fossé. Le bon duc eut les jarretz de son cheval couppez : si se mist à pied, l'espée au poing, et oncques Rolant ne fist à Roncevaulx tant d'armes qu'il en fist là, ne pareillement son cousin, le seigneur de Lautrec, lequel veit bien le grant dangier où il estoit, et cryoit tant qu'il povoit aux Espaignolz : « Ne le tuez pas, c'est nostre visroy, le frère » à vostre Royne. » Quoy que ce feust, le povre seigneur y demoura, après avoir eu plusieurs playes; car, depuis le menton jusques au fronc, en avoit quatorze ou quinze; et par là monstroit bien le gentil prince qu'il n'avoit pas tourné le doz.

Dedans le canal fut noyé le filz du seigneur d'Alègre, nommé Viverolz, et son père tué à la deffaicte des gens de pied; le seigneur de Lautrec y fut laissé pour mort, et assez d'autres. Ces deux enseignes se sauvèrent le long de la chaussée, qui duroit plus de dix milles; et, quant ilz furent à cinq ou six milles du camp, rencontrèrent le bon Chevalier qui venoit de la chasse avecques environ trente ou quarante hommes-d'armes; tant las et travaillez que merveilles. Toutesfois il se délibéra de charger ses ennemys : mais ung cappitaine sortit de la troppe, qui commença à dire, en son langaige : « Seigneur, que voulez-vous faire? Assez con- » gnoissez n'estre pas puissant pour nous def- » faire. Vous avez gaigné la bataille et tué tous » noz gens; suffise vous de l'honneur que vous » avez eu, et nous laissez aller, la vie sauve, car » par la voulenté de Dieu sommes eschappez. » Le bon Chevalier congneut bien que l'Espaignol disoit vray; aussi n'avoit-il cheval qui se peust sousteair; toutesfois il demanda les enseignes qui luy furent baillées; et puis ilz s'ouvrirent, et il passa parmy eulx, et les laissa aller. Las !

(1) Fabicin de Schlaberstorf. Il était Saxon.

il ne sçavoit pas que le bon duc de Nemours feust mort, ne que ce feussent ceulx qui l'avoient tué ; car il feust avant mort de dix mille mors, qu'il ne l'eust vengé, s'il l'eust sceu. Durant la bataille, et avant la totalle deffaicte, s'en fuyt domp Raymon de Cardonne (1), vis-roy de Naples, environ trois cens hommes-d'armes, et le cappitaine Rumassot, avecques ses gens de pied ; le demourant fut mort ou pris.

Le bon Chevalier et tous les François retournèrent de la chasse, environ quatre heures après midy, et la bataille estoit commencée environ huyt heures de matin. Chascun fut adverty de la mort de ce vertueux et noble prince, le gentil duc de Nemours, dont ung dueil commença au camp des François, si merveilleux que je ne cuyde point, s'il feust arrivé deux mille hommes de pied, fraiz, et deux cens hommes-d'armes, qu'ilz n'eussent tout deffaict ; tant de la peine et fatigue que tout au long du jour avoient souffert, car nul ne fut exempté de combatre, s'il voulut ; que aussi la grande et extrême douleur qu'ilz portoient en leur cueur de la mort de leur chef, lequel, par ses gentilzhommes, en grans pleurs et plains, fut porté à son logis. Il y a eu plusieurs batailles depuis que Dieu créa ciel et terre ; mais jamais n'en fut ven, pour le nombre qu'il y avoit, de si cruelle, si furieuse, ne mieulx combatue de toutes les deux parties, que la bataille de Ravenne.

◇◇◇

CHAPITRE LV.

Des nobles hommes qui moururent à la cruelle bataille de Ravenne, tant du costé des François que des Espaignolz, et des prisonniers. La prinse de la ville de Ravenne. Comment les François furent chassez deux moys après d'Ytalie, en l'an 1512. De la griefve maladie du bon Chevalier. D'une fort grande courtoysie qu'il fist. Du voyage fait ou royaulme de Navarre ; et de tout ce qui advint en ladicte année.

En ceste cruelle bataille fist le royaulme de France grosse perte ; car le nompareil en prouesse qui feust au monde pour son aage y mourut : ce fut le gentil duc de Nemours, dont, tant que le monde aura durée, sera mémoire. Il y avoit quelque intelligence secrète pour le faire roy de Naples, s'il eust vescu, et s'en fut trouvé pape Julles mauvais marchant ; mais il ne pleut pas à Dieu le laisser plus avant vivre. Je croy que les neuf preux luy avoient fait ceste requeste ; car, s'il eust vescu auge compétant, les eust tous passez. Le gentil seigneur d'Alègre avec son filz, le seigneur de Viverolz, y finèrent leurs jours. Aussi firent le cappitaine La Crote, le lieutenant du seigneur d'Ymbercourt ; les cappitaines Molart, Jacob, Philippes de Fribourg, Maugiron, baron de Grantmont, Bardassan, et plusieurs autres cappitaines. Des gens de pied environ trois mille hommes, et quatre-vingtz hommes-d'armes des ordonnances du roy de France, avecques sept de ses gentilzhommes et neuf archiers de sa garde ; et de ce qui en demoura la pluspart estoient blécez. Les Espaignolz y eurent perte, dont de cent ans ne seront réparez ; car ilz perdirent vingt cappitaines de gens de pied, dix mille hommes, ou peu s'en faillit ; et leur cappitaine-général, le conte Pédro Navarre, y fut prisonnier. Des gens de cheval, furent tuez domp Menaldo de Cardonne, domp Pédro de Coignes, prieur de Messine, domp Diégo de Guynonnes, le cappitaine Almarade, le cappitaine Alonce de l'Esteille, et plus de trente cappitaines ou chefz d'enseignes, et bien huyt cens hommes-d'armes : sans les prisonniers, qui furent domp Jehan de Cardonne, qui mourut en prison, le marquis de Bétonte, le marquis de Licite, le marquis de La Padule, le marquis de Pescare, le duc de Trayète, le conte de Conche, le conte de Populo, et ung cent d'autres gros seigneurs et cappitaines, avecques le cardinal de Médicis, qui estoit légat du Pape en leur camp ; ilz perdirent toute leur artillerie, hacquebutes et cariage. Brief, de bien vingt mille hommes qu'ilz estoient à cheval et à pied, n'en eschappa jamais quatre mille, que tous ne fussent mors ou pris.

Le lendemain les adventuriers françois et lansquenetz pillèrent la ville de Ravenne, et se retira le seigneur Marc-Anthoine Coulonne dedans la cytadelle qui estoit bonne et forte. Le cappitaine Jacquyn, qui avoit si bien parlé à l'astrologue de Carpy, en fut cause, par dessus la deffense qui en estoit faicte ; à l'occasion de quoy le seigneur de La Palisse le fist pendre et

---

(1) « Sur la fin de la journée, dit Champier, le vice-
» roy de Naples voulut descendre de cheval et monter
» sur ung aultre moult beau ; mais le noble Bayard le
» surprit de si près qu'il n'eut loisir de monter, et bouta
» en fuite, et print Bayard le cheval sur lequel il vou-
» loit monter, lequel depuis donna à monseigneur de
» Lorraine. Ce cheval j'ai veu plusieurs fois à Nancy,
» lequel estoit le plus bel et hardy cheval et mieulx
» harnaché que je vis oncques. »

estrangler. Il y avoit bien entreprise d'aller plus avant, si le bon duc de Nemours feust demouré vif; mais par son trespas tout cessa, combien que Pètre Morgant et le seigneur Robert Ursin avoient très-bien fait leur debvoir de ce qu'ilz avoient promis, aussi que le seigneur Jehan Jacques escripvoit chascun jour que les Véniciens et Suysses s'assembloient et vouloient descendre en la duché de Milan; et l'empereur Maximilian commençoit desjà secrètement à se révolter.

Parquoy l'armée des François se mist au retour vers ladicte duché de Milan, où tous les cappitaines se trouvèrent en la ville; lesquelz firent enterrer, dedans le dosme, le gentil duc de Nemours, en plus grant triumphe que jamais avoit esté enterré prince; car il y avoit plus de dix mille personnes portans le dueil, la pluspart à cheval, quarante enseignes prises sur ses ennemys, que l'on portoit devant son corps, traynans en terre, et ses enseigne et guidon après, et prochains de sa personne, en démonstrant que c'estoient ceulx qui avoient abatu l'orgueil des autres. En ce doloreux obsèque y eut grans pleurs et gémissemens.

Après sa mort tous les cappitaines avoient esleu le seigneur de La Palisse pour leur chef, comme très-vertueulx chevalier, aussi que le seigneur de Lautrec estoit blessé à la mort, et avoit esté mené à Ferrare, pour se faire garir, où il eut si bon et gracieulx traictement du duc et de la duchesse, qu'il revint en assez bonne santé.

Le pape Julles, voulant tousjours continuer en son charitable vouloir, fist du tout déclarer l'Empereur ennemy des François; lequel manda à si peu de lansquenetz qui estoient demourez après la journée de Ravenne avecques les François, qu'ilz eussent à se retirer; dont le principal cappitaine estoit le frère du cappitaine Jacob, lequel, à son mandement, s'en retourna et les emmena tous, excepté sept ou huyt cens que ung jeune cappitaine aventurier, qui n'avoit que perdre en Allemaigne, retint.

En ceste saison, ainsi que les François cuydoient emmener le cardinal de Médicis en France, fut recoux à Pètre de Qua, qui luy fut bonne fortune; et en fut bien tenu à messire Mathé de Bécarya, de Pavye, qui fist cest exploit, car depuis il fut pape.

Peu après, l'armée des Véniciens, Suysses et gens de par le Pape, descendirent en gros nombre, qui trouvèrent celle des Françoys deffaicte et ruynée; et, combien qu'ilz feissent résistance en plusieurs passaiges, toutesfois enfin furent contrainctz eulx venir retirer à Pavye, que délibérèrent garder. Et furent ordonnez les cappitaines par les portes à fortiffier, chascun son quartier; ce qu'ilz commencèrent très-bien; mais peu y demourèrent, car les ennemys y furent deux jours après. Les François avoient fait faire ung pont sur bateaulx, combien qu'il y en eust ung de pierre audit Pavye; mais c'estoit à fin que, si aucun inconvénient leur advenoit, eussent meilleure retraicte; ce qu'il advint bien tost; car, une journée, je ne sçay par quel moyen ce fut, les Suysses entrèrent en la ville par le chasteau, et vindrent jusques sur la place, où desjà, au moyen de l'alarme, estoient les gens de pied et plusieurs gens de cheval, comme le cappitaine Loys d'Ars, qui en estoit lors gouverneur, et qui y fist merveilles d'armes. Si fist aussi le seigneur de La Palisse et le gentil seigneur d'Ymbercourt; mais sur tous le bon Chevalier fist choses non croyables; car il arresta, avecques vingt ou trente de ses hommes-d'armes, les Suysses sur le cul, plus de deulx heures, tousjours combatant; et durant ce temps luy fut tué deux chevaulx entre ses jambes. Ce pendant se retiroit l'artillerie pour passer le pont; et, sur ces entrefaictes, le cappitaine Pierrepont, qui alloit visitant les ennemys d'ung costé et d'autre, vint dire à la compaignie qui combatoit en la place: « Messei» gneurs, retirez-vous; car au-dessus de nostre » pont de boys, en force petiz bateaulx pas» sent les Suysses dix à dix; et si, une fois » passent quelque nombre compectant, ilz gaig» neront le bout de nostre pont, et nous serons » enclos en ceste ville, et tous mis en pièces. » C'estoit ung saige et vaillant cappitaine; parquoy, à sa parolle, toujours combatant, se retirèrent les François jusques à leur pont, où, pour estre vivement poursuyvis, y eut lourt et dur escarmouche. Toutesfois les gens de cheval passèrent, et demoura environ troys cens lansquenetz derrière, pour garder le bord dudit pont. Mais ung grand malheur y advint; car, ainsi que l'on achevoit de passer la dernière pièce d'artillerie, qui estoit une longue couleuvryne nommée madame de Fourly, et avoit esté regaignée sur les Espaignolz à Ravenne, elle enfondra la première barque; parquoy, les povres lansquenetz, voyant qu'ilz estoient perduz, se saulvèrent au mieulx qu'ilz peurent: toutesfois y en eut aucuns tuez, et d'autres qui se noyèrent au Tézin.

Quant les François eurent passé le pont, ilz le rompirent, parquoy ne furent plus poursuiviz. Mais ung grand malheur advint au bon Chevalier : ce fut qu'ainsy qu'il estoit au bout du pont pour le garder, fut tiré ung coup de faulconneau de la ville, qui luy fraya entre l'espaule et le col, de sorte que toute la chair luy fut emportée jusques à l'oz. Ceulx qui virent le coup cuydoient bien qu'il feust mort; mais luy qui ne s'effraya jamais de chose qu'il veist, combien qu'il se sentist merveilleusement blessé, et par ce aussi qu'il congnoissoit bien n'estre pas, à l'heure, saison de faire l'estonné, dist à ses compaignons : « Messeigneurs, ce n'est riens. » On mist paine de l'estancher le mieulx qu'on peut, avec mousse qu'on print aux arbres, et linge que aucuns de ses souldars prindrent à leurs chemises ; car il n'y avoit nul cyrurgien là, à l'occasion du mauvais temps. Ainsi se retira l'armée des François jusques à Alexandrie, où le seigneur Jehan Jacques estoit allé devant leur faire faire ung pont. Guères n'y séjournèrent; mais leur convint du tout habandonner la Lombardie, excepté les chasteaulx de Milan et Crémonne, Lugan, Lucarne, le ville et le chasteau de Bresse, où estoit demouré le seigneur d'Aulbigny, et quelques autres places en la Vautelyne.

Les François repassèrent les mons et se logèrent quelque temps ès garnisons qui leur avoient esté ordonnées. Le bon Chevalier s'en retira droit à Grenoble, pour visiter l'évesque, son bon oncle, lequel long-temps n'avoit veu. C'estoit ung aussi vertueus et bien vivant prélat qu'il en feust pour lors ou monde. Il receut son nepveu tant honnestement que merveilles, et le fist loger en l'évesché, où chascun jour estoit traicté comme la pierre en l'or ; et le venoient voir les dames d'alentour Grenoble, mesmement celles de la ville, qui toutes ensemble ne se povoient saouller de le louer, dont il avoit grant honte.

Or, en ces entrefaictes, ne sçay si ce fut par le grant labeur que le bon Chevalier avoit souffert par plusieurs années, ou si ce fut par le coup du faulconneau qu'il eut à la retraicte de Pavye ; mais une grosse fiebvre continue le va empoigner, qui luy dura dix-sept jours, de sorte que l'on n'y espéroit plus de vie. Le povre gentil-homme, qui de maladie se voyoit ainsi abatu, faisoit les plus piteuses complainctes qu'on ouyt jamais ; et, à l'ouyr parler, il eust eu bien dur cueur à qui les larmes ne feussent tumbées des yeulx : « Las ! disoit-il, mon Dieu, puisque c'estoit ton bon plaisir m'oster de ce monde sitost,
» que ne fiz-tu ceste grâce de me faire mourir
» en la compaignie de ce gentil prince, le duc de
» Nemours, et avecques mes autres compai-
» gnons, à la journée de Ravenne, ou qu'il ne te
» pleut consentir que je finasse à l'assault de
» Bresse, où je fus si griefvement blessé. Hélas !
» j'en feusse mort beaucoup plus joyeulx ; car
» au moins j'eusse ensulvy mes bons prédéces-
» seurs, qui sont toujsjours demourez aux batail-
» les. Mon Dieu ! et j'ay passé tant de gros dan-
» giers d'artilleries, en batailles, en asseaulx et
» en rencontres, dont tu m'as faict la grâce
» d'estre eschappé, et il fault que présentement
» je meure en mon lict comme une pucelle. Tou-
» tesfois, combien que je le désirasse autrement,
» ta saincte voulenté soit faicte. Je suis ung
» grant pécheur : mais j'ay espoir en ton infinie
» miséricorde. Hélas ! mon Créateur, je t'ay par
» le passé grandement offencé; mais si plus lon-
» guement eusse vescu, j'avoye bon espoir, avec-
» ques ta grâce, de bien tost amender ma mau-
» vaise vie. »

Ainsi faisoit ses regretz le bon Chevalier sans paour et sans reprouche ; et puis, par ce qu'il brusloit de chaleur pour la grande fiebvre qui le tenoit, s'adressoit à monseigneur Sainct Anthoine, en disant : « Hé ! glorieux confesseur et
» vray amy de Dieu, sainct Anthoine, toute
» ma vie je t'ay tant aymé et tant eu de fiance
» en toy, et tu me laisses icy brusler en si ex-
» trême challeur que je ne désire fors que fiebvre
» mort me prengne. Hélas ! et as-tu point de
» souvenance que, durant la guerre contre le
» Pape en Ytalie, moy estant logé à Rubère, en
» une de tes maisons, je la garday de brusler,
» et, sans moy, y eust esté mis le feu ; mais, en
» commémoracion de ton sainct nom, je me loge
» dedans, combien qu'elle feust hors de la for-
» teresse, et ou dangier des ennemys, qui nuyt
» et jour me povoient venir visiter sans trouver
» chose qui les en eust sceu garder; et toutesfois
» j'ayme mieulx demourer ung moys en ceste
» façon, que ta maison feust destruicte : au moins
» je te supplie m'aléger de ceste grande challeur,
» et faire requeste à Dieu pour moy, ou que bien-
» tost il me oste de ce misérable monde, ou qu'il
» me donne santé. » Tant piteusement se dolosoit le bon Chevalier, qu'il n'y avoit personne autour de luy qui ne fondist en larmes ; mesmement son bon oncle l'évesque, qui sans cesse estoit en oraison pour luy, et non pas luy seullement, mais tous les nobles, bourgeois, marchans, religieux et religieuses, jour et nuyct estoient en prières et oraisons pour luy ; et n'est possible qu'en tant de peuple n'y eust quelque bonne personne que Nostre-Seigneur voulût ouyr, comme assez apparut ; car sa fiebvre le laissa peu à peu, et commença à reposer et donner goust aux viandes, de sorte qu'en quinze jours ou trois sepmaines, avecques le bon traictement, il en fut du tout guéry, et aussi gaillart qu'il avoit jamais esté. Et se print à aller ung peu à l'esbat près de la ville, visitant ses amys et les dames, de

maison en maison, à qui il faisoit force bancquetz pour se resjouyr; et tellement que, comme assez povez entendre qu'il n'estoit pas sainct, ung jour luy print voulenté d'avoir compaignie françoise; si dist à ung sien varlet-de-chambre, qu'on nommoit le bastard Cordon : « Bastard, je » te prie que, aujourd'huy à coucher avecques » moy, j'aye quelque belle fille; je croy que je » ne m'en trouveray que mieulx. »

Le bastard, qui estoit diligent et vouloit bien complaire à son maistre, s'alla adresser à une povre gentil femme, qui avoit une belle fille de l'aage de quinze ans, laquelle, pour la grande povreté en quoy elle estoit, consentit sa fille estre baillée quelque temps au bon Chevalier, espérant aussi que après il la marieroit. Si fut la fille langagée par la mère, qui luy fist tant de remonstrances, que, nonobstant le bon vouloir qu'elle avoit, se condescendit au marché, moytié par amour et moytié par force. Si fut emmenée secretement par le bastard au logis du bon Chevalier et mise en une sienne garderobbe. Le temps fut venu de se retirer pour dormir; si s'en retourna à son logis ledit bon Chevalier, lequel avoit souppé en ung bancquet en la ville.

Arrivé qu'il feust, le bastard luy dist qu'il avoit une des belles jeunes filles du monde, et si estoit gentil femme; si le mena en la garderobbe et la luy montra. Belle estoit comme ung ange, mais tant avoit ploré que tous les yeulx luy en estoient enflez. Quant le bon Chevalier la veit en ceste sorte, luy dist : « Comment, » m'amye, qu'avez-vous? Ne sçavez-vous pas » bien pourquoy vous estes venue icy? » La povre fille se mist à genoulx, et dist : « Hélas! » ouy, Monseigneur, ma mère m'a dit que je » feisse ce que vous vouldriez; toutesfois je suis » vierge et ne feiz jamais mal de mon corps, » ne n'avoys pas voulenté d'en faire si je n'y » feusse contraincte; mais nous sommes si po- » vres, ma mère et moy, que nous mourrons » de faim; et pleust à Dieu que je feusse bien » morte, au moins ne seroye point au nombre » des malheureuses filles et en déshonneur » toute ma vie. » Et, disant ces parolles, ploroit si très-fort qu'on ne la povoit appaiser.

Quant le bon Chevalier apperceut son noble courage, quasi larmoyant luy dist : « Vray- » ment, m'amye, je ne seray pas si meschant » que je vous oste de vostre bon vouloir. » Et, changeant vice à vertu, la prist par la main, et luy fist affubler ung manteau, et au bastard prendre une torche, et la mena luy-mesme coucher sur une gentil femme sa parente, qui se tenoit près de son logis. Et le lendemain matin envoya quérir la mère, à laquelle il dist : « Venez çà, m'amye; ne me mentez point : » vostre fille est-elle pucelle? » qui respondist : « Sur ma foy, Monseigneur, quant le bastard » la vint hier quérir, jamais n'avoit eu con- » gnoissance d'homme. — Et n'estes-vous donc- » ques bien malheureuse, dist le bon Chevalier, » de la vouloir faire meschante? » La povre femme eut honte et paour, et ne sceut que respondre, sinon qu'elles estoient si povres que riens plus.

« Or, dist le bon Chevalier, ne faictes jamais » ung si lasche tour que de vendre vostre fille, » qui estes si gentil femme, on vous en deb- » veroit plus griefvement pugnir. Venez çà : » avez-vous personne qui la vous ait jamais de- » mandée en mariage? — Ouy bien, dist-elle, » ung mien voisin, honneste homme; mais il de- » mande six cens florins, et je n'en ay pas vail- » lant la moytié. — Et s'il avoit cela, l'es- » pouseroit-il? dist le bon Chevalier. — Ouy » seurement, dist-elle. » Alors il prist une bourse qu'il avoit fait prendre au bastard, et luy bailla trois cens escus, disant : « Tenez, m'amye, » velà deux cens escus qui vallent six cens flo- » rins de ce pays et mieulx, pour marier vostre » fille, et cent escus pour l'abiller. » Et puis fist encores compter cent autres escus qu'il donna à la mère, et commanda au bastard qu'il ne les perdist jamais de veue qu'il n'eust veu la fille espousée : ce qu'elle fut trois jours après; et a fait depuis ung très-honorable mesnage : elle retira sa mère en sa maison. Et ainsi, par la grande courtoysie et grande libéralité du bon Chevalier, la chose fut ainsi menée qu'il est cy-dessus récité. Je croy que vous n'avez guères leu en cronicque ny hystoire d'une plus grande honnesteté.

Icelluy bon Chevalier fut encores quelque temps après ou Daulphiné, faisant grosse chère, jusques à ce que le Roy de France son maistre envoya une armée en Guyenne, soubz la charge du duc de Longueville, pour cuyder recouvrer le royaulme de Navarre, que, depuis ung peu, avoit usurpé par force le roy d'Arragon sur celluy qui le tenoit à juste tiltre; et n'y trouva occasion, sinon qu'il estoit du party du roy de France.

Je ne sçay comment il alla de ce beau voyage; mais après y avoir longuement esté sans riens exécuter, la grosse armée s'en retourna, et firent passer les montz Pyrénées à une partie d'icelle, dont fut chief le seigneur de La Palisse. Et puis, aucun temps après, luy fut envoyé de renfort le bon Chevalier sans paour et sans reproche, qui luy mena quelques pièces de grosse artillerie.

Le roy de Navarre déchassé estoit avecques eulx. Ils prindrent quelques petis fortz, puis vindrent mettre le siége devant Pampelune. Ce pendant le bon Chevalier alla prendre ung chasteau, où il eut gros honneur, comme vous entendrez.

◇◇◇

CHAPITRE LVI.

Comment le bon Chevalier prist ung chasteau d'assault, ou royaulme de Navarre, cependant qu'on assist le siége devant la ville de Pampelune, où il fist ung tour de sage et appert chevalier.

Ce pendant que le gentil seigneur de La Palisse plantoit, avecques le roy de Navarre, le siége devant la ville de Pampelune, fut advisé qu'il seroit bon d'aller prendre ung chasteau à quatre lieues de là, qui nuysoit merveilleusement au camp des François. Je croy bien qu'en la place n'y povoit pas avoir grosse force; toutesfois, parce que l'on se doubtoit que dedans une petite ville près de là, appellée le Pont-la-Royne, y pourroient estre quelques gens qui peult-estre la vouldroient secourir, fut advisé qu'on meneroit assez bonne bende de gens de cheval et de pied.

Le roy de Navarre et seigneur de La Palisse prièrent au bon Chevalier qu'il voulsist prendre ceste entreprinse en main; et luy, qui jamais ne fut las de travail qu'on luy sceust bailler, l'accorda incontinent. Il prist sa compaignie et celle du cappitaine Bonneval, hardy chevalier, quelque nombre d'aventuriers, et deux enseignes de lansquenetz, qui estoient de chascune de quatre cens hommes; et ainsi s'en alla tout de plain jour devant ceste place. Il envoya ung trompette pour faire entendre à ceulx qui estoient dedans qu'ilz eussent à la mettre entre les mains de leur souverain, le roy de Navarre, et qu'il les prendroit à mercy, et les laisseroit aller, leurs vies et bagues saufves; autrement, s'ilz estoient pris d'assault, seroient mis en pièces. Ceulx de la forteresse estoient gens de guerre que le duc de Nagère et l'alcado de las Donzelles, lieutenant oudit royaulme pour le roy d'Espaigne, y avoient mis; et, estans tous bons et loyaulx serviteurs à leur maistre, firent responce qu'ilz ne rendroient point la place, et eulx encores moins. Le trompette en vint faire son rapport, lequel ouy par le bon Chevalier, ne fist autre délay, sinon de faire asseoir quatre grosses pièces d'artillerie qu'il avoit, et bien canonner la place et vivement. Ceulx de dedans, qui estoient environ cent hommes, avoient force hacquebutes à croc et deux faulconneaux, qui firent très-bien leur devoir de tirer à leurs ennemys; mais si bien ne sceurent jouer leur roolle, qu'en moins d'une heure n'y eust berche à leur place, assez grandète, mais mal aysée, pource qu'il failloit monter. Or, en telles matières, fault autre chose que souhaiter.

Si fist le bon Chevalier sonner l'assault, et vint aux lansquenetz, les enhortant d'y aller. Leur truchement parla pour eulx, et dist que c'estoit leur ordonnance, que toutesfois qu'il se prenoit place d'assault, qu'ilz devoient avoir double paye, et que, si on leur vouloit promettre, yroient audit assault, autrement non. Le bon Chevalier n'entendoit point ces ordonnances; toutesfois il leur fist responce que, sans nulle faulte, s'ilz prenoient la place, qu'ilz auroient ce qu'ilz demandoient, et leur en respondoit, pource qu'il ne vouloit pas demourer longuement là. Il eut beau promettre; mais au dyable le lansquenet qui monta jamais à la berche. Les adventuriers y allèrent gaillardement; mais ilz furent lourdement repoussez par deux ou trois fois; et, de fait, ceulx qui deffendoient monstroient bien qu'ilz estoient gens de guerre.

Quant le bon Chevalier congneut leur cueur, pensa bien qu'il ne les auroit jamais de ceste lute. Si fist sonner la retraicte, laquelle faicte, fist encores tirer dix ou douze coups d'artillerie, faisant myne qu'il vouloit agrandir la berche; mais il avoit autre chose en pensée; car ce pendant qu'on tiroit l'artillerie vint à ung de ses hommes-d'armes fort gentil compaignon qu'on nommoit Petit-Jehan de La Vergne, auquel il dist: « La Vergne, si vous voulez, ferez ung
» bon service, et qui vous sera rémunéré.
» Voyez-vous bien ceste grosse tour qui est au
» coing de ce chasteau? Quant vous verrez que
» je feray recommencer l'assault, prenez deux
» ou trois eschelles, et, avecques trente ou
» quarante hommes, essayez de monter en
» ceste tour, car, sur ma vie, n'y trouverrez
» personne pour la deffendre, et si vous n'en-
» trez en la place par là, dictes mal de moy. »

L'autre entendit très-bien le commandement. Si ne demoura guères que l'assault ne feust recommencé, plus aspre que devant, où tous ceulx de la place vindrent pour deffendre la berche, et n'avoient regard ailleurs; car ilz n'eussent jamais pensé qu'on eust entré par autre lieu: dont ilz furent trompez, car La Vergne fist très-bien sa charge, et, sans estre d'eulx apperceu, dressa ses eschelles par lesquelles il monta dedans ceste tour, et plus de cinquante compaignons avecques, lesquelz ne furent jamais veuz des ennemys qu'ilz ne feussent dedans la place, où ilz crièrent *France! France! Navarre! Navarre!* et vindrent ruer par le derrière sur ceulx qui estoient à deffendre la berche, qui, pour estre surpris, furent estonnez à merveilles. Toutesfois ilz se mirent en deffence, et firent devoir de bien combatre; mais leur prouesse ne leur servit de guères, car les assaillans entrèrent dedans, qui misrent tout en pièces, ou peu s'en faillit, et fut toute la place courue et pillée. Ce fait, le bon Chevalier y laissa ung des gentilz-hommes du roy de Navarre, avecques quelques compaignons, puis se mist au retour droit au camp.

Ainsi qu'il vouloit partir, deux ou trois cappitaines de ses lansquenetz vindrent devers luy, et, par leur truchement, luy firent dire qu'il leur tiensist sa promesse de leur faire bailler double paye, et que la place avoit esté prise. De ce propos fust le bon Chevalier si fort fasché que merveilles, et respondit tout courroucé au truchement : « Dictes à voz coquins de lansque- » netz que je leur ferois plustost bailler chascun » ung licol pour les pendre. Les meschans qu'ilz » sont n'ont jamais voulu aller à l'assault, et » ilz demandent double paye! J'en parlerai à » monseigneur de La Palice et à monseigneur » de Suffoc (1), leur cappitaine-général; mais » ce sera pour les faire casser; ilz ne vallent pas » putains. » Le truchement leur dist le propos, et incontinent commencèrent ung bruit merveilleux; mais le bon Chevalier fist sonner à l'estandart, et assembla ses gens-d'armes et adventuriers : de façon que, s'ilz eussent fait semblant de rien, estoit délibéré de les mettre en pièces. Ilz s'appaisèrent petit à petit, et s'en vindrent au camp devant Pampelune, en troppe comme les autres. Il fault faire ici ung petit discours pour rire.

Quant le bon Chevalier fut arrivé, eut grant chère du roy de Navarre, du seigneur de La Palice, du duc de Suffoc, et de tous les cappitaines, ausquelz il conta la manière de faire des lansquenetz, dont il y eut assez ris. Le soir il donna à souper à tout plain de cappitaines, et entre autres y estoit le duc de Suffoc, cappitaine-général de tous les lansquenetz qui estoient au camp, dont il y avoit six ou sept mille.

Ainsi qu'ils achevoient de souper, va arriver ung lansquenet, qui avoit assez bien beu, et quant il entra ne sçavoit qu'il devoit dire, sinon qu'il cherchoit le cappitaine Bayart pour le tuer, pource qu'il ne leur vouloit point faire bailler d'argent. Il parloit quelque peu de françois, et assez mauvais. Le cappitaine Pierrepont l'entendit, qui dist au bon Chevalier, en ryant : « Monseigneur, vècy ung lansquenet qui vous » cherche pour vous tuer. » C'estoit la plus joyeuse et récréative personne qu'on eust sceu trouver. Si se leva de table, l'espée au poing, et s'adressa au lansquenet, en luy disant : « Esse » vous qui voulez tuer le cappitaine Bayart? Le » vècy, deffendez-vous. » Le povre lansquenet, quelque yvre qu'il feust, eut belle paour, et respondit en assez mauvais langaige : « Ce n'est » pas moi qui veulx tuer le cappitaine Bayart » tout seul, mais ce sont tous les lansquenetz. » — Ha! sur mon ame, dist le bon Chevalier, » qui pasmoit de rire, je le quicte, et ne suis » point délibéré, moy seul, de combattre sept » mille lansquenetz : appoinctement, compai- » gnon, pour l'amour de Dieu. » Toute la compaignie se prinst si très-fort à rire du propos, que merveilles. Et fut assis à table le lansquenet, viz à viz du bon Chevalier, qui le fist achever d'abiller, comme il estoit commencé : de sorte que, avant qu'il partist de là, promist que, tant qu'il vivroit, deffendroit le cappitaine Bayart envers et contre tous, et jura qu'il estoit homme de bien, et qui avoit bon vin. Le roy de Navarre et le seigneur de La Palisse le sceurent le soir, qui en rirent comme les autres.

Le lendemain de l'arrivée du bon Chevalier, commença l'artillerie à tirer contre la ville de Pampelune, qui fut batue assez bien, et y voulut-on donner l'assault, qui fut essayé; mais si bien se deffendirent ceulx de dedans, qu'on la laissa là, et y eurent les François grosse perte. Dedans estoit ce gentil chevalier espaignol que l'on nommoit l'alcado de las Donzelles (2).

Ce fut ung voyage assez malheureux; car les François, à leur entrée en Navarre, gastèrent et dissipèrent tous les biens, rompirent les moulins, et firent beaucoup d'autres choses; dont ilz eurent depuis grande indigence, car la famine y fut si grosse, que plusieurs gens en moururent; et si n'y eut jamais en armée si grande nécessité de souliers, car une meschante paire pour ung laquayz coustoit ung escu. Brief, tous ces malheurs assemblez, et aussi que le duc de Nagère estoit arrivé au Pont-de-La-Royne, près de Pampelune, avecques ung secours de huyt ou dix mille hommes, fut le roy de Navarre

---

(1) Il était de la maison de La Pole. Proscrit en Angleterre, il servait dans les armées du roi de France. Henri VIII avait donné le titre de duc de Suffolk à Charles Brandon, son favori, qui depuis épousa la sœur de son maître, veuve de Louis XII.

(2) Didago Fernandez, de Cordoue.

conseillé, par le seigneur de La Palice et tous les cappitaines, de se retirer jusques à une autre saison. Si fut levé le siége, en plein jour, de devant Pampelune, et l'artillerie mise à chemin ; mais peu de journées fut conduicte, car les montaignes par où elle devoit passer estoient trop estranges. Si furent contrainctz les François, après que, à force de gens et d'argent, l'eurent menée trois journées, la laisser au pied d'une montaigne, où ilz la rompirent, au moins la misrent en sorte que leurs ennemys ne s'en feussent sceu ayder.

Il fault entendre que, au repasser des montaignes Pirénées, y eut de grandes povretez, par le deffault des vivres ; et si n'estoit heure au jour qu'il n'y eust alarme chault et aspre. Le duc de Suffoc, dit La Blanche Roze, cappitaine-général des lansquenetz, y estoit, qui grande et parfaicte amytié avoit avecques le bon Chevalier. Ung jour qu'il avoit tant travaillé que plus n'en povoit, car toute ceste journée n'avoit beu ne mangé, ainsi qu'on se vouloit retirer d'une escarmouche, sur le soir bien tard, vint trouver iceluy bon Chevalier, auquel il dist : « Cappitaine Bayart, mon amy, je meurs de faim; » je vous prie donnez-moy aujourd'huy à souper; » car mes gens m'ont dit qu'il n'y a riens à mon » logis. » Le bon Chevalier, qui ne s'estonna jamais de riens, respondit : « Ouy vrayement, » Monseigneur, et si serez bien traicté. » Puis devant luy appella son maistre d'hostel, auquel il dist : « Monseigneur de Mylieu, allez devant » faire haster le soupper ; et que nous soyons » ayses comme dedans Paris. » De laquelle parolle le duc de Suffoc rist un quart d'heure ; car desjà y avoit deux jours qu'ilz ne mangeoient que pain de milet.

Bien vous asseure que, sans perdre gens que de famyne, les François firent une aussi belle retraicte que gens de guerre firent onques : et sur tous y acquist ung merveilleux honneur le bon Chevalier, qui tousjours demoura sur la queue, tant que le dangier fust passé ; car voulentiers luy a-l'on tousjours fait cest honneur aux affaires, qu'en allant a tousjours esté mis des premiers, et aux retraictes des derniers.

Bien joyeulx furent les François, quant, par leurs journées, eurent gaigné Bayonne ; car ilz mangèrent à leur aise : mais plusieurs gens de pied, qui estoient affamez, mangèrent tant qu'il en mourut tout plain. Ce fut un assez fascheux voyage.

En ceste année mourut le pape Julles, ce bon François ; et fut esleu en son lieu le cardinal de Médicis, pape Léon nommé.

Il vint aussi en la coste de Bretaigne quelque armée des Angloys, qui ne firent pas grant chose. Ung jour entre les autres, ung gros navire d'Angleterre, dicte la Régente, et une nef de la royne de France, duchesse de Bretaigne, nommée la Cordelière, se trouvèrent et s'accrochèrent pour combatre. Durant le combat, quelcun gecta du feu dedans l'une des nefz ; mais finablement furent toutes deux bruslées. Les Anglois y firent grosse et lourde perte ; car sur ladicte Régente y avoit gros nombre de gentilzhommes quy moururent, sans leur estre possible trouver moyen d'eschapper.

◇◇◇

CHAPITRE LVII.

Comment le roy Henry d'Angleterre descendit en France, et comment il mist le siége devant Thérouenne. D'une bataille dicte la journée des Esperons, où le bon Chevalier fist merveilles d'armes, et gros service en France.

En l'an 1513, vers le commencement, le roy de France renvoya une armée en Ytalie, soubz la charge de La Trimoille. Jà avoit esté faict l'appointement entre le roy de France et les Véniciens, qui y portoient faveur : toutesfois le cas alla assez mal pour les François ; car ilz perdirent une journée contre les Suysses ; et y furent les enfans de messire Robert de La Marche, qui avoient charge de lansquenetz, quasi laissez pour mors ; et les alla quérir leur père dedans ung fossé. Si convint encores aux Francoys habandonner la Lombardie pour ceste année.

A leur retour fut adverty le roy de France comment Henry, roy d'Angleterre, alyé de l'empereur Maximilian, estoit descendu à Calays, avecques grosse puissance, pour entrer en son pays de Picardie ; ouquel, pour y résister, envoya incontinent grosse puissance, et fist son lieutenant-général le seigneur de Pyennes, gouverneur oudit pays.

Les Angloys entrez qu'ilz feussent en la campaigne, de pleine arrivée, allèrent planter le siége devant la ville de Théroenne, qui estoit bonne et forte, où, pour icelle garder, estoient commis deux très-hardiz et gaillars gentilz-hommes : l'ung, le seigneur de Théligny (1), sé-

---

(1) François de Téligny. Il fut l'aïeul de Charles de Téligny, qui épousa la fille du fameux amiral de Coligny, et qui périt avec son beau-père, au massacre de la Saint-Barthélemy.

neschal du Rouergue, cappitaine saige et asseuré, et ung autre du pays mesmes, appellé le seigneur de Pontdormy, avecques leurs compaignies, quelques aventuriers françoys, avecques aucuns lansquenetz soubz la charge d'ung cappitaine Brandec. Ilz estoient tous gens de guerre, et pour bien garder la ville longuement s'ilz eussent eu vivres; mais ordinairement en France ne se font pas voulentiers les provisions de saison ne de raison. Le siége assis par les Anglois devant ladicte ville de Théroenne, commencèrent à la canonner. Encores n'y estoit pas la personne du roy d'Angleterre, ains pour ses lieutenans y estoient le duc de Suffoc, messire Charles Brandon, et le cappitaine Talbot; mais peu de jours après y arriva, qui ne fut pas sans avoir une grosse frayeur entre Calays et son siége de Théroenne, auprès d'ung village dit Tournehan; car bien cuyda là estre combatu par les François, qui estoient en nombre de douze cens hommes-d'armes, tous bien délibérez. Mais avecques eulx n'avoient pour l'heure nulz de leurs gens de pied, qui leur fut gros malheur; et luy par le contraire n'avoit nulz gens de cheval, mais environ douze mille hommes de pied, duquel nombre estoient quatre mille lansquenetz. Si s'approchèrent les deux armées, à une portée de canon l'une de l'autre. Quoy voyant par le roy d'Angleterre, eut paour d'estre trahy: si descendit à pied, et se mist au meillieu des lansquenetz. Les François vouloient donner dedans; et mesmement le bon Chevalier, qui dist au seigneur de Piennes plusieurs fois : « Monseigneur, chargeons-les; il ne nous en peult advenir dommage, si non bien peu; car, si à la première charge les ouvrons, ilz sont rompus; s'ilz nous repoussent, nous nous retirerons toujours; ilz sont à pied et nous à cheval. » Quasi tous les François furent de ceste opinion; mais ledit seigneur de Piennes disoit : « Messeigneurs, j'ay charge, sur ma vie, du Roy nostre maistre, de ne riens hazarder, mais seulement garder son pays. Faictes ce qu'il vous plaira : mais, de ma part, je ne m'y consentiray point. » Ainsi demoura ceste chose, et passa le roy d'Angleterre et sa bende au nez des François.

Le bon Chevalier, qui envys eust laissé départir la chose en ceste sorte, va donner sur la queue avecques sa compaignie; et les fist serrer si bien, qu'il leur convint habandonner une pièce d'artillerie, dicte Sainct-Jehan; et en avoit le roy d'Angleterre encores unze autres de ceste façon, et les appelloit ses douze apostres. Ceste pièce fut gaignée, et amenée au camp des François. Quant le roy d'Angleterre fut arrivé au siége de Théroenne, avecques ses gens, ne fault pas demander s'il y eut joie démenée, car il estoit gaillart prince, et assez libéral; trois ou quatre jours après, arriva l'empereur Maximilian avecques quelque nombre de Hennuyers et Bourguignons. Si se firent les princes grant chère l'ung à l'autre. Après ce, furent faictes les approches devant la ville, et icelle canonnée furieusement. Ceulx de dedans respondoient de mesmes, et faisoient leurs rampars au mieulx qu'ilz povoient; mais sans doubte ilz avoient nécessité de vivres.

Le roy de France estoit marché jusques à Amyens, lequel mandoit tous les jours à son lieutenant-général, le seigneur de Piennes, que, à quelque péril que ce feust, on advitaillast Théroenne. Cela ne se povoit faire sans grant hazart, car elle estoit tout enclose d'ennemys. Toutesfois, pour complaire au maistre, fut conclud qu'on yroit avecques toute la gendarmerie dresser ung alarme au camp; et ce pendant que quelques ungs ordonnez à porter du lartz pour mettre dans la ville, les yroient gecter dedans les fossez, et que après ceulx de la garnison les retireroient assez. Si fut pris le jour d'exécuter ceste entreprinse, dont le roy d'Angleterre et l'Empereur furent advertis, comme povez entendre, par quelques espies, dont assez s'en trouve parmy les armées; et y en avoit alors de doubles qui faignoient estre bons François, et ilz estoient du contraire party. Le jour ainsi ordonné, d'aller advitailler la ville de Théroenne, montèrent, les cappitaines du roy de France, à cheval, avecques leurs gens-d'armes. Dès le poinct du jour, le roy d'Angleterre, qui sçavoit ceste entreprinse, avoit faict mectre au hault d'ung tertre dix ou douze mille archiers anglois, quatre ou cinq mille lansquenetz, avecques huyt ou dix pièces d'artillerie, affin que, quant les François seroient passez oultre, ils descendissent et leur couppassent chemin; et par le devant, avoit ordonné tous gens de cheval, tant Anglois, Bourguignons que Hennuyers, pour les assaillir. Il fault entendre une chose, que peu de gens ont sceue, et qui ont donné blasme de ceste journée aux gentilz-hommes de France, à grant tort. C'est que tous les cappitaines françois déclarèrent à leurs gens-d'armes que ceste course qu'ilz faisoient estoit seulement pour refreschir ceulx de Théroenne, et qu'ilz ne vouloient aucunement combatre; de sorte que, s'ilz rencontroient les ennemys en grosse troppe, ilz vouloient qu'ilz retournassent au pas; et s'ilz estoient pressez, du pas au trot et du trot au galop; car ilz ne vouloient riens hazarder.

Or commencèrent à marcher les François, et approchèrent la ville de Théroenne d'une lieue près et plus, où commença l'escarmouche forte et rudde ; et très-bien fist son devoir la gendarmerie françoise, jusques à ce qu'ilz vont veoir sur le coustau ceste grosse troppe de gens de pied en deux bandes qui estoient marchez plus avant qu'ilz n'estoient, et vouloient descendre pour les enclorre. Quoy voyant, fut la retraicte sonnée par les trompettes des François. Les gens-d'armes, qui avoient leur leçon de leurs cappitaines, se misrent le grant pas au retour. Ilz furent pressez, et allèrent le trot, et puis au grant galop : tellement que les premiers se vindrent gecter sur le seigneur de La Palice, qui estoit en la bataille avec le duc de Longueville, en si grande fureur, qu'ilz misrent tout en désordre. Les chassans, qui très-bien poursuyvoient de leur pointe, voyant si povre conduyte, poussèrent toujours oultre, tellement qu'ils firent du tout tourner le doz aux François. Le seigneur de La Palice et plusieurs autres y firent plus que leur debvoir, et crioient à haulte voix : *Tourne, homme-d'armes ; tourne, ce n'est riens*. Mais cela ne servoit de riens, ains chascun taschoit de venir gaigner leur camp, où estoit demourée l'artillerie et les gens de pied. en ce grant désordre fut prins prisonnier le duc de Longueville, et plusieurs autres, comme le seigneur de La Palice, mais il eschappa des mains de ceulx qui l'avoient pris.

Le bon Chevalier sans paour et sans reprouche se retiroit à grant regret, et tousjours tournoit sur ses ennemys, menu et souvent, avec quatorze ou quinze hommes-d'armes qui estoient demourez auprès de luy. Si vint en se retirant à trouver ung petit pont où il povoit passer que deux hommes à cheval de fronc ; et y avoit ung gros fossé plein d'eaue, qui venoit plus de demye-lieue loing, et alloit à bien demy-quart de lieue plus bas faire mouldre ung moulin. Quant il fut sur ce pont, il dit à ceulx qui estoient avecques luy : « Messeigneurs, arrestons-nous
» icy, car d'une heure noz ennemys ne gaigne-
» ront ce pont sur nous. » Et puis il appela ung de ses archiers, auquel il dit : « Allez viste-
» ment à nostre camp, et dictes à monseigneur
» de La Palice que j'ay arresté les ennemys sur
» le cul, pour moins d'icy à une demye-heure,
» et que, ce pendant, il face chascun mettre en
» bataille, et qu'on ne s'espouvente point, ains
» qu'il me semble qu'il doit tout bellement mar-
» cher ença ; car si les gens ainsi desroyez
» poussoient jusques-là, ilz se trouveroient def-
» faictz. » L'archer va droit au camp, et laissa le bon Chevalier avecques si peu de gens qu'il avoit, gardant ce petit pont, où il fist d'armes le possible. Les Bourguignons et Hennuyers y vindrent : mais là convint-il combatre ; car bonnement ne povoient passer à leur aise ; et l'arrest qu'ilz firent là donna loysir aux François qui estoient retournez en leur camp, d'eulx mettre en ordre et en deffense, si besoing en eust esté.

Quant les Bourguignons veirent que si peu de gens faisoient barbe, commencèrent à crier qu'on fist venir des archiers à diligence, et aucuns d'eulx les allèrent haster. Ce pendant plus de deux cens chevaulx chevauchèrent le long de ce ruysseau, et allèrent trouver le moulin où ilz passèrent. Ainsi fut encloz le bon Chevalier de deux costez ; lequel dist à ses gens : « Messei-
» gneurs, rendons-nous à ces gentilz-hommes ;
» car nostre prouesse ne nous serviroit de riens ;
» noz chevaulx sont recreuz ; ilz sont dix con-
» tre ung. Noz gens sont à trois lieues d'icy ; et
» si nous attendons encores ung peu, et les ar-
» chiers anglois arrivent, ilz nous mettront en
» pièces. » Sur ces parolles, vont arriver ces Bourguignons et Hennuyers, crians : *Bourgongne ! Bourgongne !* et firent grosse envahye sur les François, qui, pour n'avoir moyen d'eulx plus deffendre, se randoient l'ung ça et l'autre là, aux plus apparens. Et ainsi que chascun taschoit à prendre son prisonnier, le bon Chevalier va adviser ung gentil-homme bien en ordre soubz de petitz arbres, lequel pour la grande et extrême chaleur qu'il avoit, de façon qu'il n'en povoit plus, avoit osté son armet, et estoit tellement afflige et travaillé, qu'il ne se daignoit amuser aux prisonniers. Si picqua son cheval droit à luy l'espée au poing, qu'il luy vient mettre sur la gorge, en luy disant : *Rendz-toy, homme-d'armes ou tu es mort!* Qui fut bien esbahy ? ce fut le gentil-homme ; car il pensoit bien que tout feust prinst. Toutesfois il eut paour de mourir, et dist : « Je me rends donc-
» ques, puis que prins suis en ceste sorte. Qui
» estes vous ? — Je suis, dist le bon Chevalier,
» le cappitaine Bayart, qui me rends à vous,
» et tenez mon espée, vous supliant que vostre
» plaisir soit moy emmener avecques vous ;
» mais une courtoysie me ferez, si nous trou-
» vons des Anglois en chemin qui nous voulsis-
» sent tuer, vous me la rendrez. » Ce que le gentil-homme luy promist, et le luy tint ; car, en tirant au camp, convinst à tous deux jouer des cousteaulx contre aucuns Anglois, qui vouloient tuer les prisonniers, où ilz ne gaignèrent riens.

Or fut le bon Chevalier mené au camp du roy d'Angleterre, en la tente de ce gentil-homme, qui luy fist très-bonne chère, pour trois ou quatre jours. Au cinquiesme, le bon Chevalier luy dist : « Mon gentil-homme, je vouldrois bien

» que me voulsissiez faire mener seurement au camp du Roy mon maistre, car il m'ennuie desjà icy. — Comment? dist l'autre, encores n'avons-nous point advisé de vostre rançon. » — De ma rançon, dist le bon Chevalier, mais à moy de la vostre, car vous estes mon prisonnier; et si, depuis que j'euz vostre foy, me suis rendu à vous, ce a esté pour me sauver la vie, et non autrement. » Qui fut bien estonné? ce fut le gentil-homme; car encores luy dist plus le bon Chevalier, ce fut: « Mon gentil-homme, où ne me tiendrez promesse, je suis asseuré qu'en quelque sorte que ce soit, j'eschapperay; mais croyez après que j'auray le combat à vous. » Ce gentil-homme ne sçavoit que respondre, car il avoit assez ouy parler du cappitaine Bayart, et de combat n'en vouloit point. Toutesfois il estoit assez courtoys chevalier, et enfin dist: « Monseigneur de Bayart, je ne vous veulx faire que la raison; j'en croyray les cappitaines. »

Il fault entendre qu'on ne sceut si bien céler le bon Chevalier, qu'il ne feust sceu parmy le camp; et sembloit advis, à ouyr parler les ennemys, qu'ilz eussent gaigné une bataille. L'Empereur l'envoya quérir, et fut mené à son logis, qui luy fist une grande et merveilleuse chère, en luy disant: « Cappitaine Bayart, mon amy, j'ay très-grant joye de vous veoir. Que pleust à Dieu que j'eusse beaucoup de telz hommes que vous; je croy que, avant qu'il feust guères de temps, je me sçaurois bien venger des bons tours que le Roy vostre maistre et les François m'ont faiz par le passé. » Encores luy dist-il en riant: « Il me semble, monseigneur de Bayart, que autresfois avons esté à la guerre ensemble; et m'est advis qu'on disoit en ce temps-là que Bayart ne fuyoit jamais. » A quoy le bon Chevalier respondit: « Sire, si j'eusse fuy, je ne feusse pas icy. »

En ces entrefaictes arriva le roy d'Angleterre, à qui fist congnoistre le bon Chevalier, qui luy fist fort bonne chère; et il luy fist la révérence, comme à tel prince appartenoit. Si commencèrent à parler de ceste retraicte; et disoit le roy d'Angleterre que jamais n'avoit veu gens si bien fuyr, et si en gros nombre que les François, qui n'estoient chassez que de quatre à cinq cens chevaulx; et en parloient en assez povre façon l'Empereur et luy. « Sur mon ame, dist le bon Chevalier, la gendarmerie de France n'en doit aucunement estre blasmée; car ilz avoient exprès commandement de leurs cappitaines, de ne combatre point, parce qu'on se doubtoit bien, si veniez au combat, amèneriez toute vostre puissance, comme avez faict; et nous n'avions ne gens de pied, ny artillerie; et jà sçavez, haulx et puissans seigneurs, que la noblesse de France est renommée par tout le monde. Je ne dis pas que je doive estre du nombre. — Vrayement, dist le roy d'Angleterre, monseigneur de Bayart, si tous estoient voz semblables, le siége que j'ay mis devant ceste ville me seroit bientost levé. Mais, quoy que ce soit, vous estes prisonnier. — Sire, dist le bon Chevalier, je ne le confesse pas, et en vouldrois bien croire l'Empereur et vous. » Là présent estoit le gentil-homme qui l'avoit amené, et à qui il s'estoit rendu, depuis qu'il avoit eu sa foy. Si compta tout le faict, ainsi que cy-dessus est récité: à quoy le gentil-homme ne contredit en riens, ains dist: « Il est vray ainsi que le seigneur de Bayart le compte. »

L'Empereur et le roy d'Angleterre se regardèrent l'ung l'autre; puis commença à parler l'Empereur, et dist que, à son oppinion, le cappitaine Bayart n'estoit point prisonnier, mais plustost le seroit le gentil-homme de luy. Toutesfois, pour la courtoysie qu'il luy avoit faicte, demourèrent quictes l'ung envers l'autre de leur foy, et le bon Chevalier s'en pourroit aller, quant bon sembleroit au roy d'Angleterre; lequel dist qu'il estoit bien de son oppinion, et que, s'il vouloit demourer six sepmaines sur sa foy, sans porter armes, que après luy donnoit congé de s'en retourner, et que, ce pendant, il allast veoir les villes de Flandres. De ceste gracieuseté remercia le bon Chevalier très-humblement l'Empereur et le roy d'Angleterre; et puis s'en alla esbatre par le pays, jusques au jour qu'il avoit promis. Le roy d'Angleterre, durant ce temps, le fist praticquer pour estre à son service, luy faisant présenter beaucoup de biens; mais il perdit sa peine, car son cueur estoit du tout françois.

Or fault entendre une chose, que, combien que le bon Chevalier n'eust pas de grans biens, homme son pareil ne s'est trouvé de son temps qui ait tenu meilleure maison que luy; et tant qu'il fut ès pays de l'Empereur, le tint opulentement aux Hennuyers et Bourgongnons; et, néantmoins que le vin y soit fort cher, si ne leur falloit-il riens quant ilz s'alloient coucher: et fut tel jour qu'il despendit vingt escus en vin. Plusieurs eussent bien voulu qu'il n'en feust jamais party; toutesfois il s'en retourna en France, quant il eut achevé son terme, et fut conduit et très-bien acompagné jusques à trois lieues des pays de son maistre.

Quelques jours demourèrent l'Empereur et le roy d'Angleterre devant Théroenne, qui enfin se rendit, par faulte de vivres. Et fut la composition que les cappitaines et gens de guerre sortiroient, vies et bagues sauves, et que mal ne seroit fait aux habitans de la ville, ne icelle desmolie. Ce qu'on promist aux gens de guerre fut bien tenu, mais non pas à ceulx de la ville; car le roy d'Angleterre fist abatre les murailles, et mettre le feu en plusieurs lieux, qui fut grosse pitié. Toutesfois depuis les François la remisrent en bonne ordre, et plus forte que jamais.

De là levèrent leur siége l'Empereur et le roy d'Angleterre, et l'allèrent planter devant la ville de Tournay, qui se feust assez deffendue, si les habitans eussent voulu accepter le secours des François qu'on leur vouloit bailler; mais ilz dirent qu'ilz se deffendroient bien d'eulx-mesmes; dont mal leur en print, car leur ville fut prinse et mise ès mains du roy d'Angleterre, qui la fortiffia à merveilles.

L'yver estoit desjà avancé, parquoy fut l'armée rompue; et se retira le roy d'Angleterre en son royaulme, et l'Empereur en Almaigne. Pareillement le camp du roy de France se deffist; et se logea-l'on par les garnisons, sur les frontières de Picardie.

Il fault sçavoir une chose, qui est digne d'estre mis par ezcript. C'est que, durant le camp du roy d'Angleterre et de l'Empereur, en Picardie, les Suysses, ennemys pour lors du roy de France, le seigneur de Vergy et plusieurs lansquenetz, en nombre de bien trente mille hommes de guerre, descendirent en Bourgougne, où gouverneur estoit le vertueux seigneur de La Trimoille, qui pour l'heure estoit au pays. Et, pour n'avoir puissance à les combatre aux champs, fut contrainct se retirer dedans Dyjon, devant laquelle ville il espéroit arrester ceste grosse armée, qui peu après y vint mettre le siége en deux lieux, et, icelluy assis, la canonnèrent furieusement. Le bon seigneur de La Trimoille faisoit son devoir, en ce qui estoit possible, et luy-mesmes jour et nuyt estoit aux rampars.

Mais quand il veit les berches faictes, et si mal garny de gens de guerre qu'il estoit, congneut à l'œil que la ville s'en alloit perdue, et par conséquent le royaulme de France en gros dangier (car si Dyjon eust esté prins, ils feussent allez jusques à Paris); si fist secrettement traicter aveques les Suysses, et leur fist faire plusieurs belles remonstrances, des biens et honneurs qu'ilz avoient receuz de la maison de France, et qu'il espéroit qu'en brief seroient encores amys plus que jamais; et que, quant ilz entendroient bien leurs affaires, la ruyne de la maison de France estoit à leur grant désavantage. Ils entendirent à ces propos, et encores, sur sauf-conduit, furent d'accord qu'il allast parler à eulx : ce qu'il fist, et si bien les mena, et de si belles parolles, aussi moyennant certaine grosse somme de deniers qu'il leur promist (pour seureté de laquelle leur bailla pour hostaiges son nepveu le seigneur de Maizières, le seigneur de Rochefort, fils du chancelier de France, et plusieurs bourgeois de la ville), qu'ilz s'en retournèrent. De ceste composition fut blasmé ledit seigneur de La Trimoille de plusieurs; mais ce fut à grand tort, car jamais homme ne fist si grant service en France pour ung jour, que quand il fist retourner les Suysses de devant Dyjon; et depuis l'a-on bien congneu en plusieurs manières.

Le bon roy Loys douziesme, en ceste année 1513, eut de terribles affaires, et ses alliez aussi, dont l'ung des plus apparens estoit le roy d'Escosse (1), qui en une bataille, cuydant entrer en Angleterre, fut deffaict par le duc de Norfort, lieutenant du roy d'Angleterre, et luy-mesmes y fut tué. Or, quelque chose qu'il y eust, le roy de France estoit tant aymé de ses subjectz, que, à leur requeste, Dieu luy ayda : et, combien que la pluspart des princes d'Europe eussent juré sa ruyne, et mesmement tous ses voisins, garda très-bien son royaulme. Du partement de Picardie s'en retourna, par ses petites journées, en sa ville de Bloys, qu'il aymoit fort, parce qu'il y avoit prins sa naissance; mais guère n'y séjourna que ung grant et irréparable malheur luy advint, comme vous orrez.

◇◇◇

CHAPITRE LVIII.

Du trespas de la magnanyme et vertueuse princesse Anne, royne de France et duchesse de Bretaigne. Du mariage du roy Loys douziesme avecques Marie d'Angleterre; et de la mort dudit roy Loys.

Le bon roy de France, Loys douziesme, après avoir passé toutes ses fortunes en ceste année 1513, et qu'il eut fait asseoir ses garnisons en Picardie, s'en retourna en sa ville de Bloys, où il se vouloit resjouyr quelque peu; mais le plaisir qu'il y pensoit prendre luy tourna en grande douleur et tristesse; car, environ le commencement de janvier, sa bonne compaigne et espouse, Anne, royne de France et duchesse de Bretaigne, tumba malade fort griefvement; car, quelques médicins que le Roy son mary ny elle eussent pour luy ayder à recouvrer santé, en moins de huyt jours rendit l'ame à Dieu; qui fut dom-

(1) Jacques IV, aïeul de Marie Stuart.

maige nompareil pour le royaulme de France, et dueil perpétuel pour les Bretons. La noblesse des deux pays y fist perte inestimable ; car de plus magnanyme, plus vertueuse, plus sage, plus libéralle, ne plus accomplie princesse n'avoit porté couronne en France, depuis qu'il y a eu tiltre de royne.

Les François et Bretons ne plaignirent pas seullement son trespas, mais ès Almaignes, Espaignes, Angleterre, Escosse, et en tout le reste de l'Europe, fut plaincte et plorée. Le Roy son mary ne donnoit pas les grands sommes de deniers, de paour de fouller son peuple, mais ceste bonne dame y satisfaisoit ; et y avoit peu de gens de vertus en ses pays, à qui une fois en sa vie n'eust fait quelque présent. Pas n'avoit trente et huyt ans acomplis, la gentille princesse, quand cruelle mort en fist si grant dommage à toute noblesse ; et qui vouldroit ses vertus et sa vie décripre, comme elle a mérité, il fauldroit que Dieu fist ressusciter Cicéro, pour le latin, et maistre Jehan de Meung, pour le françois, car les modernes n'y sçauroient attaindre.

De ce tant lamentable et très-piteux trespas en fut le bon roy Loys si affligé, que huyt jours durant ne faisoit que larmoyer, souhaitant à toute heure que le plaisir de Nostre-Seigneur feust luy aller tenir compaignie. Tout le reconfort qui luy demoura, c'estoit que de luy et de la bonne trespassée estoient demourées deux bonnes et belles princesses, Claude, et Renée, qui avoit environ trois ans. Elle fut menée à Sainct-Denys, et là enterrée, et luy fut fait son service, tant audit Bloys que audit lieu de Sainct-Denys, autant sollempnel qu'il fut possible. Plus de trois moys entiers, par tout le royaulme de France, et par la duché de Bretaigne, n'eust-on oui parler d'autre chose que de ce lacrymable trespas ; et croy certainement qu'il en souvient encores à plusieurs, car les grans dons, le doulx recueil, et gracieulx parler qu'elle faisoit à chascun, la rendront immortelle.

Environ le moys de may après, qu'on disoit 1514, espousa monseigneur François, duc de Valois et d'Angolesme, prochain héritier de la couronne, madame Claude, aisnée fille de France et duchesse de Bretaigne, au lieu de Sainct-Germain-en-Laye.

En ladicte année, et environ le moys d'octobre, par le moyen du seigneur de Longueville, luy estant prisonnier, qui avoit traicté le mariage en Angleterre du roy Loys et de madame Marie, seur audit roy d'Angleterre, fut icelle dame amenée à Abbeville, où ledit seigneur l'espousa. Il n'avoit pas grant besoing d'estre marié, pour beaucoup de raisons, et aussi n'en avoit-il pas grant vouloir ; mais, parce qu'il se voyoit en guerre de tous costez, qu'il n'eust peu soustenir sans grandement fouller son peuple, ressembla au pellican ; car, après que la royne Marie eut fait son entrée à Paris, qui fut fort triumphante, et que plusieurs joustes et tournois furent achevez, qui durèrent plus de six sepmaines, le bon Roy qui, à cause de sa femme, avoit changé toute manière de vivre (car, où souloit disner à huyt heures, convenoit qu'il disnast à midy, où il se souloit coucher à six heures du soir, souvent se couchoit à minuyt), tumba malade à la fin du moys de décembre ; de laquelle maladie tout remède humain ne le peult garantir qu'il ne rendist son ame à Dieu, le premier de janvier ensuyvant, après la minuyct. Ce fut en son vivant ung bon prince, saige et vertueux, qui maintint son peuple en paix, sans le fouller aucunement, fors que par contraincte. Il eut en son temps du bien et du mal beaucoup ; parquoy il avoit ample congnoissance du monde. Plusieurs victoires obtint sur ses ennemys ; mais, sur la fin de ses jours, fortune luy tourna ung peu son effrayé visaige. Le bon prince fut plainct et ploré de tous ses subjectz, et non sans cause, car il les avoit tenuz en paix et en grande justice ; de façon que, après sa mort, et toutes louanges dictes de luy, fut appelé Père du Peuple. Ce tiltre luy fut donné à bonne raison. Il n'avoit pas encores cinquante-six ans, quant il paya le tribut de nature. On le porta enterrer à Sainct-Denys, aveccques ses bons prédécesseurs, en grans pleurs et criz, et au grant regret de ses subjectz.

Après luy, succéda à la Couronne Françoys, premier de ce nom, en l'aage de vingt ans, beau prince autant qu'il en y eust point au monde, lequel avoit espousé madame Claude de France, fille aisnée du Roy son prédécesseur, et duchesse de Bretaigne. Jamais n'avoit esté veu roy en France de qui la noblesse s'esjouyst autant. Et fut mené sacrer à Reims (1), accompaigné de tous ses princes, gentilz-hommes et officiers, dont il y avoit si grand nombre que c'est quasi chose incroyable ; et fault dire que les logis estoient pressez ; car il n'y avoit grant, moyen, ne petit, qu'ilz ne voulsissent estre de la feste.

⊙⊙⊙

---

(1) Champier, qui assista au sacre de François Iᵉʳ, remarque que cette cérémonie fut faite de nuit.

CHAPITRE LIX.

Comment le roy de France Françoys, premier de ce nom, passa les monts; et comment il envoya devant le bon Chevalier sans paour et sans reprouche; et de la prinse du seigneur Prospre Coulonne, par sa subtilité.

Après le sacre du roy François, premier de ce nom, et sa couronne prinse à Sainct-Denys, s'en revint faire son entrée à Paris, qui fut la plus gorgiase et triumphante qu'on ait jamais veu en France, car de princes, ducz, contes et gentilz-hommes en armes, y avoit plus de mille ou douze cens. L'entrée faicte, y eut plusieurs joustes et tournoiz en la rue Sainct-Anthoine, où chascun fist le mieulx qu'il peut. Ledit seigneur s'y tint jusques après Pasques, où, ce pendant, se traicta l'appoinctement de luy et de l'archeduc, conte de Flandres, moyennant le mariage de luy et de madame Renée de France, belle-seur du Roy. Il y fut aussi fait d'aultres mariages : comme de madame Marie d'Angleterre, lors vefve du feu roy Loys douziesme, et douairière de France, avec le duc de Suffort, messire Charles Brandon, qui estoit fort aymé du roy d'Angleterre, son maistre; et du conte de Nansso à la seur du prince d'Orenge. Le duc de Bourbon fut faict connestable de France; et, environ le mois de may, partirent de Paris, en l'an 1515, et s'en vindrent, leurs belles petites journées, à Amboise, où le gentil duc de Lorraine espousa la seur germaine dudit duc de Bourbon.

Durant toutes ces choses, faisoit le roy de France secrètement préparer son voyage pour la conqueste de sa duché de Milan; et peu à peu envoyoit son armée vers le Lyonnois et Daulphiné, où desjà estoit le bon Chevalier, lors son lieutenant au pays, ouquel il estoit autant aymé que s'il eust esté leur naturel seigneur. Or, comme par cy-devant avez entendu en plusieurs passaiges, tousjours en allant sur les ennemys estoit voulentiers le bon Chevalier mis devant, et au retourner derrière, comme encores il fut en ce voyage, car il fut envoyé avecques sa compaignie et trois ou quatre mille hommes de pied sur les confins du Daulphiné, et des terres du marquis de Saluces, lesquelles il avoit toutes perdues, excepté ung chasteau appelé Ravel, assez fort. Es places du marquis de Saluces y avoit gros nombre de Suysses en garnison, et mesmement y faisoit résidence le seigneur Prospre Coulonne, lors lieutenant-général du Pape, qui tenoit tout le pays en apatis, et en faisoit ce qu'il vouloit; fort bien estoit acompaigné, comme de trois cens hommes-d'armes d'eslite, montez comme saint George, et si avoit quelques chevaulx-légiers. Le bon Chevalier secrètement sentoit, par ses espies, ouquel lieu ce seigneur Prospre repairoit le plus souvent, et tant en enquist qu'il congneut à la vérité que, s'il avoit puissance pareille à la sienne, quant aux gens de cheval, il luy feroit une mauvaise compaignie. Si en advertit le duc de Bourbon, connestable de France, qui estoit à Brianson, au Daulphiné, lequel le fist entendre au Roy, qui desjà estoit à Grenoble, pour parachever son voyage; et, selon la demande que faisoit le bon Chevalier, furent soubdainement envoyez trois cappitaines triumphans avec leurs bendes, les seigneurs de La Palice, d'Ymbercourt et d'Aubigny. Il estoit venu quelques bonnes nouvelles au bon Chevalier, parquoy, par ung lieu appellé Dronyez, descendit en la plaine du Piémont, dont fut adverty ce seigneur Prospre; mais, par ce qu'il entendit qu'il n'avoit que sa compaignie, n'en fist pas grosse estime, et disoit souvent en son langaige : *Questo Bayardo a passato gly monti, lo prendero come uno pipione in la gabia.* De toutes ces paroles estoit bien adverty le bon Chevalier, et aussi estoit acerténé comment les bons cappitaines marchoient pour parachever l'entreprise.

Le seigneur de Morète, de la maison du Solier, et ung sien cousin Pymontois, s'en mesloient d'une grande ruse, et en faisoient très-bien leur debvoir, de sorte que la chose fut concluté que l'on yroit trouver le seigneur Prospre dedans la ville de Carmaignolle, en laquelle nuyt on entroit par le chasteau, ouquel on avoit intelligence, mais que les cappitaines françois feussent arrivez, qui ne séjournèrent guères, et se vindrent tous rendre en la plaine du Pymont, en une petite ville, dicte Saveillan, en laquelle ils trouvèrent le bon Chevalier, qui les receut au mieulx qu'il peut. Bien leur dist : « Messeigneurs, il ne nous fault pas reposer ici, » car, si le seigneur Prospre scet vostre arri- » vée, nostre entreprise s'en va rompue, car il » se retirera, ou bien appellera les Suysses à » son secours, dont il y a bon nombre à Pynerol » et à Saluces. Je suis d'advis que nous facions » bien repaistre noz chevaulx ceste nuyt, et » puis, au point du jour, nous paracheverons » nostre affaire. Il y a grosse eaue à passer, » mais le seigneur de Morète, que vècy présent, scet un gué où il nous mènera sans dangier. »

Ainsi fut la chose concluté, et s'en alla chascun reposer ung petit, mais on regarda premier si riens failloit aux chevaulx; et, quant ce vint deux ou trois heures après la mynuyt, tout homme monta à cheval sans grant bruyt. Le seigneur Prospre estoit dedans Carmaignolle, et avoit bien entendu, par ses espies, que les François estoient à la campaigne. Il ne s'en effrayoit guères, car pas ne cuydoit qu'il y eust autre compaignie en la plaine que celle du bon Chevalier, et n'estoit point délibéré de desloger de Carmaignolle, n'eust esté que le soir, dont les François luy cuidoient trouver le matin, il eut des nouvelles pour se retirer à Pynerol, affin d'entendre aux affaires; parce qu'on sçavoit au vray que les François estoient aux passages. Si deslogea non pas trop matin, et se mist à chemin, très-bien en ordre, pour s'en aller disner à une petite villette, à sept ou huyt milles de là, appellée Villefranche.

Quant les François furent arrivez devant le chasteau de Carmaignolle, parlèrent au Castelan, qui leur dist comment il n'y avoit pas ung quart-d'heure que le seigneur Prospre et ses gens estoient deslogez; dont ilz furent si très-marriz qu'on ne pourroit penser, et se misrent en conseil qu'ilz devoient faire. Les ungs vouloient aller après, autres faisoient des doubtes; mais, quant chascun eut parlé, le bon Chevalier dist : « Messeigneurs, puisque nous sommes » si avant, je suis d'advis que nous poursuy- » vons. Si nous les rencontrons à la campagne, » il y aura beau butin, s'il ne nous en demoure » quelcun. — Par Dieu, dist le seigneur d'Ym- » bercourt, oneques homme ne dist mieulx. » Les seigneurs de La Palice et d'Aubigny n'allèrent pas à l'encontre, et commencèrent à marcher; mais, devant, envoyèrent en habit dissimulé le seigneur de Morète, pour entendre en quel estat seroient leurs ennemys. Si fist si bonne diligence qu'il sceut au vray que le seigneur Prospre et sa bende disnoient à Villefranche. Ilz furent bien aises, et conclurent en leur affaire, qui fut tel : c'est que le seigneur d'Ymbercourt marcheroit devant avec cent archiers, et, ung gect d'arc après, le suyvroit le bon Chevalier avec cent hommes-d'armes, et les seigneurs de La Palice et d'Aubigny yroient après avec tout le reste de leurs gens. Or entendez qu'il advint.

Le seigneur Prospre avoit bonnes espies, et fut adverty, en allant à la messe dedans ceste petite ville de Villefranche, que les François estoient aux champs en gros nombre; il fist responce, en son langage, qu'il sçavoit bien qu'il n'y avoit que le cappitaine Bayart et sa bende, si les autres ne sont vollez par-dessus les montaignes. Ainsi qu'il retournoit de la messe, vindrent encores d'autres espies, qui luy dirent : « Seigneur, je vous advertys que j'ay laissé près » d'icy plus de mille chevaulx des François, et » vous viennent trouver icy. » Il fut ung peu esbahy. Si regarda ung gentil-homme des siens auquel il dist : « Prenez vingt chevaulx, et al- » lez le chemin de Carmaignolle, jusques à » deux ou trois milles d'icy; et regardez si ver- » rez riens qui puisse nuyre. »

Ce pendant il commanda au mareschal des logis de ses bendes, qu'il fist sonner la trompette, et qu'il allast faire le logis à Pynerol, où il le suyvroit, mais qu'il eust mengé ung morceau. Il fist son commandement sur l'heure. Les François marchoient tousjours selon l'ordonnance cy-devant dicte, et approchèrent Villefranche d'environ mille et demy, où, en sortant d'ung petit tailliz, vont rencontrer ceulx que le seigneur Prospre envoyoit pour les descouvrir. Lesquelz, quant ilz les advisèrent, commencèrent à tourner le doz, et, à bride abattue, retourner devers Villefranche. Le gentil seigneur d'Ymbercourt leur donna la chasse à tire de cheval, et manda au bon Chevalier, par ung archer, qu'il se hastast. Il ne luy convint pas dire deux fois. Avant que les gens du seigneur Prospre eussent gaigné Villefranche, où à tout le moins ainsi qu'ilz vouloient rentrer en la porte, les attaignit le seigneur d'Ymbercourt, qui commença à crier : *France! France!* On voulut serrer la porte, mais il les en garda tant qu'il peut, et y fist d'armes le possible, sans estre blessé, fors ung peu au visaige.

Ce pendant va arriver le bon Chevalier, qui fist ung bruyt merveilleux, en sorte qu'ilz gaignèrent la porte. Ce mareschal des logis, qui jà estoit monté à cheval, avecques aucuns gens-d'armes, et s'en cuydoit aller à Pynerol, ouyt le bruyt, si se va gecter en la place, et se voulut mettre en deffence, mais tout cela fut poussé par terre, et en fut tué une partie. Les seigneurs de La Palice et d'Aubigny arrivèrent, qui misrent garde à la première porte, et en allèrent garder une autre, affin que personne n'eschappast, car il n'y en avoit que ces deux en la ville; mais il ne fut possible de si bien les garder, que par dessus la petite planchète qui est joignant du pont-leviz ne se sauvassent deux Albanoys, qui, comme se tous les dyables les eussent emportez, coururent dire à une troppe de quatre mille Suysses, qui n'estoient que à trois milles de là, le meschief qui estoit advenu au seigneur Prospre. Lequel, ce pendant, fut assailly en son logis (1), où il disnoit, et se vou-

(1) « Il (Prosper Colone) estoit à table et disnoit;

lut deffendre comme homme de guerre qu'il estoit ; mais, quant il congneut que peu luy vauldroit son effort, et qu'il entendit les noms des cappitaines qui estoient là assemblez, se rendit, au plus grant regret du monde, mauldissant sa fortune d'avoir ainsi esté surpris, et que Dieu ne luy avoit fait ceste grâce d'avoir trouvé les François aux champs.

Le bon Chevalier, oyans ces parolles, le reconfortoit le mieulx qu'il povoit, en luy disant : « Seigneur Prospre, c'est l'heur de la guerre, » une fois perdre et l'autre gaigner : » mais tousjours y avoit-il meslé quelque mot joyeulx ; et disoit encores : « Seigneur Prospre, vous » souhaitez nous avoir trouvez à la campagne : » je vous prometz ma foy que ne le deveriez pas » vouloir pour la moytié de vostre bien ; car, » à la fureur et ou talent de bien combatre » qu'estoient noz gens, eust esté bien difficile » que vous ne nulz des vostres feussiez eschap- » pez vifz. » Le seigneur Prospre respondoit froidement : « J'eusse bien voulu, s'il eust pleu » à Nostre-Seigneur, prendre sur ce hazart l'ad- » venture. » Quant le seigneur Prospre furent pris le conte Policastre, Pètre Morgant et Charles Cadamosto, lesquelz estoient cappitaitaines des gens de guerre estans là, qui furent aussi prisonniers. Et puis chascun se mist au pillage, qui fut fort grant pour si petite compaignie ; car, s'il eust esté bien mené, on en eust tiré cent cinquante mille ducatz ; et, entre autres choses, c'estoit ung trésor des chevaulx qui y furent gaignez, où il y en avoit six ou sept cens, dont les quatre cens estoient de pris, tous coursiers ou chevaulx d'Espaigne ; et a-l'on depuis ouy dire au seigneur Prospre que ceste prise luy cousta cinquante mille escus, tant en vaisselle d'or et d'argent, argent monnoyé, que autres meubles.

Les François n'eurent pas loysir de tout emporter ; car nouvelles vindrent que les Suysses, devers lesquelz ces deux Albanoys estoient allez, marchoient le grant trot, et estoient desjà bien près. Si furent entre eulx-mesmes conseillez d'eulx mettre au retour, et sonna la trompette à ceste fin. Chascun prist le meilleur de son butin, misrent leurs prisonniers devant eulx, puis s'en retournèrent ; et, comme ilz sortoient par une porte, les Suysses entroient par l'autre : mais les ungs estoient à pied et les autres à cheval, qui ne s'en soucyoient guères. Ce fut une des belles entreprinses qui deux cens ans devant eust esté faicte ; et le seigneur Prospre, qui se ventoit qu'il prendroit le bon Chevalier comme le pyjon dedans la caige, eut le contraire sur luy-mesme, et tout par la vigilance d'icelluy bon Chevalier. Le roy de France estoit desjà par les montaignes, où jamais n'avoit passé armée ; et eut les nouvelles de ceste belle deffaicte, à la montaigne de Sainct-Pol, dont il fut joyeulx à merveilles, si fut toute sa compaignie. Or n'est-il riens si certain que la prinse de Prospre Coulonne fist moult de service aux François ; car sans cela se feust trouvé à la bataille qui fut quelque temps après ; et par son moyen s'y feussent trouvez tous les Espaignolz et le reste de l'armée du Pape, qui eulx assemblez eussent fait nombre de mille hommes-d'armes, qui estoient pour faire de l'ennuy et de la fascherie, dont on se passa bien.

CHAPITRE LX.

De la bataille que le roy de France François, premier de ce nom, eut contre les Suysses, à la conqueste de sa duché de Milan où il demoura victorieux ; et comment après la bataille gaignée, voulut estre fait chevalier de la main du bon Chevalier sans paour et sans reprouche.

Le roy de France, qui fut bien joyeulx de la prinse du seigneur Prospre, aussi avoit-il raison, marcha avecques son armée le plus légièrement qu'il peut, et vint, par dedans le Pymont, à Thurin, où le duc de Savoye, son oncle, le receut honnestement.

Les Suysses, qui s'estoient mis sur les passages, quant ilz sceurent la prinse du seigneur Prospre et la rotte de sa bende, les habandonnèrent et se retirèrent vers Milan où ilz furent tousjours poursuyviz. Quelque propos d'appoinc-

» ses serviteurs lui crièrent : Levez-vous, seigneur Pros- » père, véez cy les François en grosse bande : si sont » desjà en ceste porte. Alors le seigneur cria : Enfans, » gardez ceste porte ung petit, jusques soyons un peu » acoustrés pour nous deffendre (laquelle chose feut » faicte). Mais le noble Bayard, d'ung côté feit com- » battre ses gens à la porte du logis, les aultres feit es- » cheller les fenestres, et entra dedans, bien armé, le » premier ; si cria : Seigneur Prosper, où estes-vous ? » rendez-vous, aultrement vous estes mort. En disant

» cela, la porte fut gaignée, et par force entroient en » grosse presse. Quand le seigneur Prosper Colonne » veit que la maison estoit jà pleine, si cria : Seigneurs » François, qui est vostre capitaine ? Répond Bayard : » C'est moy, seigneur. — Vostre nom, capitaine ? — » Seigneur, respond-il, je suis Bayard de France ; et » voicy le seigneur de La Palice, et le seigneur d'Au- » bigny et Imbercourt, la fleur des capitaines de France. » —Or, dist le seigneur Prosper, j'ay été bien surpris. »

(*Champier.*)

tement se mist sus, et le tenoit-l'on quasi conclud. Parquoy le duc de Gueldres, alyé et tousjours loyal serviteur de la maison de France, lequel avoit amené une troppe de dix mille lansquenetz au service du Roy, s'en retourna en ses pays; mais il laissa ses gens à son nepveu, le seigneur de Guyse, frère de ce gentil prince le duc de Lorraine, et à ung sien lieutenant qu'on appelloit le capitaine Miquel.

Ce propos continua tousjours que l'appoinctement se feroit, tant que l'armée du Roy approcha à douze ou quinze milles de Milan, où s'estoient retirez les Suysses, aveques ce bon prophète le cardinal de Syon, qui toute sa vie a esté ennemy mortel des François, comme encores bien le monstra à ceste fois; car néantmoins que le seigneur de Lautrec feust allé porter les deniers à Galézas, pour satisfaire au pourparlé appoinctement, ung jeudy au soir, prescha si bien ses Suysses, et leur remonstra tant de choses, que, comme gens désespérez, sortirent de Milan, et vindrent ruer sur le camp du roy de France.

Le connestable, duc de Bourbon, qui menoit l'avant-garde, se mist en ordre incontinent, et advertit le Roy qui se vouloit mettre au soupper; mais il le laissa là, et s'en vint droit vers ses ennemys, qui estoient desjà meslez à l'escarmouche qui dura longuement devant qu'ilz feussent au grant jeu. Le roy de France avoit gros nombre de lansquenetz, et voulurent faire une hardiesse de passer ung fossé pour aller trouver les Suysses, qui en laissèrent passer sept ou huyt rencs, puis les vous poussèrent, de sorte que tout ce qui estoit passé fut gecté dedans le fossé. Et furent fort effrayez lesditz lansquenetz; et n'eust esté le seigneur de Guyse, qui résista à merveilles, et enfin fut laissé pour mort le duc de Bourbon, connestable, le gentil conte de Sainct-Pol, le bon Chevalier et plusieurs autres, qui donnèrent au travers de ceste bende de Suysses, ilz eussent fait grosse fascherie, car il estoit jà nuyt, et la nuyt n'a point de honte. Par la gendarmerie de l'avant-garde fut le soir rompue ceste bende de Suysses, où une partie d'environ deux mille vint passer viz-à-viz du Roy, qui gaillardement les chargea. Et y eut lourt combat, de sorte qu'il fut en gros dangier de sa personne; car sa grant buffe y fut percée à jour d'un coup de picque. Il estoit desjà si tard que l'on ne voyoit pas l'ung l'autre; et furent contrainctz pour ce soir les Suysses se retirer d'ung costé, et les François d'ung autre, et se logèrent comme ilz peurent, mais je croy bien que chascun ne reposa pas à son ayse; et y prist aussi bien en gré la fortune le roy de France que le moindre de ses souldars : car il demoura toute la nuyt à cheval comme les autres.

Il fault sçavoir une chose du bon Chevalier sans paour et sans reproche, qui fut bien estrange et très-dangereuse pour luy. A la dernière charge qu'on fist sur les Suysses, le soir, il estoit monté sur ung gaillart coursier, qui estoit le second, car, à la première charge, luy en fut tué ung entre ses jambes; ainsi qu'il voulut donner dedans, fut tout enferré de picques, de façon que sondit cheval fut desbridé. Quant il se sentit sans frain, se mist à la course, et, en despit de tous les Suysses ne de leur ordre, passa tout oultre; et emportoit le bon Chevalier droit en une autre troppe de Suysses, n'eust esté qu'il rencontra en un champ des seps de vigne, qui tiennent d'arbre en arbre, où il, par force, s'arresta.

Le bon Chevalier fut bien effrayé, et non sans cause, car il estoit mort sans nul remède, s'il feust tumbé entre les mains des ennemys. Il ne perdit toutesvoyes point le sens, mais tout doulcement se descendit, et gecta son armet et ses cuyssotz, et puis, le long des fossez, à quatre beaulx piedz, se retira à son oppinion vers le camp des François, et où il oyoit crier : *France!* Dieu luy fist la grâce qu'il y parvint sans dangier; et encores, qui mieulx fut pour luy, c'est que le premier homme qu'il trouva fut le gentil duc de Lorraine, l'ung de ses maistres, qui fut bien esbahy de le veoir ainsi à pied. Si luy fist ledit duc incontinent bailler ung gaillart cheval, qu'on nommoit Le Carman, dont luy-mesme autresfois luy avoit fait présent et fut gaigné à la prinse de Bresse, et à la journée de Ravenne fut laissé pour mort, et en descendit le bon Chevalier, parce que il avoit deux coups de picque aux flancs, et en la teste plus de vingt coups d'espée; mais le lendemain quelcun le trouva qu'il paissoit, et commença à hannir, parquoy fut ramené au logis du bon Chevalier, qui le fist guarir. Mais c'estoit une chose non croyable que de son faict, car, comme une personne, se laissoit coucher et mettre tentes en ses playes, sans remuer aucunement; et depuis, quant il voyoit une espée, couroit l'empoigner à belles dens. Ne jamais ne fut veu ung plus hardy cheval, et y feust Bucifal celluy de Alexandre.

Quoy que ce soit, le bon Chevalier fut bien joyeulx de se veoir eschappé de si gros dangier et remonté sur ung si bon cheval; mais il luy faschoit qu'il n'avoit point d'armet, car en telz affaires fait moult fort dangereux avoir la teste nue. Il advisa ung gentil-homme, fort son amy, qui faisoit porter le sien à son paige, auquel il dist : « J'ay paour de me morfondre, pource que j'ay sué d'avoir si longuement esté à pied ; je vous prie, faictes-moy bailler vostre armet que vostre homme porte, pour une heure ou deux. » Le gentil-homme, qui ne pensoit pas à ce que le bon Chevalier entendoit, le luy fist bailler, dont il fut bien ayse, car depuis ne le laissa que la bataille ne feust finye, qui fut le vendredy, environ dix ou unze heures ; car, dès le point du jour, les Suysses voulurent recommencer, et vindrent droit à l'artillerie des François, dont ilz furent bien serviz. Toutesfois jamais gens ne combatirent mieulx, et dura l'affaire trois ou quatre bonnes heures ; enfin furent rompus et deffaicts, et en mourut sur le camp dix ou douze mille. Le demourant, en assez bon ordre le long d'ung grant chemin, se retirèrent à Milan, où ilz furent conduytz à coups d'espée, tant par les François que par le cappitaine-général de la seigneurie de Venise, messire Barthélome d'Alvyano, qui peu devant estoit arrivé avecques le secours des Véniciens ; et y perdit en une charge qu'il fist deux ou trois cappitaines, entre lesquelz fut le filz du conte Pétilano. Les François y firent grosse perte, car, du jeudy ou du vendredy, moururent François monsieur de Bourbon, le gentil cappitaine Ymbercourt, le conte de Sanxerre et le seigneur de Mouy ; et y furent blessez le prince de Talmont et le seigneur de Bucy, dont depuis moururent.

Le Roy se mist en conseil, pour veoir si l'on poursuyvroit les Suysses ou non. Plusieurs furent de diverses oppinions : enfin, il fut advisé pour le mieulx que on les laisseroit aller ; car on en pourroit bien avoir à faire le temps advenir. Le jour qu'ilz deslogèrent du camp, demourèrent à Milan, et le lendemain en partirent, tirans en leur pays. Ilz furent poursuyviz de quelques gens, mais non pas à l'extrémité ; car si le Roy eust voulu, ne s'en feust pas sauvé ung.

Le soir du vendredy, dont fina la bataille à l'honneur du roy de France, fut joye démenée parmy le camp, et en parla-l'on en plusieurs manières. Et s'en trouva de mieulx faisans les ungs que les autres ; mais sur tous fut trouvé que le bon Chevalier, par toutes les deux journées, s'estoit monstré tel qu'il avoit acoustumé ès autres lieux, où il avoit esté en pareil cas. Le Roy le voulut grandement honnorer ; car il print l'ordre de chevalerie de sa main. Il avoit bien raison, car de meilleur ne l'eust sceu prendre.

Le seigneur Maximilian Sforce, qui occupoit la duché, comme son père le seigneur Ludovic avoit fait aultresfois, demoura ou chasteau de Milan, où on mist le siége ; mais guères ne demoura qu'il ne se rendist ; et luy fut faicte composition, dont il se contenta : et s'en allèrent ceulx qui estoient dedans, leurs bagues saufves.

Je laisseray à parler de tout ce qui advint en deux moys ; mais ou moys de décembre alla le roy de France visiter le Pape, en la cité de Boulongne, qui luy fist gros recueil. Ilz eurent devis ensemble de plusieurs choses, dont je n'empescheray aucunement ceste histoire.

CHAPITRE LXI.

De plusieurs incidences qui advindrent en France, Ytalie et Espaigne, durant trois ou quatre ans.

Au retour de Boulongne, le roy de France vint à Milan, où, après avoir laissé le duc de Bourbon, connestable de France, son lieutenant-général, s'en retourna en ses pays, et alla droit en Prouvence, où il trouva sa bonne et loyalle espouse, et madame sa mère, qu'il avoit, à son partement, laissée régente en son royaulme.

Vers ceste saison, trespassa Ferrande, roy d'Arragon, qui en son vivant a eu de belles et grosses victoires. Il estoit vigilant, cault et subtil ; et ne trouve-l'on guères d'histoires qui facent mention qu'on l'aye trompé en sa vie ; ains durant icelle augmenta merveilleusement les biens de son successeur.

Le seigneur Julian de Médicis, qu'on appela duc de Modène, frère du pape Léon, alla aussi de vie à trespas. Il eust espousé la duchesse de Nemours, fille de Savoye et tante du roy de France.

L'empereur Maximilian, desplaisant de la belle victoire qu'avoit eue le roy de France sur les Suysses, et de ce qu'il avoit conquesté sa duché de Milan, assembla gros nombre de lansquenetz et quelques Suysses du canton de Zuric et de la Ligue grise ; et s'en vint en personne oudit duché de Milan, où, pour la grosse puissance qu'il avoit, le connestable ne fut pas conseillé de l'attendre à la campaigne, et se retira avecques son armée dedans la ville de Milan, où, peu de jours après, luy vindrent huyt ou dix mille Suysses de secours. Quoy voyant par l'Empereur, qui estoit le plus soupsçonneux homme du monde, se retira en ses pays : il n'eut pas grant honneur en son entreprinse, et le connestable y acquist gros renom. Le bon

Chevalier fist plusieurs courses sur les Almans, et en print de prisonniers beaucoup; mais jamais n'en avoit que la picque et la dague.

L'année ensuyvant, Jehan, roy de Navarre, qui en avoit esté spolié par Ferrande, roy d'Arragon, alla de vie à trespas.

Oudit an, environ le moys de juillet, fut fait certain appoinctement entre le roy de France et le roy de Castille, Charles, paravant archeduc d'Austriche, moyennant le mariage de luy et de Loyse, fille aisnée de France. Il fut conclud en la ville de Noyon; mais il ne dura guères. Je ne feray nul discours dudit traicté, car il est assez escript ailleurs.

Environ le moys d'octobre, fut donné le pardon de la croisade en France, par pape Léon, dont il sortit beaucoup de scandalles et de mocqueries, à l'occasion des prédicateurs qui disoient beaucoup plus que la bulle ne portoit.

Le dernier jour de février 1517, la bonne, sage et très-parfaicte royne de France, Claude, acoucha de son premier filz Françoys, daulphin de Viennoys, en la ville d'Amboise; qui fut gros esjouyssement par tout le royaume de France. Et, entre autres villes, celle d'Orléans fist merveilles; car, durant ung jour entier, y eut devant la maison de la ville deux fontaines qui gectoient vin cléret et blanc; et par ung petit tuyau sortoit de l'ypocras, auquel beaucoup de gens, après qu'ilz en avoient tasté, se tenoient. Le Daulphin fut baptisé en ladicte ville d'Amboise, et furent parrains pape Léon (mais son nepveu, le magnificque Laurens de Médicis, le tint pour luy), le duc de Lorraine, et madame la duchesse d'Alençon, commère. Il y fut fait fort grosse chère.

Ce seigneur Laurens de Médicis, en ce temps, espousa une des filles de Boulongne, et l'emmena en Ytalie; mais elle n'y vesquit guères, ne luy après elle: toutesfois d'eulx deux est demourée une fille (1).

L'an 1519, alla de vie à trespas l'empereur Maximilian, qui mist beaucoup de gens en peine. Il avoit esté en son vivant de bonne nature, libéral autant que fut jamais prince : et, s'il eust esté puissant de biens, il eust achevé beaucoup de choses; mais il estoit povre selon son cueur. Le filz de son filz, Charles, roy des Espaignes, fut esleu empereur après luy.

◇◇◇

(1) Cette fille fut Catherine de Médicis, femme de Henri II, et mère de François II, de Charles IX et de Henri III.

CHAPITRE LXII.

Comment messire Robert de La Marche fist quelques courses sur les pays de l'esleu Empereur, qui dressa grosse armée, et de ce qu'il en advint.

Peu de temps après, ne sçay qui en donna le conseil, le seigneur de Sedan, qu'on nomme messire Robert de La Marche, qui pour lors estoit au service du roy de France, fist quelques courses sur les pays de l'esleu Empereur, qui commença à lever grosse armée, et telle qu'il fut maistre et seigneur de la campagne. Les chiefz de son armée estoient le conte de Nansso et ung autre cappitaine, nommé Francisque, gaillart homme à la guerre, et qui avoit bon crédit parmy les compaignons. Ilz estoient bien en nombre, tant de cheval que de pied, quarante mille hommes ou plus. Durant cest affaire, le roy de France et ledit esleu Empereur estoient en paix, et ne demandoient riens l'ung à l'autre; parquoy l'armée des Almans tira droit aux places dudit seigneur de Sedan, et en furent les aucunes assiégées et bien deffendues. Toutesfois enfin s'en perdirent quatre : c'est assavoir, Florenges, Buillon, Loigne et Messancourt; et peu de gens eschappèrent vifz desdictes places. Ledit seigneur de Sedan estoit dedans sa place de Sedan, qui est quasi imprenable; parquoy fut exempte de siége, et pareillement ceulx qui estoient dedans une de ses autres places, nommée Jamais.

Le roy de France, deuement acerténé de ceste grosse armée qui costoyoit sa conté de Champaigne, eut doubte qu'on luy jouast quelque finesse. Si envoya son beau-frère, le duc d'Alençon, avecques quelque nombre de gens-d'armes sur la frontière, et tira jusques à Reims. Les Almans usoient d'une subtilité pour parvenir à leurs attainctes; car ilz ne prenoient riens ès pays du roy de France, sans bien payer; et faisoit semer parmy son camp, le conte de Nansso, que l'Empereur son maistre le luy avoit ainsi enchargé, comme délibéré de demourer tousjours en l'amytié qu'il avoit avecques France. Ce néantmoins, sans faire autrement sommation de guerre, s'en vint planter le siége devant une petite ville appellée Mozon, de laquelle estoit gouverneur et cappitaine le seigneur de Montmor, grant escuyer de Bretaigne, pour le roy de France; et avoit quelques gens de pied avecques sa compaignie en la ville, qui n'estoit guères bien munye d'artillerie ny de vivres; et, qui pis est, les compaignies qui estoient dedans ne se trouvèrent pas du vouloir de leur cappitaine et gouverneur, qui délibéroit jusques à la mort garder la ville ; et, quelques remonstrances qu'il sceust faire aux gens de pied, se trouva en dangier dedans et dehors. Parquoy, pour éviter plus gros inconvénient, rendit la ville, leurs vies saufves. On en murmura en beaucoup de sortes ; et disoient aucuns que le cappitaine ne s'estoit pas bien porté ; mais les gens d'honneur et de vertu congneurent bien qu'il ne se povoit faire autrement, et qu'il n'avoit pas tenu audit seigneur de Montmor qu'il n'estoit mort sur la berche ; car, si tous ceulx qui estoient avecques luy eussent esté de son cueur, les Almans ne fussent pas tirez plus oultre.

Or la ville de Mozon, rendue si soubdainement, donna quelque tiltre d'esbahyssement aux François, qui ne pensoient jamais que l'Empereur eust voulu rompre la trefve. Toutesfois, en telles choses le souverain remède est de prompte provision. On regarda que Maizières estoit la plus prochaine ville, après Mozon, et qu'il failloit entendre à la garder et deffendre ; car, si elle se perdoit, la Champaigne s'en alloit en mauvais party. Le roy de France en fut adverty, lequel manda soubdainement qu'on envoyast le bon Chevalier sans paour et sans reproche dedans ladicte ville de Maizières, et qu'il ne congnoissoit homme en son royaulme en qui il se fiast plus. Davantage, que son espoir estoit qu'il la garderoit si bien et si longuement, que sa puissance seroit assemblée pour résister aux surprinses que l'Empereur luy vouloit faire. De ce commandement n'eust pas voulu tenir le bon Chevalier sans paour et sans reproche, cent mille escuz ; car tout son désir estoit de faire service à son maistre, et d'acquérir honneur. Il s'en alla gecter dedans Maizières, avecques le jeune seigneur de Montmorency (1), et quelques autres jeunes gentilzhommes qui, de leur gré, l'accompagnèrent, et d'ung nombre de gens de pied, soubz la charge de deux jeunes gentilz-hommes, l'ung, nommé le cappitaine Boncal, de la maison de Reffuge, et l'autre, le seigneur de Montmoreau.

◇◇◇

CHAPITRE LXIII.

Comment le bon Chevalier sans paour et sans reproche garda la ville de Maizières, contre la puissance de l'Empereur, où il acquist gros honneur.

Quant le bon Chevalier fut entré dedans Maizières, trouva la ville assez mal en ordre pour attendre siége, ce qu'il espéroit avoir du jour à lendemain. Si voulut user de diligence qui en telle nécessité passe tout sens humain ; et commença à faire ramparer jour et nuyt, et n'y avoit homme-d'armes ny homme de pied qu'il ne mist en besongne ; et luy-mesmes, pour leur donner courage, y travailloit ordinairement, et disoit aux compaignons de guerre : « Comment, Messieurs, nous sera-il reproché que » par nostre faulte ceste ville soit perdue, veu » que nous sommes si belle compaignie ensem- » ble, et de si gens de bien ? Il me semble que » quant nous serions en ung pré, et que de- » vant nous eussions fossé de quatre piedz, que » encores combatrions-nous ung jour entier, » avant que estre deffaictz ; et Dieu mercy, » nous avons fossé, muraille et rampart où, je » croy, avant que les ennemys mettent le pied, » beaucoup de leur compaignie dormiront aux » fossez. » Bref, il donnoit tel courage à ses gens, qu'ilz pensoient tous estre en la meilleure et plus forte place du monde.

Deux jours après, fut le siége assis devant Maizières, en deux lieux, l'ung deçà l'eaue, et l'autre delà. L'ung des siéges tenoit le conte Francisque, qui avecques luy avoit quatorze ou quinze mille hommes ; et en l'autre estoit le comte de Nansso, avecques plus de vingt mille.

Le lendemain du siége, lesditz conte de Nansso et seigneur Francisque envoyèrent ung hérault devers le bon Chevalier, pour luy remonstrer qu'il eust à rendre la ville de Maizières, qui n'estoit pas tenable contre leur puissance ; et que, pour la grande et louable chevalerie qui estoit en luy, seroient merveilleusement desplaisans s'il estoit prins d'assault ; car son honneur grandement en amoindriroit, et par adventure luy cousteroit-il la vie, et qu'il ne failloit que ung malheur en ce monde venir à ung homme, pour faire oublier tous les beaulx faictz qu'il auroit menez à fin en son vivant ; et que là où il vouldroit entendre à raison, luy feroient si bonne composition qu'il se devéroit contenter. Plusieurs autres beaulx propos lui mandèrent par ce hérault, qui, après avoir esté ouy et bien entendu par le bon Chevalier, se print à soubzrire : et ne demanda conseil pour respondre à homme vivant, mais tout soubdain luy dist : « Mon amy, je m'esbahys de la gra- » cieuseté que me font et présentent messei- » gneurs de Nansso et le seigneur Francisque, » considéré que jamais n'euz pratique ne » grande congnoissance avec eulx, et ilz ont si » grant paour de ma personne. Hérault, mon

(1) Anne de Montmorency.

» amy, vous vous en retournerez, et leur direz
» que le Roy mon maistre avoit beaucoup plus
» de suffisans personnages en son royaulme que
» moy, pour envoyer garder ceste ville qui vous
» fait frontière; mais puisqu'il m'a fait cest
» honneur de s'en fier en moy, j'espère, avec-
» ques l'ayde de Nostre-Seigneur, la luy con-
» server si longuement, qu'il ennuyra beaucoup
» plus à voz maistres d'estre au siége que à moy
» d'estre assiégé, et que je ne suis plus enfant
» qu'on estonne de parolles. »

Si commanda qu'on festoyast fort bien le hérault, et puis qu'on le mist hors de la ville. Il s'en retourna au camp, et rapporta la responce que le bon Chevalier luy avoit faicte, qui ne fut guères plaisante aux seigneurs. En présence desquelz estoit ung cappitaine nommé Grant Jean, picart, qui toute sa vie avoit esté au service des rois de France, en Ytalie, et mesmement où le bon Chevalier avoit eu charge, qui dist tout hault, adressant sa parolle au conte de Nansso et au seigneur Francisque : « Messei-
» gneurs, ne vous attendez pas, tant que vive
» monseigneur de Bayart, d'entrer dedans Mai-
» zières. Je le congnois, et plusieurs fois m'a
» mené à la guerre; mais il est d'une condition
» que, s'il avoit les plus couars gens du monde
» en sa compaignie, il les fait hardis; et sachez
» que tous ceulx qui sont avecques luy mour-
» ront à la berche, et lui le premier, devant
» que nous mections le pied dedans la ville; et,
» quant à moy, je voudrois qu'il y eust deux
» mille hommes de guerre davantage, et sa
» personne n'y feust point. » Le conte de Nansso respondit : « Cappitaine Grant Jehan,
» le seigneur de Bayart n'est de fer ni d'acier,
» nemplus que ung autre. S'il est gentil com-
» paignon, qu'il le monstre; car, devant qu'il
» soit quatre jours, je luy feray tant donner de
» coups de canon, qu'il ne sçaura de quel costé
» se tourner. — Or on verra que ce sera, dist
» le cappitaine Grant Jehan; mais vous ne l'au-
» rez pas ainsi que vous entendez. »

Ces parolles cessèrent : et ordonnèrent les conte de Nansso et seigneur Francisque leurs bateries, chascun en son endroit, et de faire tous les effors qu'on pourroit pour prendre la ville. Ce qui fut fait; et en moins de quatre jours il fut tiré plus de cinq mille coups d'artillerie. Ceulx de la ville respondoient fort bien, selon l'artillerie qu'ilz avoient ; mais du camp de Francisque se faisoit grant dommage en la ville, parce qu'il estoit logé sur un hault, et batoit beaucoup plus à son aise que ne faisoit le conte de Nansso.

Le bon Chevalier, combien qu'il feust tenu ung des plus hardis hommes du monde, avoit bien une autre chose en luy autant à louer; car c'estoit ung des vigillans et subtilz guerroyeurs qu'on eust sceu trouver. Si advisa en soymesmes comme il pourroit trouver moyen de faire repasser l'eaue au seigneur Francisque; car de son camp estoit-il fort dommagé. Si fist escripre unes lettres à messire Robert de La Marche, qui estoit à Sedan, lesquelles estoient en ceste substance : « Monseigneur mon
» cappitaine, je croy qu'estes assez adverty
» comme je suis assiégé en ceste ville par deux
» endrois; car d'ung costé est le conte de
» Nansso, et deçà la rivière, le seigneur
» Francisque. Il me semble que, depuis demy-
» an, m'avez dit que voulez trouver moyen de
» le faire venir au service du Roy nostre mais-
» tre, et qu'il estoit vostre alyé. Pource qu'il
» a bruyt d'estre très-gentil galant, je le dési-
» rerois à merveilles; mais si vous congnoissez
» que cela se puisse conduyre, vous ferez bien
» de le sçavoir de luy, mais plustost aujour-
» d'huy que demain. S'il en a le vouloir, j'en
» seray très-ayse; et, s'il l'a autre, je vous ad-
» vertiz que, devant qu'il soit vingt et quatre
» heures, luy et tout ce qui est en son camp
» sera mis en pièces, car à trois petites lieues
» d'icy viennent coucher douze mille Suysses
» et huyt cens hommes-d'armes; et demain, à
» la pointe du jour, doivent donner sur son
» camp, et je feray une saillye de ceste ville
» par ung des costez; de façon qu'il sera bien
» habille homme s'il se sauve. Je vous en ay
» bien voulu advertir, mais, je vous prie, que
» la chose soit tenue secrète. »

Quant la lectre fut escripte, prist ung paysant, auquel il donna ung escu, et luy dist : « Va-t'en
» à Sedan, il n'y a que trois lieues d'icy, porter
» ceste lectre à messire Robert, et luy dis que
» c'est le cappitaine Bayart qui luy envoye. » Le bon homme s'en va incontinent. Or, sçavoit bien le bon Chevalier que impossible seroit qu'il passast, sans estre pris des gens du seigneur Francisque, comme il fut, avant qu'il feust à deux gectz d'arc de la ville. Incontinent fut amené devant ledit seigneur Francisque, qui luy demanda où il alloit. Le povre homme eut belle paour de mourir; aussi estoit-il en grant dangier. Si dist : « Monseigneur, le grant cappitaine qui est de-
» dans nostre ville m'envoye à Sedan, porter
» unes lettres à messire Robert, » que le bon homme tira d'une boursette où il l'avoit mise.

Quant le seigneur Francisque tint ceste lectre, l'ouvrit et commença à lire; et fut bien esbahy quant il eut veu le contenu. Si se commença à doubter que par envye le conte de Nansso luy avoit fait passer l'eaue, affin qu'il feust deffaict; car auparavant y avoit eu quelque peu de picque entre eulx, parce que icelluy seigneur Francisque ne vouloit pas bien obéyr au conte. A grant peine eut-il achevé de lyre la lectre, qu'il commença à dire tout hault: « Je congnois » bien à ceste heure que monseigneur de Nansso » ne tasche que à me perdre ; mais, par le sang » Dieu, il n'en sera pas ainsi. » Si appella cinq ou six de ses plus privez, et leur déclara le contenu en la lectre, qui furent aussi estonnez que luy. Il ne demanda point de conseil, mais fait sonner le tabourin et à l'estendart, charger tout le bagaige, et se mist au passage delà l'eaue.

Quant le conte de Nansso ouyt le bruit, fut bien estonné, et envoya sçavoir que c'estoit par ung gentil-homme; lequel, quant il arriva, trouva le camp du seigneur Francisque en armes. Il s'enquist que c'estoit : on luy dist qu'il vouloit passer du costé du conte de Nansso. Le gentil-homme le luy alla dire, dont il fut bien esbahy ; car en ceste sorte se levoit le siége de devant la ville. Si envoya ung de ses plus privez dire au seigneur Francisque qu'il ne remuast point son camp, que premier n'eussent parlé ensemble, et que, s'il le faisoit autrement, ne feroit pas bien le service de son maistre. Le messagier luy alla dire sa charge, mais Francisque, tout esmeu et courroucé, luy respondit : « Re- » tournez dire au conte de Nansso que je n'en » feray riens, et que à son appétit je ne demou- » reray pas à la boucherie; et s'il me veult gar- » der de loger auprès de luy, nous verrons par » le combat à qui demourera le camp, à luy ou » à moy. »

Le gentil-homme du conte de Nansso s'en retourna, et luy dist ce qu'il avoit ouy de la bouche du seigneur Francisque. Jamais homme ne fut si esbahy qu'il fut : toutesfois, pour n'estre point surpris, fist mettre tous ses gens en bataille. Ce pendant, passèrent les gens du seigneur Francisque, et, eulx passez, se misrent pareillement en bataille; et, à les veoir, sembloit qu'ilz voulsissent combatre les ungs les autres, et sonnoient tabourins impétueusement.

Le povre homme qui avoit porté la lectre à l'occasion de laquelle s'estoit eslevé ce bruit, ne sçay comme Dieu le voulut, eschappa, et s'en retourna bien esbahy, comme ung homme qui pensoit estre eschappé de mort, dedans Maizières, devers le bon Chevalier, auquel il alla faire ses excuses, disant qu'il n'avoit peu aller à Sedan, et qu'on l'avoit pris en chemin, et mené devant le seigneur Francisque, qui avoit veu ses lectres, et que incontinent s'estoit deslogé.

Le bon Chevalier se prist à rire à plaine gorge, et congneut bien que sa lectre l'avoit mis en pensement. Il s'en alla sur le rempart avecques quelques gentilz-hommes, et veit ces deux camps en bataille, l'ung devant l'autre. « Par » ma foy, dist-il, puisqu'ilz ne veulent com- » mencer à combatre, je vais moy-mesmes com- » mencer. » Si fist tirer cinq ou six coups de canon au travers des ennemys, qui, par gens lesquelz allèrent d'ung costé puis d'autre, se rapaisèrent et se logèrent. Le lendemain, troussèrent leurs quilles et levèrent le siége, sans jamais y oser donner assault; et tout pour la crainte du bon Chevalier. Si tost ne se fist pas la paix du conte de Nansso et du seigneur Francisque; car plus de huyt jours furent sans loger ensemble. Et s'en alla Francisque vers la Picardie, du costé de Guyse, mettant le feu par tout; et plus hault marchoit le conte de Nansso; mais peu après se rapaisèrent et furent amys.

Ainsi, par la manière que dessus avez ouy, fut levé le siége de devant Maizières, où le bon Chevalier sans paour et sans reproche acquist couronne de laurier; car, bien qu'on ne livrast nul assault, il tint les ennemys trois sepmaines durant en aboy, pendant lequel temps le roy de France leva grosse armée, et assez puissante pour combatre ses ennemys; et vint luy-mesmes en personne dedans son camp, où le bon Chevalier luy alla faire la révérence, et en passant reprist la ville de Mozon. Le Roy son maistre luy fist recueil merveilleux, et ne se povoit saouller de le louer devant tout le monde. Il le voulut honnestement récompencer du grant et recommandable service qu'il lui venoit freschement de faire : il le fist chevalier de son ordre, et luy donna cent hommes-d'armes en chef; puis marcha après ses ennemys, qu'il expulsa hors de ses pays, et les chassa jusques dedans Valenciennes, où le bon Chevalier se porta comme il avoit tousjours de coustume. Les Almans firent en Picardie beaucoup de mal par le feu ; mais les François ne furent point ingratz, et le leur rendirent au double en Hénault.

Au retour que le Roy fist en la ville de Compiègne, eut quelques nouvelles de Gennes, et qu'il estoit besoing y envoyer quelque sage, hardy et advisé chevalier; parquoy ledit seigneur, sachant la bonne nature du bon Chevalier sans paour et sans reproche, et que jamais ne se lassoit de faire service, luy en bailla la commission, le priant très-fort que, pour l'amour de luy, voulsist faire ce voyage, car il avoit grant espoir en sa personne. Il l'accepta d'aussi bon cueur qu'on le luy bailla; puis passa les montz, et fut à Gennes très-bien receu, tant du gouverneur, des gentilz-hommes, que de tous les habitans ; et tant qu'il y demoura fut honnoré et prisé d'ung chascun.

Il y eut plusieurs affaires en Y*t*alie, dont ne vous feray aucune mention, pour beaucoup de raisons ; mais vous viendray à déclairer le trespas du bon Chevalier sans paour et sans reprouche, qui fut ung grief irréparable, dolente et malheureuse la journée pour toute la noblesse de France.

CHAPITRE LXIV.

Comment le bon Chevalier sans paour et sans reprouche, en une retraicte qu'il fist en Ytalie, fut tué d'ung coup d'artillerie.

Au commencement de l'an 1524, le roy de France avoit une grosse armée en Ytalie, soubz la charge de son admiral le seigneur de Bonnyvet, à qui il en avoit donné la charge ; car il luy vouloit beaucoup de bien. Il avoit en sa compaignie force bons cappitaines : mesmement y estoit nouvellement arrivé ung jeune prince, enfant de la maison de Lorraine, nommé le conte de Vaudemont, lequel désiroit à merveilles sçavoir des armes, et suyvre par œuvres vertueuses ses ancestres. Or le camp du roy de France se tenoit pour lors en une petite ville nommée Biagras, où, eulx estans là, le chef de l'armée qui estoit l'amiral, appella ung jour le bon Chevalier, et luy dist : « Monseigneur de
» Bayart, il fault que vous aillez loger à Rebec,
» avec deux cens hommes-d'armes et les gens
» de pied de Lorges ; car par ce moyen travail-
» lerons merveilleusement ceulx de Milan, tant
» pour les vivres que pour mieulx entendre de
» leurs affaires. »

Il fault sçavoir que, combien que le bon Chevalier ne murmurast jamais de commission qu'on lui baillast, ne se povoit bonnement contenter de ceste-là, pour la congnoistre dangereuse et doubteuse ; et respondit comme à son lieutenant de Roy : « Monseigneur, je ne sçay
» comment vous l'entendez ; car, pour garder
» Rebec au lieu où il est assis, la moytié
» des gens qui sont en nostre camp y feroient
» bien besoing. Je congnois nos ennemys : ilz
» sont vigilans ; et suis bien asseuré qu'il est
» quasi difficile que je n'y reçoive de la honte ;
» car il m'est bien advis que, si quelque nom-
» bre de noz ennemys y estoient par une nuyt,
» les yrois resveiller à leur désavantage. Et pour
» ce, Monseigneur, je vous supplie que vous ad-
» visez bien où vous me voulez envoyer. » L'admiral luy tint plusieurs propos : et qu'il ne se souciast point, car il ne sortiroit pas une soris de Milan qu'il n'en feust adverty ; et tant luy en dist, d'unes et d'autres, que le bon Chevalier, avecques grosse fascherie, s'en alla, avecques les gens qu'on lui avoit baillez, dedans Rebec ; mais il n'y mena que deux grans chevaulx, car ses muletz et tout le reste de son train envoya dedans Novare, quasi prévoyant perdu ce qu'il détenoit avec luy.

Venuz qu'ilz feussent en ce village de Rebec, advisèrent comment ilz le fortifieroient ; mais nul moyen n'y trouvèrent, si non faire barrières aux venues : mais par tous les costez on y povoit entrer. Le bon Chevalier escripvit plusieurs fois à l'admiral qu'il estoit en lieu trèsdangereux, et que, s'il vouloit qu'il s'y tiensist longuement, luy envoyast du secours ; mais il n'en eut point de response. Les ennemys, qui estoient dedans Milan en nombre de quatorze ou quinze mille hommes, furent advertiz par leurs espies que le bon Chevalier estoit dedans Rebec, à petite compaignie, dont ilz furent trèsjoyeulx. Si délibérèrent par une nuyt l'aller surprendre et deffaire ; et suyvant ce vouloir se misrent aux champs, environ mynuyt, en nombre de six à sept mille hommes de pied, et de quatre à cinq cens hommes-d'armes ; ilz estoient guidez par des gens qui sçavoient le village et les logis des plus apparans. Le bon Chevalier, qui tousjours se doubtoit, mettoit quasi toutes les nuyctz la moytié de ses gens au guet et aux escoutes ; et luy-mesmes y passa deux ou trois nuytz, tellement qu'il tumba malade, tant de mélencolie que de froidure, beaucoup plus fort qu'il n'en faisoit le semblant ; toutesfois contrainct fut de garder la chambre ce jour.

Quant ce vint sur le soir, il ordonna à quelques cappitaines qui estoient avecques luy aller au guet, et adviser bien de tous costez à ce qu'ilz ne feussent surpris. Ilz y allèrent ou firent semblant d'y aller ; mais, parce qu'il plouvinoit ung peu, se retirèrent tous ceulx qui estoient au guet, réservé trois ou quatre povres archiers. Les Espaignolz marchoient tousjours, et avoient, pour mieulx se recongnoistre la nuyt, chascun une chemise vestue par dessus leur harnois. Quant ilz approchèrent d'ung gect d'arc du village, furent bien esbahis qu'ilz ne trouvèrent personne, et eurent pensement que le bon Chevalier avoit esté adverty de leur entreprinse, et qu'il s'estoit retiré à Byagras. Toutesfois ilz marchoient tousjours, et ne furent point cent pas loing qu'ilz ne trouvassent ce peu d'archiers qui estoient demourez au guet ; lesquelz, sans escrier, commencèrent à charger. Les povres gens ne firent point de résistence, ains se mirent à la fuyte, en criant : *Alarme! Alarme!* mais ilz furent si vivement suyviz, que lesditz ennemys furent aux barrières aussi tost que eulx. Le bon Chevalier, qui en tel dangier ne dormoit jamais que vestu, garny de ses avan-braz et cuyssolz, et sa cuyrasse auprès de luy, se leva soubdainement, et fist brider ung coursier, qui jà estoit sellé, sur lequel il monta; et s'en vint, avecques cinq ou six hommes-d'armes des siens, droit à la barrière, où incontinent survint le cappitaine Lorges, et quelque nombre de ses gens de pied, qui se portèrent très-bien.

Les ennemys estoient à l'entour du village, cherchant le logis du bon Chevalier; car, s'ilz l'eussent prins, peu leur estoit le demourant : mais encores ne le tenoient-ilz pas. La huée fut grosse et l'alarme chault. Durant ce combat à la barrière, le bon Chevalier va ouyr les tabourins des gens de pied aux ennemys, qui sonnoient l'alarme tant dru que merveilles. Alors il dist au cappitaine Lorges : « Lorges, mon amy, vècy
» jeu mal party : s'ilz passent ceste barrière,
» nous sommes fricassez. Je vous prie, retirez
» voz gens, et serrez le mieulx que pourrez ;
» marchez droit à Byagras : car, avecques les
» gens de cheval que j'ay, demoureray sur le
» derrière. Il faut laisser nostre bagage aux en-
» nemys, il n'y a remède. Saulvons les person-
» nes, s'il est possible. » Incontinent que le bon Chevalier eut parlé, le cappitaine Lorges fist son commandement et se retira, ce pendant qu'ilz faisoient ceste résistance à la barrière. La pluspart de tous les François montèrent à cheval, et se retirèrent, selon la fortune, très-gaillardement, et ne perdirent point dix hommes.

Les ennemys estoient descenduz la pluspart, et, par les maisons et de tous costez, cherchoient le bon Chevalier; mais il estoit desjà à Byagras, où, luy arrivé, eut quelques parolles fascheuses à l'admiral : toutesfois je n'en feray aucune mention; mais si tous deux eussent vescu plus longuement qu'ilz ne firent, feussent peult-estre allez plus avant. Le bon Chevalier cuyda mourir de dueil du malheur qui luy estoit advenu, mesmement que ce n'estoit pas par sa faulte ; mais en guerre y a de l'heur et du malheur plus qu'en toutes autres choses.

Quelque peu de temps après ceste retraicte de Rebec, le seigneur admiral, congnoissant son camp amoindrir de jour en jour, tant par faulte de vivres que de maladie qui couroit parmy ses gens, tint conseil avecques les cappitaines, où, pour le mieulx, fut délibéré qu'on se retireroit : et ordonna ses batailles, où en l'arrière-garde, comme tousjours estoit sa coustume aux retraic-tes, demoura le bon Chevalier. Les Espaignolz les suyvirent de jour en jour, et marchoient en belle bataille après les François, et souvent s'escarmouchoient ; mais quant venoit à charger, tousjours trouvoient en barbe le bon Chevalier, avecques quelque nombre des gens-d'armes, qui leur monstroit ung visage si asseuré, qu'il les faisoit demourer tout coy ; et menu et souvent les rembarroit dedans leur grosse troppe.

Ilz gectèrent aux deux esles d'un grant chemin force hacquebutiers et hacquebouziers, qui portent pierres aussi grosses que une hacquebute à croc, dont ilz tirèrent plusieurs coups : et de l'ung fut frappé le gentil seigneur de Vendenesse, dont il mourut quelque temps après; qui fut ung gros dommage pour France. Il estoit de petite corpulence, mais de haultesse de cueur et de hardiesse personne ne le passoit. Ce jeune seigneur de Vaudemont, qui de nouvel estoit au mestier des armes, s'y porta tant gaillardement que merveilles ; et fist tout plein de belles charges, tant qu'il sembloit que jamais n'eust fait autre chose.

En ces entrefaictes, le bon Chevalier, asseuré comme s'il eust esté en sa maison, faisoit marcher les gens-d'armes, et se retiroit le beau pas, tousjours le visage droit aux ennemys ; et l'espée au poing leur donnoit plus de craincte que ung cent d'autres. Mais, comme Dieu le voulut permettre, fut tiré ung coup de hacquebouze, dont la pierre le vint frapper au travers des rains, et luy rompit tout le gros os de l'eschine. Quant il sentit le coup, se print à crier *Jésus!* Et puis dist : *Hélas! mon Dieu, je suis mort!* Si print son espée par la poignée, et baisa la croisée, en signe de la croix, et en disant tout hault : *Miserere mei, Deus, secundum magnam misericordiam tuam* ; devint incontinent tout blesme, comme failly des esperitz, et cuyda tumber ; mais il eut encores le cueur de prendre l'arson de la selle, et demoura en cest estat jusques à ce que ung jeune gentil-homme, son maistre d'hostel, luy ayda à descendre, et le mist soubz ung arbre. Ne demoura guères qu'il ne feust sceu parmy les amys et les ennemys, que le cappitaine Bayart avoit esté tué d'ung coup d'artillerie : dont tous ceulx qui en eurent les nouvelles furent à merveilles desplaisans.

<><>

CHAPITRE LXV.

Du grant dueil qui fut démené pour le trespas du bon Chevalier sans paour et sans reprouche.

Quant les nouvelles furent espandues parmy les deux armées que le bon Chevalier avoit esté tué ou pour le moins blessé à mort, mesmement au camp des Espaignolz, combien que ce feust l'ung des hommes du monde dont ilz eussent greigneur crainete, en furent tous gentilz-hommes et souldars desplaisans merveilleusement, pour beaucoup de raisons ; car, quant en son vivant faisoit courses, et il en prenoit aucuns prisonniers, les traictoit tant humainement que merveilles, et de rançon tant doulcement, que tout homme se contentoit de luy. Ilz coungnoissoient que par sa mort noblesse estoit grandement affoiblie ; car, sans blasmer les autres, il a esté parfaict chevalier en ce monde. Faisant la guerre avec luy, s'adressoient leurs jeunes gentilz-hommes. Et dist ung de leurs principaulx cappitaines, qui le vint veoir devant qu'il rendist l'ame, nommé le marquis de Pescare, une haulte parolle à sa louenge, qui fut telle en son langage. « Pleust à Dieu, gentil seigneur de » Bayart, qu'il m'eust cousté une quarte de mon » sang, sans mort recevoir, je ne deusse man- » ger chair de deux ans, et je vous tiensisse en » santé mon prisonnier ; car, par le traictement » que je vous feroye, auriez congnoissance de » combien j'ay estimé la haulte prouesse qui es- » toit en vous. Le premier loz que vous donnè- » rent ceulx de ma nation, quant on dist *Mou- » ches grisonnes et paucos Bayardos*, ne vous » fut pas donné à tort ; car, depuis que j'ay » congnoissance des armes, n'ay veu ne ouy » parler de chevalier qui en toutes vertus vous » ait approché ; et, combien que je deusse estre » bien aise vous veoir ainsi, estant asseuré que » l'Empereur mon maistre en ses guerres n'avoit » point de plus grant ne rude ennemy, toutes- » fois, quant je considère la grosse perte que fait » aujourd'huy toute chevalerie, Dieu ne me soit » jamais en ayde, si je ne vouldroys avoir donné » la moytié de mon vaillant, et il feust autre- » ment. Mais, puisque à la mort n'a nul remède, » je requiers cil qui tous nous a créez à sa sem- » blance, qu'il vueille retirer vostre ame auprès » de luy. » Telz piteux et lacrymables regretz faisoit le gentil marquis de Pescare et plusieurs autres cappitaines sur le corps du bon Chevalier sans paour et sans reprouche : et croy qu'il n'y en eut pas six de toute l'armée des Espaignolz qui ne le viensissent veoir l'ung après l'autre.

Or, puis qu'ainsi est que les ennemys si efforcément ploroient sa mort, peult-on assez considérer la grande desplaisance qui en fut par tout le camp des François, tant des cappitaines, gens-d'armes, que gens de pied ? Car de chascun, en sa qualité, se faisoit aymer à merveilles ; vous eussiez dit qu'il n'y avoit celluy qui n'eust perdu son père ou sa mère ; mesmement les povres gentilz-hommes de sa compaignie faisoient dueil inestimable. « Las ! disoient- » ilz, parlans à la mort, desloyalle furie, que » t'avoit meffaict ce tant parfaict et vertueux » chevalier ? Tu ne t'es pas vengée de luy tout » seul, mais nous tous as mis en douleur, jus- » ques à ce que tu ayes fait ton chef-d'œuvre sur » nous comme sur luy ! Soubz quel pasteur » yrons nous plus aux champs ? Quelle guyde » nous pourra désormais Dieu donner, où nous » feussions en telle seureté que quant nous es- » tions avecques luy ? car il n'y avoit celluy qui » en sa présence ne feust aussi asseuré qu'en la » plus forte place du monde. Où trouverons- » nous doresnavant cappitaine qui nous rachepte » quant nous serons prisonniers, qui nous » remonte quant serons desmontez, et qui » nous nourisse comme il faisoit ? il est impos- » sible. O cruelle mort ! c'est tousjours ta façon, » que tant plus est ung homme parfaict, de tant » plus prens-tu tes esbas à le destruire et le def- » faire ! mais si ne sçaurois-tu si bien jouer » qu'en despit de toy, combien que tu luy ayes » osté la vie en ce monde, que renommée et » gloire ne luy demoure immortelle, tant qu'il » durera ; car sa vie a esté si vertueuse qu'elle » laissera souvenir à tous les preux et vertueux » chevaliers qui viendront après luy. »

Tant piteusement se démenoient les povres gentilz-hommes, que si le plus dur cueur du monde eust esté en présence, l'eussent contrainct partir à leur dueil. Ses povres serviteurs domesticques estoient tous transsiz, entre lesquelz estoit son povre maistre d'hostel, qui ne l'abandonna jamais ; et se confessa le bon Chevalier à luy, par faulte de prestre. Le povre gentilhomme fondoit en larmes, voyant son bon maistre si mortellement navré que nul remède en sa vie n'y avoit ; mais tant doulcement le reconfortoit icelluy bon Chevalier, en luy disant : « Jaques, mon amy, laisse ton dueil ; c'est le » vouloir de Dieu de m'oster de ce monde ; je y » ay la sienne grâce longuement demouré, et y » ay receu des biens et des honneurs plus que à » moy n'appartient : tout le regret que j'ay à » mourir, c'est que je n'ay pas si bien fait mon » devoir que je devoys ; et bien estoit mon espé- » rance, si plus longuement eusse vescu, d'a-

» mender les faultes passées ; mais, puis qu'ainsi
» est, je supplie mon Créateur avoir pitié, par
» son infinie miséricorde, de ma povre ame : et
» j'ay espérance qu'il le fera, et que, par sa
» grande et incompréhensible bonté, n'usera
» point envers moy de rigueur de justice. Je te
» prie, Jeques, mon amy, qu'on ne m'enliève
» point de ce lieu, car, quant je me remue, je
» sens toutes les douleurs que possible est de
» sentir, hors la mort, laquelle me prendra bien-
» tost. »

Peu devant que les Espaignolz arrivassent au lieu où avoit esté blessé le bon Chevalier, le seigneur d'Alègre, prévost de Paris, parla à luy, et luy déclaira quelque chose de son testament. Aussy y vint ung cappitaine de Suysses, nommé Jehan Dyesbac, qui l'avoit voulu emporter sur des picques, aveccques cinq ou six de ses gens, pour le cuyder sauver ; mais le bon Chevalier, qui congnoissoit bien comment il luy estoit, le pria qu'il le laissast pour ung peu penser à sa conscience ; car de l'oster de là, ne seroit que abrégement de sa vie. Si convint aux deux gentilz-hommes, en grans pleurs et gémissemens, le laisser entre les mains de leurs ennemys : mais croyez que ce ne fut pas sans faire grans regretz, car à toutes forces ne le vouloient habandonner ; mais il leur dist : « Messeigneurs,
» je vous supplie, allez-vous en ; autrement,
» vous tumberiez entre les mains des ennemys,
» et cela ne me prouffiteroit de riens, car il est
» fait de moy. A Dieu vous command, mes bons
» seigneurs et amys ; je vous recommande ma
» povre ame, vous suppliant au surplus (adres-
» sant sa parolle au seigneur d'Alègre) que me
» saluez le Roy nostre maistre, et que desplai-
» sant suis que plus longuement ne luy puis faire
» service, car j'en avois bonne voulenté, à mes-
» seigneurs les princes de France, et à tous
» messeigneurs mes compaignons, et générale-
» ment à tous les gentilz-hommes du très-hon-
» noré royaulme de France, quant les verrez. »
En disant lesquelles parolles, le noble seigneur d'Alègre ploroit tant piteusement que merveilles, et print en cest estat congé de luy.

Il demoura encores en vie deux ou trois heures ; et par les ennemys luy fut tendu ung beau pavillon, et ung lict de camp, sur quoy il fut couché ; et luy fut amené ung prestre, auquel dévotement se confessa, et en disant ces propres mots : « Mon Dieu ! estant asseuré que tu
» as dit que celluy qui de bon cueur retournera
» vers toy, quelque pécheur qu'il ait esté, tu es
» tousjours prest de le recevoir à mercy, et luy
» pardonner. Hélas ! mon Dieu, Créateur et Ré-
» dempteur, je t'ay offencé durant ma vie grief-
» vement, dont il me desplaist de tout mon
» cueur : je congnois bien que quant je serois
» aux désers mille ans, au pain et à l'eaue, en-
» cores n'esse pas pour avoir entrée en ton
» royaulme de Paradis, si, par ta grande et
» infinie bonté, ne t'y plaisoit me recevoir ; car
» nulle créature ne peult mériter en ce monde
» si hault loyer. Mon Père et Sauveur ! je te sup-
» plie qu'il te plaise n'avoir nul regard aux faul-
» tes par moy commises, et que ta grande mi-
» séricorde me soit préférée à la rigueur de ta
» justice. »

Sur la fin de ces parolles, le bon Chevalier sans paour et sans reproche rendit son ame à Dieu, dont tous les ennemys eurent dueil non croyable. Par les chiefz de l'armée des Espaignolz furent commis certains gentils-hommes pour le porter à l'église, où luy fut fait solennel service durant deux jours. Puis par ses serviteurs fut mené en Daulphiné ; et en passant par les terres du duc de Savoye, où son corps reposoit, luy fist faire autant d'honneur que s'il eust esté son frère. Quant les nouvelles de la mort du bon Chevalier furent sceues ou Daulphiné, il ne fault point particulièrement descripre le dueil qui y fut fait ; car les prélatz, gens d'église, nobles et populaire, le faisoient également ; et croy qu'il y a mille ans qu'il ne mourut gentilhomme du pays plainct de la sorte. On alla au devant du corps jusques au pied de la montaigne ; et fut amené d'église en église, en grant honneur, jusques auprès de Grenoble, où, au devant du corps, une demye-lieue, furent messeigneurs de la court de parlement du Daulphiné, messeigneurs des comptes, quasi tous les nobles du pays, et la pluspart de tous les bourgeois, manans et habitans de Grenoble ; lesquelz convoyèrent le trespassé jusques en l'église Nostre-Dame dudit Grenoble, où le corps reposa ung jour et une nuyt ; et luy fut fait service fort solennel. Le lendemain, ou mesme honneur qu'on l'avoit fait entrer en Grenoble, fut conduit jusques à une religion de Mynymes, à demye-lieue de la ville, que autrefois avoit fait fonder son bon oncle l'évesque dudit Grenoble, Laurens Alment, où il fut honnorablement enterré. Puis chascun se retira en sa maison. Mais on eust dit, durant ung moys, que le peuple du Daulphiné n'attendoit que ruyne prochaine, car on ne faisoit que plorer et larmoyer ; et cessèrent festes, dances, banequetz, et tous autres passetemps. Las ! ilz avoient bien raison, car plus grosse perte n'eust sceu advenir pour le pays. Et quiconques en eut dueil au cueur, croyez qu'il touchoit de bien près aux povres gentilz-hommes, gentilz-femmes, vefves, et aux povres orphelins, à qui secrètement il donnoit et départoit de ses biens : mais avecques le temps toutes choses se passent, fors Dieu aymer. Le bon Chevalier sans paour et sans reprouche l'a craint et aymé durant sa vie ; après sa mort renommée luy demeure, comme il a vescu en ce monde entre toutes manières de gens.

◇◇◇

CHAPITRE LXVI.

Des vertus qui estoient au bon Chevalier sans paour et sans reprouche.

Toute noblesse se debvoit bien vestir de dueil, le jour du trespas du bon Chevalier sans paour et sans reprouche ; car je croy que depuis la création du monde, tant en la loy chrestienne que payenne, ne s'en est trouvé ung seul qui moins luy ait fait de déshonneur, ne plus d'honneur. Il y a ung commun proverbe qui dit que *nul ne veit sans vice.* Ceste reigle a failly à l'endroit du bon Chevalier ; car j'en prens à tesmoing tous ceulx qui l'ont veu, parlans à la vérité, s'ilz en congneurent jamais ung seul en luy : mais, au contraire, Dieu l'avoit doué de toutes les vertus qui pourroient estre en parfaict homme, èsquelles chascune par ordre se sçavoit très-bien conduyre. Il aymoit et craignoit Dieu sur toutes choses, ne jamais ne le juroit ne blasphémoit ; et en tous ses affaires et nécessitez avoit à luy seul son recours, estant bien certain que de luy et de sa garde et infinie bonté procèdent toutes choses. Il aymoit son prochain comme soy-mesmes : et bien l'a monstré toute sa vie, car oncques n'eut escu qui ne fust au commandement du premier qui en avoit à besongner ; et, sans en demander, bien souvent en secret en faisoit bailler aux povres gentilz-hommes qui en avoient nécessité, selon sa puissance.

Il a suivy les guerres soubz les roys Charles huictiesme, Loys douziesme et François, premier de ce nom, roys de France, par l'espace de trente et quatre ans, où durant le temps ne s'est trouvé homme qui l'ait passé en toutes choses servans au noble exercice des armes ; car de hardiesse peu de gens l'ont approché. De conduyte, c'estoit ung Fabius Maximus ; d'entreprises subtiles, ung Coriolanus ; et de force et de magnanimité, ung second Hector ; furieulx aux ennemys, doux, paisible et courtois aux amys. Jamais souldart qu'il eust soubz sa charge ne fut desmonté qu'il ne remontast ; et, pour plus honnestement donner ces choses, bien souvent changeoit ung coursier ou cheval d'Espaigne, qui valloit deux ou trois cens escus, à ung de ses hommes-d'armes, contre ung courtault de six escus ; et donnoit à entendre au gentilhomme que le cheval qu'il luy bailloit luy estoit merveilleusement propre. Une robe de velours, satin ou damas, changeoit tous les coups contre une petite cape, affin que plus gracieusement et au contentement d'ung chascun il peust faire ses dons. On pourroit dire, il ne povoit pas donner de grans choses, car il estoit povre : autant estoit-il honoré d'estre parfaictement libéral, selon sa puissance, que le plus grant prince du monde ; et si a gaigné, durant les guerres, en sa vie, cent mille francz en prisonniers, qu'il a départis à tous ceulx qui en ont eu besoing.

Il estoit grant aumosnier, et faisoit ses aulmosnes secrètement. Il n'est riens si certain qu'il a marié en sa vie, sans en faire bruyt, cent povres filles orphelines, gentilz-femmes ou autres. Les povres veufves consoloit et leur départoit de ses biens. Avant que jamais sortir de sa chambre, se recommandoit à Dieu, disoit ses heures, à deux genoulx, en grande humilité ; mais ce faisant ne vouloit qu'il y eust personne. Le soir, quant il estoit couché, et il congnoissoit que ses varletz-de-chambre estoient endormis, feust yver ou esté, se levoit en sa chemise, et tout le long de son corps s'estendoit et baisoit la terre. Jamais ne fut en pays de conqueste que s'il a esté possible de trouver homme ou femme de la maison où il logeait, qu'il ne payast ce qu'il pensoit avoir despendu ; et plusieurs fois luy a-l'on dit : « Monseigneur, c'est » argent perdu ce que vous baillez ; car, au par- » tir d'icy, on mettra le feu céans, et ostera- » l'on ce que vous avez donné. » Il respondoit : « Messeigneurs, je fais ce que je doy. Dieu ne » m'a pas mis en ce monde pour vivre de pil- » lage ne de rapine ; et davantage ce povre » homme pourra aller cacher son argent au » pied de quelque arbre, et quant la guerre » sera hors de ce pays, il s'en pourra ayder, et » priera Dieu pour moy. »

Il a esté en plusieurs guerres où il y avoit des Almans qui, au desloger, mectent voulentiers le feu en leurs logis ; le bon Chevalier ne partit jamais du sien qu'il ne sceust que tout feust passé, ou qu'il ne laissast gardes, affin qu'on n'y mist point le feu. Entre toutes manières de gens, c'estoit la plus gracieuse personne du monde, qui plus honnoroit gens de vertu, et qui moins parloit des vicieux. Il estoit fort mauvais flateur et adulateur. Tout son cas estoit fondé en vérité ; et à quelque personne que ce feust, grant prince ou autre, ne fléchissoit jamais pour dire autre chose que la raison. Des biens mondains, il n'y pensa en sa vie; et bien l'a monstré, car à sa mort il n'estoit guères plus riche que quant il fut né. Quant on luy parloit des gens puissans et riches où il pensoit qu'il n'y eust pas grande vertu, faisoit le sourt, et en respondoit peu; et par le contraire ne se povoit saouller de parler des vertueux. Il estimoit en son cueur ung gentil-homme parfait qui n'avoit que cent francs de rente, autant que ung prince de cent mille; et avoit cela en son entendement, que les biens n'anoblissent point le cueur.

Le cappitaine Loys d'Ars le nourrit en jeunesse, et croy bien que soubz luy apprist le commencement des armes. Aussi, toute sa vie luy a-il porté autant d'honneur que s'il eust esté le plus grant roy du monde. Et quant on parloit de luy, le bon Chevalier y prenoit plaisir merveilleux, et n'estoit jamais las d'en bien dire. Il ne fut jamais homme suyvant les armes qui mieulx en congnust l'ypocrisie : et souvent disoit que c'est la chose en ce monde où les gens sont les plus abusez; car tel fait le hardy breneux en une chambre, qui aux champs, devant les ennemys, est doulx comme une pucelle. Peu a prisé en son temps gens-d'armes qui habandonnent leurs enseignes pour contrefaire les hardis ou aller au pillage. C'estoit le plus asseuré en guerre qu'on ait jamais congneu; et à ses parolles eust fait combattre le plus couart homme du monde.

Il a fait de belles victoires en son temps, mais on ne l'en ouyt venter; et, s'il convenoit qu'il en parlast, en donnoit tousjours la louenge à quelque autre. Durant sa vie a esté à la guerre avecques Anglois, Espaignolz, Almans, Ytaliens et autres nations; et en plusieurs batailles gaignées et perdues; mais où elles ont esté gaignées, Bayart en estoit tousjours en partie cause; et où elles se sont perdues, s'est trouvé tousjours si bien faisant, que gros honneur luy en est demouré. Oncques ne voulut servir que son prince, soubz lequel n'avoit pas de grans biens : et luy en a-on présenté beaucoup plus d'ailleurs en son vivant; mais tousjours disoit qu'il mourroit pour soustenir le bien public de ses pays. Jamais on ne luy sceut bailler commission qu'il refusast; et si luy en a-on baillé de bien estranges. Mais pource que tousjours a eu Dieu devant les yeulx, luy a aydé à maintenir son honneur; et jusques au jour de son trespas, on n'en avoit pas osté le fer d'une esguillette.

Il fut lieutenant pour le roy son maistre, ou Daulphiné, ouquel si bien gaigna le cueur, tant des nobles que des roturiers, qu'ilz feussent tous mors pour luy. S'il a esté prisé et honnoré en ses pays, ne se fault pas esmerveiller; car trop plus l'a esté par toutes autres nations : et cela ne luy a pas duré ung ne deux ans, mais tant qu'il a vescu, et dure encores après sa mort; car la bonne et vertueuse vie qu'il a menée luy rend louenge immortalle. Oncques ne fut veu qu'il ait voulu soustenir le plus grant amy qu'il eust ou monde, contre la raison; et tousjours disoit le bon gentil-homme que *tous empires, royaulmes et provinces sans justice, sont forestz pleines de brigans*. Es guerres a eu tousjours trois excellentes choses, et qui bien affièrent à parfaict chevalier : *assault de levrier, deffense de sanglier et fuite de loup*. Brief, qui toutes ses vertus vouldroit descripre, il y conviendroit bien la vie d'ung bon orateur; car moy, qui suis débile et peu garny de science, n'y sçauroye attaindre; mais de ce que j'en ay dit, supplie humblement à tous lecteurs de ceste présente histoire, le vouloir prendre en gré; car j'ay fait le mieulx que j'ay peu, mais non pas qui estoit bien deu pour la louenge d'ung si parfaict et vertueux personnage, que le bon Chevalier sans paour et sans reprouche, le gentil seigneur de Bayart. Duquel Dieu, par sa grâce, vueille avoir l'ame en Paradis. *Amen*.

Cy fine la très-joyeuse, plaisante et récréative Histoire, composée par le loyal serviteur, des faictz, gestes, triumphes et prouesses du bon Chevalier sans paour et sans reprouche, le gentil seigneur de Bayart.

FIN DE L'HISTOIRE DU BON CHEVALIER SANS PAOUR ET SANS REPROUCHE.